交 界 译 丛

犬儒主义

Cynicism

〔英〕安斯加尔·艾伦 著

倪剑青 译

商务印书馆
The Commercial Press

Cynicism by Ansgar Allen

Cambridge, MA: MIT Press, 2020

© 2020 Massachusetts Institute of Technology

中文版译自麻省理工学院出版社2020年版

中译本序言

诸君手上的这本《犬儒主义》出自安斯加尔·艾伦笔下。至少在中文世界，艾伦博士并不是一位为人所知的学者，所以似乎有必要简单介绍一下他的基本信息。艾伦博士于英国谢菲尔德大学教育学院任教育学讲师一职，负有指导博士生的职责，同时担任高等教育学院高级研究员。他在大学中开设的课程主要有《教育史》《教育哲学》《教育与教育研究关键论题》和《全球化与教育》。艾伦博士的研究兴趣主要集中在教育哲学方面。他通过将"教育"理解为一种关于"社会人"（西方式的主体性）的生产机制，专注于追踪它那纷繁复杂的历史脉络，关注它内在蕴含的种种矛盾冲突。尤其是通过将古代犬儒主义视为一种"教育哲学"，艾伦博士反思并批判了西方式教育传统，展望

i

着另一种教育模式的可能性，期待着对"成为人"这一理想的全新理解。他与本书相关的作品还有《犬儒式教育者》（*The Cynical Educator*）、《良性暴力：在理性时代之中并超越于它的教育》（*Benign Violence: Education in and beyond the Age of Reason*）、《教育与哲学导论》（*Education and Philosophy: An Introduction*）等。

由此看来，艾伦博士的学术背景是教育哲学，他并非哲学史方面的专门家。但这并不意味着这本《犬儒主义》是跨界的玩票之作。的确，本书不能被视为严格意义上的哲学史学术专著，作者对原始材料的处理和解读高度依赖相关专家的研究著作，在理论分析框架上也直言受惠于米歇尔·福柯和彼得·斯劳特戴克。但这并不减损本书的学术意义与理论价值，因为作者的目的并不在于"还原"犬儒主义的所谓"真面目"，而在于"激活"犬儒主义这一源远流长但始终晦暗不清的思想潜流的"真精神"。作者的目标读者并非哲学专家，而是拥有智识兴趣的普通人；并非被理论态度支配的专业人士，而是对思想和反思抱有热情的你、我、他。

的确，犬儒主义与犬儒首先是一种古代希腊哲学的现象。锡诺普的第欧根尼及其追随者们因其生活与当时社会的文明教化格格不入，甚至在很大程度上行事不顾礼义廉耻，因此被加上了"狗样"（古希腊语 *kynikos*，一般英译为 dog-like）的称呼。这就是"犬儒"之名称的由来。这里需要做一点特别说明：尽管和我们一样，古希腊人对"狗"有各种看法，但犬儒派的"狗样"所强调的，是这群人和狗一样全然服从自然冲动的支配，不顾习俗所要求的基本行为礼仪，在大街上"如狗一般地"处于"野生"状态。在古代希腊人所起的"犬儒"这个绰号中，可能有各种各样的意味，但恰恰没有"卑躬屈膝"和"摇尾乞怜"。一个著名的段子诸君都耳熟能详：当世界的征服者亚历山大大帝试图向第欧根尼施恩，哲学家的回应不过是让权力者走开，不要挡住阳光。这一则逸事，连同古代犬儒派其他成员的基本资料一起，被记载在第欧根尼·拉尔修的《名哲言行录》之中。

以第欧根尼为代表的古希腊犬儒派追求的并不仅仅是服从自然的召唤，他们并不是古代的"天体运动"倡导者。

众所周知,"自然"与"人为"两分是古希腊哲学的基本区分之一。犬儒派的真实目的是试图揭示文明这一人为之物背后所依赖的自然之物。通过揭露文明的矫饰伪装,在祛除了"人为的"扭曲之后,人之真正的德性才得以显露出来,并保持"自然的"纯洁。毫无疑问,权力、制度、体制,以及由此衍生出来的权势、财富等等,这些东西对于犬儒派而言,是需要尽早抛却殆尽的污垢。

可想而知,即使是古代希腊人,对这样的哲学和哲学家,也只是勉强容忍。当古代哲学的黄金时代过去,哲学从它激情的创造时代转入由传承与注疏为主导的体制化阶段,犬儒派的命运就发生了巨大的转折。哲学史的编纂者们未必拥有官方身份,但思想上终究站在建制这一边,将守护文化与文明不自觉地等同于维护建制。对他们而言,犬儒派是一个巨大的难题。第欧根尼的形象过分特殊,在某种意义上可以与苏格拉底的形象双峰对峙,共享从古代哲学黄金时代折射而来的荣光;而同时代的犬儒派则类似于康德笔下的"游牧民",不知疲倦地冲击着文明建制的根基,试图将一切文明与文化的成就碾成齑粉,让人类重返蛮荒。因此，主流派哲学史家与哲学家共谋，制造出了一种两分：第欧根尼及其徒子徒孙乃是"名哲"，深具教养却有意"呵佛骂祖"，乃是真正的哲学家；后世的犬儒派不过是与下层平民混迹在一起的混混，是不知廉耻的街头煽动者和活动分子。通过这一区分，"真正的犬儒派"被塑造为有意通过离经叛道式的生活来揭示"百姓日用而不知"之哲学真理的人。在看似离经叛道甚至放荡不羁的生活中，理想的犬儒要保持身心的完全纯洁。他的所有举动，不过是一种哲学表演，是一种公众教育。因为他继承着苏格拉底以来的哲学理想——哲学家是公民的教育者，尽管这个教育者比苏格拉底这样的慈父式严师要苛刻得多，也刺激得多。

不管"真正的犬儒""身心纯洁"这种说法有多少问题（毕竟听上去不仅像禅宗甚至还像密宗教法），但我们的确可以看到，后世自我定位为犬儒的人多多少少继承着这一身心纯洁的理想。尤其是近代以来，与现代性的一般倾向一致，纯洁也被内在化了——尽管我同流合污、缺乏勇气、精致利己，但我内心对那些如此这般的人（特别是要包括我自己!)表示不屑,这正是最终的内在纯洁之标志。这就是现代犬儒主义,也是"愤世嫉俗"和"玩世不恭"词义的落实之处。

艾伦博士在书中提出了一个非常有意思的区分,即"古代犬儒主义"(Cynicism)和"现代犬儒主义"(cynicism)。这个用首字母大小写来进行的区分无疑是原创的,但也并非异想天开。德国学者尼许斯-普勒布斯廷(Niehues-Pröbsting)就通过 *Kynismus* 和 *Zynismus* 这两个有着首字母差异的德语词来分别指代"古代犬儒主义"和"现代犬儒主义"。彼得·斯劳特戴克也采取了相同的处理方式。作为译者,我能理解英语无法利用德语所具有的这种便利,但首字母大小写的处理方式在行文中难免引起混淆,尤其是在讨论"一般犬儒主义"这种跨历史主题的时候。

事实上,"现代犬儒主义"这一现代性伴生现象是艾伦博士关注的重点。与之相比,"古代犬儒主义"不过是作为历史演进的脉络被提供给读者的。这与本书的章节篇幅安排无关,在阅读文本的时候可以明显地感知到作者的意图与激情之侧重所在。追随着艾伦博士所指引的线索,大致上可以说，犬儒主义从其古代形态到现代形态的转化过程中并没有明确的转折点或标志性事件。现代犬儒主义固然不是从被装扮为哲学教师典范的、业已被理想化了的形象中诞生的，但也不是从被污名化了的、被认为是混混式的街头煽动者之怨恨之中发源的。并不存在延续千年的怨念传承，被传承下来的，除了被共享的名字之外，只是一种特殊的社会心态——在希求认同的焦虑与深深的失望之间反复摇摆。可以看到，包括第欧根尼在内，古代和现代的犬儒在内心中都深深信任着他们所身处的文明。第欧根尼从异邦来到雅典，并将这里作为他的根据地与终焉之所。他没有去波斯，更没有去色雷斯。同样的，极尽讽刺挖苦之能事的现代犬儒，也在周一的清晨，伴着闹钟起床，老老实实去上班。犬儒之所以为犬儒，而不是革命者或宗教家，就在于他们不仅与同时代的社会建制相安无事，而且归根到底依附于此。但他们未能充分认同这一建制，或者说得更好一些，这一建制没有给予他们以足够的承认。公元1世纪来自科林斯的德米特里乌斯在无意中泄露了犬儒派的秘密心态——当罗马皇帝试图赠送他一笔金钱之时，他

中译本序言　　vii

拒绝道:"如果他想诱惑我,他应该将整个帝国都给我。"[1]这句话不仅表达了哲学家的高傲,也表达了哲学家的要价。因为这一要价无法被接受,这位哲学家只能继续做他的犬儒。

我们可以看到,从古代形形色色的犬儒派到早期现代玩世不恭的知识分子,再到当代的愤世嫉俗者,他们所共有的是对权力与体制的怨恨。之所以是怨恨,是因为他们绝不会决然与体制相决裂,而是依附于身处的体制之中,然后以自己的智识水平为傲,觉得自己可以洞察体制的整体运行和体制内个人行动的真实逻辑,进而基于此种洞察,对互动的双方(体制和自己)都报以深深的蔑视。其实我们应该都很熟悉这种形式的怨恨:在匿名化的社交媒体上冷嘲热讽,在真人出场的现实场景中唯唯诺诺;以众人皆醉唯我独醒为自豪,以苦心经营私人生活为追求。"键盘侠""乐子人",现代犬儒不仅就在我们身边,甚至可能就是你我他,是这个时代的"常人"。

我们今天阅读关于犬儒主义的著作,除了哲学史的理

---

[1] 转引自本书第46页。

论兴趣之外，关键在于提供一个契机，去思考如何定位我们自己。在我看来，艾伦博士过分乐观，试图在现代犬儒主义之中寻找积极的革命性因素，试图通过广泛团结和首创精神来使得现代犬儒主义成为某种人类解放的助力——哪怕是一种消极的内心抵抗力。但很不幸，西方世界之外的历史经验告诉我们，犬儒主义并不会拥有撕开铁屋子的能力。铁屋子的自我崩溃的确与犬儒主义的腐蚀作用有一定关系，那是因为权力者自身也被腐蚀，从而动摇了自我保卫的意志与决心。但让铁屋子崩溃的那一击，从来就不是无法协同行动的犬儒派能完成的，不论是古代犬儒，还是现代犬儒。而且在崩溃之后，如何才能真正实现解放，而非陷入更大的虚无泥潭，以致建造起来一间更大更牢固的铁屋子，这一无比艰巨的任务需要一代又一代的人团结一致，持续奋斗。这更不是犬儒主义能承担的历史重任。

或许鲁迅先生这段话是对现代犬儒主义最好的回应："愿中国青年都摆脱冷气，只是向上走，不必听自暴自弃者流的话。能做事的做事，能发声的发声。有一分热，发一分光，就令萤火一般，也可以在黑暗里发一点光，不必等候炬火。此后如竟没有炬火：我便是唯一的光。"①

最后，感谢诸君的阅读，希望诸君能在本书中有所收获！

倪剑青
2022年8月
于上海

---

① 鲁迅，《热风·随感录四十一》，《鲁迅全集》第1卷，人民文学出版社，1958年，第400页。

目 录

第一章	序曲：伴有离经叛道的问题	1
第二章	拒绝所有门徒：	
	古代犬儒主义与无畏直言	23
第三章	污损货币：超脱藩篱的古代犬儒主义	53
第四章	对暴民的恐惧：	
	古代的和中世纪的种种理想化	85
第五章	排干木桶：近代早期的不满分子	125
第六章	释放太阳：启蒙了的哲学家和浪荡子	157
第七章	活在末世：现代犬儒派的多重面相	187
第八章	尾声：犬儒主义的不可逃避性	229

词汇表	249
注　释	255
参考文献	301
延伸阅读	321
索　引	323

1

第一章 序曲：伴有离经叛道的问题

一个犬儒式的愤世嫉俗者①看不上人类。持有犬儒式的愤世嫉俗观点意味着对他人抱有不信任。犬儒主义者蔑视（甚至嘲弄）非犬儒式的种种特质，对人类的真诚与正直不屑一顾，相信它们只是对自利的掩饰。作为一种文化气质，犬儒主义煽动不信任，给进步下绊子，要将所有崇高之物、所有的善打回原形，压低到它自己那种偏狭的层

---

① 目前中文世界对"犬儒主义"及其衍生词的理解与英语cynicism及其衍生词之间有着相当大的差距。而考虑到译文的行文通顺，无法直接对cynic（犬儒主义者，犬儒派、愤世嫉俗者）、cynical（犬儒式的、愤世嫉俗的）之类的词做统一处理。在不涉及作为思想派别的犬儒主义之时，暂且译为较为烦琐的"犬儒式的愤世嫉俗者"和"犬儒式的愤世嫉俗"。为了行文的考虑，间或也会翻译为"愤世嫉俗者"与"愤世嫉俗"。——译者注，本书脚注一律为译者自行添加，后不另注。

次上去。它假定所有人类动机在根本上是自私的，更否认我们有可能拥有一个更好的世界。

但曾经存在着一种非常不同式样的犬儒主义——首字母大写的犬儒主义（Cynicism）。其最为出名的践行者便是第欧根尼。第欧根尼出生于公元前412—前403年前后，以看不上与他同时代的人而著称，但参与了当时的社会变革活动。就此而言，他所代表的犬儒主义正好与我们当下令人厌倦的情况相反——现代大众犬儒主义试图让我们相信，任何改变世界的企图一开始就注定会失败。本书将比较犬儒主义的古代形式和现代形式，以便更好地理解现代犬儒主义。本书将探究每一种犬儒主义如何成为它所处的社会的产物，并且成为那个社会的一面镜子。由于要比较古代犬儒主义和现代犬儒主义，所以我们也将探讨前者是如何转变为后者的。这一转变跨越了两千五百年的时光。犬儒主义在此段过程中经历了多种多样的中介形式才完成了这一转变。

乍一眼看来，古代犬儒主义与现代犬儒主义截然不同。作为一个由行乞哲学家组成的松散团体，古代犬儒主义者很容易通过他们极具个性的服饰（著名的手杖与斗篷)、刻意表现出的贫穷、粗鄙的举止、羞耻心的匮乏、令人困惑不解的作为以及狗吠般的声调等来辨识。这些古代犬儒主义者为了批判他们所处的文化，投身于这样一种有意为之的生活方式，其目的就在于激怒他们的同时代人，由此使大众的偏见暴露出来。古代犬儒主义者自认为负有见证之责任——持有一种完全不同的生存态度是完全可能的。与之相反，要准确辨识现代犬儒主义者则非常困难。现代犬儒主义已经融入了社会主流，再也不是只有社会少数派才会皈依并践行的一种哲学——我们现在都是现代犬儒主义者。现代犬儒主义依然对精致的教养和优雅的举止抱以怀疑的态度，但已低调了许多，不再会像古代犬儒主义那样通过种种惊世骇俗的举动去激怒大众。现代犬儒主义者没有社会或政治的信念，只保持狭隘的机会主义，总试图为自己捞好处，得以与他所拒斥的现状相调和。这种态度与其古希腊祖先之间的确有所关联，但微乎其微。古代犬儒主义者是断然拒绝与任何事或任何人妥协的。因而，古代犬儒主义在何时变成了现在这副模样？古代犬儒主义向现代犬儒主义的转变似乎并非在某个特定的历史时刻发生的，这种转变也不是绝对的。尽管如此，我们还是要加以区分——首字母C大写的犬儒主义（Cynicism）指的是古代犬儒主义，而首字母c小写的犬儒主义（cynicism）指的是现代犬儒主义[1]①。

不论古代犬儒主义还是现代犬儒主义，都被理解为"离经叛道"（deviance）——对普遍接受的规范公共或私人行为的诸原则的背离。古代犬儒主义与现代犬儒主义，都继承了这种"背离"的举动。但二者所背离的这些原则却提供了一个框架，使得我们可以理解古代与现代犬儒主

---

① 中文无法享有这种基于首字母大小写的便利。所以只能通过"古代犬儒主义""古代犬儒主义者""现代犬儒主义"和"现代犬儒主义者"这样冗长的词组来进行区分。在某些地方，为了行文简洁，译者也用了"古/今犬儒主义""古/今犬儒"这样的译法。在不至于引起误解的地方，前置形容词"古代""现代"或将被省略：在第二章到第四章中，不带前置形容词的"犬儒主义"都是指"古代犬儒主义"；在第五章到第八章中，不带前置形容词的"犬儒主义"都是指"现代犬儒主义"，或泛指一般意义上的"犬儒主义"。的确存在着另一种可能的处理方法——仿效尼许斯-普勒布斯廷的处理方式，用 Kynismus 和 Zynismus 来加以区分，将"Cynicism"（Kynismus）翻译为"犬儒主义"，将"cynicism"（Zynismus）翻译为"狗儒主义"。这种处理方式可能过于戏谑化，且在行文中难以驾驭，故本书译者不采用这样的方式。另外，以首字母大小写来区分"古代犬儒主义"和"现代犬儒主义"，是本书作者的发明。因此在涉及引用其他作者的时候（尤其是在作者的注释中），不将"cynicism"译为"现代犬儒主义"，而是直接译为"犬儒主义"。

义的离经叛道性。这些原则还提供了一些正面的行事原理。古代和现代犬儒主义正是在对它们的拒绝或驳斥中彰显出自身。古代和现代犬儒主义的表述中总是涉及这样或那样的标准。我们可以根据这些标准来判断古代和现代犬儒主义，并通过古代和现代犬儒主义对于这些标准所展现出的敌意来加以衡量。古代犬儒主义和现代犬儒主义一样，都不能容忍更高标准（古代犬儒主义对此更为急切）：一切夸夸其谈和矫揉造作都要被削弱或揭穿——用古代犬儒主义的术语来说，让理想主义者那鼓胀的内脏稍稍放放气[①]。古代和现代犬儒主义在通常意义上都不算什么"好人"。或者在现代语境下，更准确地说，"**尽管**他持有犬儒主义态度，但他是个好人"——而不是"因为他持有犬儒主义态度，所以他是个好人"。尽管如此，古代和现代犬儒主义之间的共性不应被夸大。尽管"离经叛道"为古代和现代犬儒主义提供了一个共同主题，但何为"离经叛道"，依然需要在各自的情境下进行理解。古代犬儒主义以举止乖张著称（如果那些行为是病态的话，那也是深思

---

① 在古代犬儒主义的语境下，这句话的真实意思是让人"放屁"。

熟虑的产物），而现代犬儒主义的恣意妄为，多半是无意中的自发行为（如果不仅仅是不受控制的自动行为的话）。

作为一种态度，现代犬儒主义的"离经叛道"是病理性的：它折磨着我们。现代犬儒主义者的范围从有权势者一直到那些被压制和被边缘化的人。有权势者为了获得更大的影响力和财富，无所不用其极。这些人所持有的是"机会主义的现代犬儒主义"与"操纵他人的现代犬儒主义"，而那些被压制和被边缘化的人只拥有"卑贱的现代犬儒主义"。这两者是被绑定在一起的。有权势者的犬儒主义给了那些缺乏影响力的人以无尽的理由去宣扬犬儒式的愤世嫉俗，而后者的犬儒主义则使得他们在前者的恶行面前麻木不仁。在这种情况下，或许存在维持犬儒式愤世嫉俗的好理由，但这种现代犬儒主义终将徒劳无功，它所引发的争执也是如此。只有怀抱希望并采取协调一致的政治行动，才能使得事情变得更好——这种希望和行动总是被更为高远的理想，或是被集体主义的理想所激发。然而现代犬儒主义总是阴魂不散。每当我们沉沦于挫折或绝望时，它就会被我们再次经验到。我们今天为自己所持有的现代犬儒主义辩解，仿佛这是一场不由自主的情绪爆发，是我们自身更黑暗一面的产物。而"更好的自我"必须咬牙坚持，才能不全然屈服于它："我恨变得愤世嫉俗，但是……"

综上所述，毫不意外，我们都有自己的犬儒时刻。今日的社会中存在着现代犬儒主义的潮流，它不局限于一时一地，已势不可挡地广泛传播开来。这种潮流在某些人的理解中，也是政治危机的一种特征。这种政治危机表现为"后真相"（post-truth）和"另类右翼"（alt-right）的崛起，表现为在面对民粹主义（populism）之时，自由民主制度和进步主义政治的衰弱，表现为诸多国际组织全力应对全球挑战（例如气候变化）努力的失败。现代犬儒主义是一种政治选择，也是一种个人选择。或许可以将现代犬儒主义理解为一个指标，显示更为广泛的文化病症的存在。它显示，现代的各种政体正在转向，在暴力的极端主义和集体的冷漠之间兜兜转转。这种现代犬儒主义既是一种征兆，也是一种症状，甚至可能是造就诸多黑暗时代的原因之一。在这样的背景下，个人很少直接遭受到他们犬儒式愤世嫉俗的危害。但在相当程度上，他们那种现代犬儒主义的弥散性本质，使得我们所有人都置身于危险之中。

我们今天为自己所持有的现代犬儒主义辩解，仿佛这是一场不由自主的情绪爆发，是我们自身更黑暗一面的产物。而"更好的自我"必须咬牙坚持，才能不全然屈服于它："我恨变得愤世嫉俗，但是……"

───────────────────────

面对这种困境（正是在这种困境下，现代犬儒主义才能用如此否定性的术语来评价），很难理解为什么有人会出于个人利益之外的原因而故意**选择现代犬儒主义**；同样难以理解为什么有人会投身于现代犬儒主义，似乎因为它在社交上具有莫名其妙的好处。的确在某些社会情境下，加一剂愤世嫉俗以便更好地伪装是必要的。缺乏应有的愤世嫉俗会被认为是政治上幼稚（naiveté）的表现。而作为一种主动的选择，这种"变得**更**愤世嫉俗"的决定当然也会有意义，但仅仅是在以下情况下：一种临时的情境性反应、一种应对策略、一种释放压力的方式、一种对公民和社会责任的暂时搁置（这种暂时搁置可能是令人愉悦的、有趣的，甚至在小剂量的情况下是有治愈效果的；但一个人重拾更严肃的承诺时，这种态度必须不可避免地会被放弃）。这种现代犬儒主义对我们命运的改善毫无贡献可言。如果它有助于你，你可以尽一切办法在私人生活中沉溺于它，只要不会阻碍你发现自身那非愤世嫉俗的（noncynical）、更好的本性。现代犬儒主义或许有其用处，但仅就自身而言，可以被认为是没有提供任何积极的东西。

以上这种否定性的评价乃是共识，是对我们这个时代近乎无法辩驳的批判。但现代犬儒主义或许同样可以被赋予更多的光环，或以更加赞许的态度进行审视。为了使这一说法站得住脚，我们必须花点时间去描出古代犬儒主义式离经叛道的大致模样（古代犬儒主义的哲学观总与现代犬儒主义针锋相对），并将之理解为一种主动的偏好与选择，而非是一种悲惨的际遇。古代犬儒主义哲学是坚定的，参与政治的，对自身加以积极的肯定。即使在那种它所坚决反对的生活情境中，它依然如此。正因为如此，它提供了一个关于"古/今犬儒主义能有什么贡献"的非常不同的视野——古代犬儒主义将被视为一种积极的、肯定生命的倾向，而非社会衰败的征兆。尽管如此，古代犬儒主义哲学引发了很多对自身解释的挑战。但这些困难可以带给我们更多关于古/今犬儒主义的信息，值得加以详细陈述。

三大问题

首先，尽管写书这一举动具有积极性，但古代犬儒主义哲学对"著书立说"这一行为抱有敌意。从古代犬儒主义的观点来看，书籍由一种爱刨根问底的学术兴趣所推动，学院派学者的著作尤其如此。著书和读书，是一种专门的品味和脾性，一种理智性情（intellectual disposition）的产物，而这种理智倾向与古代犬儒主义哲学格格不入。即使抱着最良好的意图，对古代犬儒主义的研究也将系统地偏离古代犬儒主义哲学的基本教义，并且会歪曲那些它仍旧渴望得到理解的东西。

这样一本书可能会如此描述："第欧根尼以将大多数人关起门来做的事情拿到公共场合来做而出名，以将私密行为转变为反常的、不知羞耻的公开表演而出名。"因为第欧根尼在古代犬儒主义传统中的显赫地位，任何论述古代犬儒主义的著作都难以回避他，而不得不给予他本人和他那些最为离经叛道的"突然发作"以一定的篇幅来加以描述。但这些行为还是可以被认为是"有品"的。这样的书籍或许还会试图引领读者以轻松的心态去了解古代犬儒主义在民间传闻中更多的"丑闻"。它们会在冗长的介绍之后出现，但随后就被其他文字所掩盖。这些文本将劝导读者，那些最为出名的古代犬儒主义行径（恰好也是那些最

第一章　序曲：伴有离经叛道的问题　11

为下流的）乃是一种独特而可敬的哲学表达。这种论述将古代犬儒主义的荒诞言行与"追求更高的目标"的任务相关联，从而为古代犬儒主义教义中最不知羞耻的例子开脱（或至少是让它们变得有意义起来），指出这些行为即使不是为了指向"更伟大的善"，至少也指向了一系列更严肃的基础性哲学承诺。

本书并不打算采取上述那种进路。尽管书中的确提供了对古代犬儒主义哲学的学院式解读，但并不会因此种事业的严肃性而去刻意地曲解古代犬儒主义。相反，本书会坚持重新聚焦于古代犬儒主义的离经叛道。从古代犬儒主义那些最为哗众取宠、特立独行的例子入手，避免所有的顾左右而言他，这的确是诱人的。然而，不论以什么样的方式去通达古代犬儒主义的主题，直截了当或其他方式，古代犬儒主义那种下流的、挑衅性的力量总会多少被消减。描写这种行为削弱了其冲击性。尽管一本关于古代犬儒主义的书不可能不去描写第欧根尼如何让他的雅典追随者们为其行径而震惊，但任何关于第欧根尼的描述——**比如他公开地拉屎和自慰**——都会不可避免地弱化他所干出的丑事。当主导这种叙事的知识分子给出一些关于"第欧根尼到底在干什么"的说明之时,其行为所具有的力量就被削弱了。

弗洛伊德的《文明及其不满》中的一个脚注或许可以成为例证,有助于我们理解这一问题。尽管读者可以发现,弗洛伊德是在讨论狗,而非古代犬儒主义,但两者之间是有关联的:"犬儒主义的"这个词是从古代希腊术语 *kynikos* 中衍生而来。这个术语的意思就是"像狗一样"(dog-like)。考虑到这一点,通过弗洛伊德对"**狗**"这个词为什么可以被用作脏话的解释,我们可以读懂古代犬儒主义的实践,并理解这种实践所激发的敌意。由于狗也以忠诚的伙伴而闻名,"狗"这个词成为一个贬义词似乎让人难以理解。弗洛伊德指出,这种用法是基于以下事实:狗同时还具有另外两个绝对令人不齿的特性。

弗洛伊德写到,狗"没有对排泄物的恐惧",也没有"对性行为的羞涩"[2]。这些词一样可以用来描述古代犬儒派的第欧根尼:他精确地展示了这些特征。弗洛伊德争辩到,由于鼓励清洁与秩序是有教养社会的一种基本特性,两者作为如影随形的习俗,潜移默化地教化着人际行为,引导和抑制着本能冲动(libido)。古代犬儒主义者在大庭广众之下排泄和性交，成为对任何有教养人士的公开羞辱。**狗**为什么成为骂人的脏话，其解释基于弗洛伊德先前的一个论点：进化至直立步态，导致了**智人**（Homo sapiens）忍受臀部散发出的恶臭的能力下降。这些遗传的特性难以完全逃避。即使我们依然在散发着恶臭——**无人能找到彻底的治愈方案**，但弗洛伊德对他的观点给出来具有决定性意义的补充："尽管人类经历了种种进化，却很少为**自己**排出的粪便感到恶心。"[3] 在弗洛伊德学派的话语中，我们依然是"肛欲"（anality）的产物，尽管我们毫无疑问地否认这点。过度清洁、蔑视那些行为像狗一般的人，在弗洛伊德学派的图式（scheme）中都是精神疾病的症状。狗与古代犬儒主义者同样昭示着，我们教养的积累乃是多么肤浅和成问题，只要一丁点儿的"污"与"秽"就可以引发不安。

不论弗洛伊德的解释是否被接受，都有助于公开检视古代犬儒派"不知羞耻"的问题。我们或许会好奇，古代犬儒派的下流行为是否不只是单纯的"突然发作"，而是在引导人们注意到这一点——有教养的生活及其风俗在其本质上不过是任意专断的产物。古代犬儒派试图激发对有教养生活所有特性的怀疑。它的努力是朝着文明的反方向——有教养的生活之最佳成就被怀疑、被不予信任，甚至是被完全蔑视。古代犬儒派引发愤怒，招来厌恶，从而打断了文明的习惯性表达方式及其发展方向，文明的发展将被重新定向。古代犬儒主义使得那些先前惊得目瞪口呆的人最终对文明的力量产生怀疑，而文明的力量正是造成他们鄙夷所有低级与卑劣事物的根源。这在某种程度上类似于尼采的"大轻蔑者"[4]——古代犬儒主义对文明习俗的批判，要求相当程度的拒绝，要求付出努力，要求一定程度的预先训练。这样，犬儒主义者才能对抗并超越那种习以为常、自然而然的轻蔑态度。

如上所述，任何对古代犬儒派的离经叛道行为的叙述或解释，不论对古代犬儒派哲学的意图抱有多大的同情，都应该预料到自己将会受到古代犬儒派的谴责。这是自作自受。在那些被古代犬儒派所攻击的自认为理所应当的有教养的生活习俗和态度中，存在着一种自信的、有洞察力的理智。从古代犬儒派的观点来看，这种理智也必须被扰乱。所以哪怕是抱有同情之态度去理解古代犬儒派的尝试，也不能免于古代犬儒派的嘲笑，尤其是上述那种学院派式的研究企图。尝试去解读古代犬儒派的"作案手法"（*modus operandi*），必将引发古代犬儒派哲学的愤怒。对古代犬儒派那些离经叛道行为的解读之所以会引发其轻蔑，并不只是因为正在讨论的这一理论（弗洛伊德派关于类人动物不再嗅闻同类之臀部的理论）是不可靠的，更是因为这种对理论的诉求本身在古代犬儒派看来就是令人鄙夷的。应用弗洛伊德的理论，或是应用其他理论家或哲学家的理论，试图由此来达成对古代犬儒主义实践的某种理解，最终都将无法把握古代犬儒主义的重要意义。诉诸理论的做法与古代犬儒主义哲学的实践格格不入。所有理智活动，所有试图占据"更高"、更严肃领域的企图，仅能显示出它们与古代犬儒主义哲学之间的距离，而无法真正体味古代犬儒主义哲学的激进性。没有关于古代犬儒主义的著作能真正配得上其论述对象。本书也依然是一种知识分子的做法，是作为受过教育的人们去理解古代犬儒主义的中介。而受过教育的人们恰恰是古代犬儒派试图去扰乱的主要目标。

对一本论述古代犬儒主义的书而言，第二个主要问题是，在古代犬儒主义与其更晚近的后裔之间，存在着一道鸿沟。这道鸿沟不仅仅是时代的鸿沟，也是气质上的鸿沟。双方的差异是极为明显，甚至可能是无法跨越的。人们甚至会声称，古代与现代的犬儒主义在本质上是不同的，共享同一个名字只是历史的偶然，基于一些历史错误，把"犬儒"及其相关字词，与一个更近代、具有完全不相容属性的社会现象进行了错误连接。尽管如此，本书认为早期古代犬儒主义的痕迹依然留存至今——当然它遭受了扭曲，但古代犬儒派的传统就其起源而言，自身就建构在一种根本性的畸变失真之上——本书将追踪早期古代犬儒主义那些奇怪的痕迹，以便重新思考现代犬儒主义在当代社会中的地位和功能。考虑到现代犬儒主义具有典型的逃避性这一事实，本书认为，如此梳理从古代犬儒主义到现代犬儒主义的谱系，对于我们今天的理解而言是必要的。这种逃避态度使得现代犬儒主义愤世嫉俗的一面保持相对低调，仿佛羞于充分表达一般。这一立场同时也是现代犬儒主义式的愤世嫉俗得以深化和扩散的精准条件。古代犬儒主义通过对抗性的、常常是挑衅性的举止来宣扬自身的存在，而现代犬儒主义则偏爱私下里表达自己，比如表现为怨恨。

古代犬儒主义通过对抗性的、常常是挑衅性的举止来宣扬自身的存在,而现代犬儒主义则更偏爱私下里表达自己,比如表现为怨恨。

现代犬儒主义在完全表达自身上的不情不愿，在本书的最后两章之中得到考察。此两章着重讨论了现代犬儒主义所试图解决的第三个问题，也是最后一个主要问题。正如古代犬儒主义的"非理想化的形式"一样，现代犬儒主义的态度也受到了强烈的否定。如果说现代犬儒主义还值得研究的话，那它似乎作为一个集体或个人的问题出现，需要治疗。通过治疗，个人与群体可以摆脱他们的犬儒主义，通过那些非犬儒主义的行为者和论点。本书尝试提出另一种观点，一种对现代犬儒主义的最坏特征更积极的观点。尽管今天的现代犬儒主义具有潜在的危险性，以至于可能腐蚀并损害现有的社会、政治和经济秩序，但并不意味着它是彻头彻尾的坏。总之，本书认为，现代犬儒主义与其坏名声很匹配，但可能依然受欢迎。在古/今犬儒主义传统中，有着一种具有创造性的激进主义，可能会发挥作用。

本书遇到几个问题，如下：一、用现代理智方式对古代犬儒主义进行解释是困难的，甚至是不可能的。二、分隔现代犬儒主义与其祖先的那道巨大的鸿沟，没有任何著作可以彻底地加以弥合。三、现代犬儒主义和古代犬儒主义所必要的"闲暇",已在不同程度上被摒弃了。可以说,任何关于古代犬儒主义的著作(当然也包括本书这种篇幅的),都只有通过一种不可避免的歪曲,才能让人们对其所讨论的对象有所了解。正如本书只能根据晚近学者的研究,使人们对"何为可能的关键点"有所了解——在这些关键点上,古代犬儒主义从一个勇敢而蓄意的反文化实践,蜕变为一个内嵌的、弥散的现代犬儒式状态。尽管如此,本书依然认为,某些畸变失真要比另一些更为富有成果。为此,本书特别关注古代与现代的犬儒主义对教育文化的影响。从广义上来说,这种"教育文化"包括从各种制度形式的教育,到受教育者的价值观、行为和自我理解[5]。正如我在下文中所指出的那样,尽管古代犬儒主义并未逃离它自身周遭的教育文化与哲学传统,但它以对这两者都抱有敌意而闻名。这一点很容易被忽视或轻描淡写,因为古代犬儒主义最终失败了,并未能颠覆它所攻击的文化。正如本书所证明的那样,如果说在古希腊(这是古代犬儒主义自称的起源),古代犬儒主义**在某些方面**设法扰乱过西方受教育者的文化霸权,但从未使得这种文化霸权从根本上受到颠覆。古代犬儒派似乎计划从内部来消解我们的教育承诺，从而将之置于公开的质疑中，但这一计划从未实现过。古代犬儒主义依然有很多可以启发我们的东西。这一课始于将教育本身置于其嘲笑之下，或许也终于此[6]。

2

第二章 拒绝所有门徒：
古代犬儒主义与无畏直言

第欧根尼留下了一个难以捉摸的形象。与第欧根尼有关的奇闻逸事，在第欧根尼·拉尔修[①]的《名哲言行录》中收集最为广泛。《名哲言行录》编撰于公元3世纪，而古代犬儒派的第欧根尼生活于公元前4世纪，两者相隔达到了五个世纪[1][②]。那些关于古代犬儒学派的回顾性记载，目的

[①] 第欧根尼·拉尔修，生平不详，是公元3世纪的传记作家。他的主要工作是搜集古代希腊哲学家们的学说和生平逸事，传世作品为《名哲言行录》。另外需要特别注意的是，第欧根尼·拉尔修与古代犬儒派的第欧根尼没有任何关系，也并没有证据说明他信奉犬儒派哲学。"第欧根尼"在当时可能只是一个常见的希腊男子名。

[②] 第欧根尼卒于公元前323年；第欧根尼·拉尔修生卒年不详，只知其活跃在公元3世纪。从第欧根尼去世到第欧根尼·拉尔修出生，两者之间确实相隔五百多年。

多种多样。既是重新整理归纳一个失落的传统，也顺便对这一传统的"伪"继承者们表达公开的敌意。这些回顾性的记载，包括了公元2世纪琉善①的讽刺作品，也包括了公元4世纪尤利安②的评论作品。但这些传世的历史记载——如果还不至于是对古代犬儒学派哲学的彻底歪曲和伪造的话——其真实性是很成问题的。仅仅就此而言，古代犬儒学派依然在回避那些试图研究它的人。

尽管这一窘境对于历史学家而言很熟悉，但古代犬儒学派那种鲜明的逃避本性把事情弄得更为复杂了。当时的学者们必须和古代犬儒派哲学所具有的那种对研究活动的深层敌意打交道。当代研究者当然也不能例外。即使古代犬儒主义能以一种更为直接的方式传播，从而可以让我们确定史料的准确性，古代犬儒主义本身还会是一个具有破坏性的存在。正如之后的两章所要探究的那样，古代犬儒主义有一些东西是无法被理解的。或者说得更明白一些，如果古代犬儒主义还能保留任何生命力的话，一定会使其

---

① 琉善，或译为"卢西安"，公元2世纪著名的讽刺作家和修辞学家。
② "背教者"尤利安，公元4世纪的罗马皇帝，最后一位支持古代异教、反对基督教的罗马统治者。

解释者感到困惑，一定会回避那些希望理解它从何而来、如何运作以及目标的人。在通常情况下，面对着一个不情愿且明显持回避态度的研究对象，学者的反应是投入更多的努力，用研究对象的"不情愿"这件事来证明进一步研究的必要性。因此，当学者试图进一步进行探究时，就会使得问题变得越发复杂（而这问题正是由学术研究本身制造出来的）——方法论的愈发多样化，所引发的讨论和争辩也愈多，一个问题叠在了另一个问题上。学者的那种洞察力、进行论说的逻辑，正在被他所探究的那个东西持续抵抗着。在这里，正是必然笼罩在古代犬儒主义身上的那种晦涩和外在敌意，刺激和鞭策着当代研究，但也因此推迟了下一幕的到来——当代的学术研究与古代的犬儒主义之间的彻底对抗。古代犬儒主义传统中有着对理智文化的敌意。这很容易被觉察到，但未能阻止学者们将古代犬儒主义的实践以及相关传统作为自己感兴趣的研究对象。近年来，关于这一研究领域的学术专著和论文不断涌现，为理解古代犬儒学派这一研究领域提供了可观的细节，但这些学术性的研究在本质上都没能直面古代犬儒派哲学的那种挑衅。

逃离当代那种理智文化，当然不是想象中那么容易的事，因此本书就不假装偏袒古代犬儒主义了，而是呼吁关注在教育文化与古代犬儒主义哲学之间的诸多张力。由于古代犬儒主义有着与教育文化截然对立的诸多事迹，所以这些张力很容易被观察到。很少有人去讨论古代犬儒学派对教育的深意。即使有过这种讨论，也是在极为偏狭的意义上展开的。确实，对于古代犬儒主义的教育哲学，有一种解释与我在本书中试图提供的方案相比更为浅显直白。唐纳德·达德利对古代犬儒主义的研究就是一个值得参考的例子。他的研究富有影响力，依然是晚近许多学术研究的关键参考文献。在该书中，达德利对他所称的"古代犬儒派教育理论"[2]进行了简要的论述。

通过研究第欧根尼那些明显与教育最为相关的活动，达德利认为可以理解古代犬儒派哲学的教育性深意。达德利注意到，据称第欧根尼有过家庭教师的身份，与之相关的简短逸事被记录在拉尔修《名哲言行录》中[3]。故事说，第欧根尼被海盗捕获，卖给了科林斯的塞尼亚得。此人的儿子似乎就是由第欧根尼来教育的。尽管达德利认为此故事纯属"杜撰"[4]，但仍然简述了此故事并将之纳入"古代犬儒学派的教育哲学"这个标题下。达德利把第欧根尼视作一位理想的教育家。第欧根尼扮演着塞尼亚得的"奴隶/家庭教师"这样角色，对其学生的道德形成给予了深切的关注[5]。根据达德利的解释，第欧根尼所提供的教育是"在古代犬儒派精神的诠释下，多种现有的体系之混合"。在此，"普通的希腊基础教育……[从体育锻炼到背诵诗文]构成了第欧根尼式教育的主体，同时辅以从斯巴达（狩猎）和波斯的体系（射箭和骑术）……衍生出来的特色作为补充"[6]。这则逸事强调的是要培养"自足的个人"（self-sufficient individual）。这些自足的个人会变得（在此处达德利引用了原文）"沉默寡言，在大街上也不左顾右盼"。如果说"第欧根尼在培养寡言、守序的学生"似乎还不够奇怪的话，我们还得知，第欧根尼的学生看上去对他"非常尊敬"[7]。与《名哲言行录》中第欧根尼那些更臭名昭著、更触目惊心的对抗公众逸事相比，这种对古代犬儒派教育的描写显得相当违和。作为一个逸事的汇编者，拉尔修满足于收集那些彼此矛盾的报道，仅仅是将它们罗列在一处，并未试图进行考证或评判。正是考虑到这些，我们应该更为广泛地去思考古代犬儒派的教育深意，而不是挑选那些直接与教育相关的零星记载（例如拉尔修所收集的那些），进行排序，并急着加以解释。这样一种理解进路，超越了第欧根尼作为家庭教师的故事，并从更加宽泛的角度解释了教育本身，从而为我下面的解读提供了参考[8]。

在构思对古代犬儒主义的概述之时，本书借鉴了近30年来出现的大批学术成果，其中最为重要的是两位作者的著作——米歇尔·福柯[①]和彼得·斯劳特戴克。这两位作者以各自的方式，非同寻常地关注到了古代犬儒主义的离经叛道及其背后所隐藏的狡黠意图。彼得·斯劳特戴克1983年的畅销书《犬儒理性批判》（*Critique of Cynical Reason*），以及米歇尔·福柯1984年举行的最后一次法兰西学院系列讲座，的确有助于上述许多研究。关于古代犬儒主义的重要意义，本书提供的解读可以被视为这两位作者研究的后续[9]。如果说在下面的分析中，有时似乎偏向于福柯和斯劳特戴克早先的论述，那是为了更聚焦于古代犬儒主义的成果。我们在此将古代犬儒主义视为一种"反文化实践"（countercultural practice），而斯劳特戴克和福柯

[①] 米歇尔·福柯，法国哲学家、社会思想家，对哲学、社会学、文学批评理论、历史学、科学史等领域有着深刻而广泛的影响。

都对这种实践表现出了某种同情。

早期古代犬儒派几乎没有作品传世，例如第欧根尼就没有任何文字留存下来。尽管如此，但一些古代史料的确提及了那些已经逸失的著作的标题。据说这些古代犬儒派的作品相当不拘一格，既有模仿传统体例的——例如麦尼普斯的讽刺作品，也有采用颠覆传统的非文学形式的——例如长篇累牍的抨击谩骂。这与博里斯塞讷斯的比翁有关[10]。即使古代犬儒派的著作存在过，其重要性也是第二位的。古代犬儒派的言传身教更重要。第欧根尼可能的确在写作（尽管不是所有的古代史料都认可这一点）[11]，但他对写作的态度可以从下述逸事中看到：赫格西亚（Hegesias）想借阅第欧根尼的一部著作，第欧根尼答道："赫格西亚，你这个傻瓜，既然你不会选择画出来的无花果，而会选择真无花果，那么你为何对真正的训练视而不见，只是服从那些写下来的条条框框。"[12]和其他许多古代哲学一样，古代犬儒派的信条首先是通过口述传统传播的，并被当作是一种生活方式[13]。但和其他绝大部分哲学不同，后续的古代犬儒派从未建立过"学派"——这里"学派"的意思是，将古代犬儒派的原则教条化，并且编订学派的正典。当其他哲学学派仅向各自的"选民"团体提供其奥秘时，古代犬儒学派则面向更为宽泛的听众群体进行宣讲。古代犬儒派以怪异的举止以及公共场合的我行我素而著称，而非以鲜明的学说而见长，尽管后者更符合哲学之传统。同时，古代犬儒派对当时的哲学那种已行之有效的正规讲座形式和优雅的语言风格不以为然。似乎第欧根尼就竭尽所能地挑起对他本人的质疑：他是否配得上"哲学家"这个称号呢？这导致其他人认为他只是个骗子而已[14]。犬儒主义似乎总在"哲学/非哲学"的临界点附近徘徊，于是常常被视为"伪哲学"。衡量犬儒主义成功与否的标准也许看相对于其那些更受人尊敬的"表兄弟"而言，它在多大程度上处于边缘地位。如果要用一句话来给本章和下一章（因为它将刻画古代犬儒主义的特征）定个基调，或许我们会说，古代犬儒派"通过批评的方式，将人们的交谈视为互哈热气——也就是放屁"[15]。

作为一种哲学的地位

在哲学正典中，古代犬儒主义的地位是难以确立的，因为它没有固定的教条（*dogmata*），也似乎缺乏一个明确的"终点"或"哲学目标"，即没有哲学家说的"目的"（*telos*）。这就让它与那些更为引人注目的目的论哲学，比如斯多葛派和伊壁鸠鲁派区分开来。所以当某些人拼命要把古代犬儒主义纳入哲学正典中时[16]，另一些人仅仅承认古代犬儒主义阐明了一个代表它的理智框架，并将之与犬儒主义重视的那些基础性承诺——自由、自主、幸福、美德、世界主义和自然——联系起来[17]。与之相反的一种视角暗示，古代犬儒派哲学那些最家喻户晓的信条都是"特定的即兴创作"，是"从这种持续不断的过程中生长出来"的[18]。古代犬儒主义并无固定不变的基本原则，也没有人为给定的事先预设。这也是本书所采纳的立场。在这种解读中，古代犬儒派的关键观念和方法只有通过事后回顾才能被确认。我们现在必须尝试解构的这种回顾性解读过程，将使古代犬儒主义具体化，但同时也使它惰性化，因为那些令古代犬儒主义得以与其他所有哲学区分开来的特质——反叛的冲动、应景的戏谑、别有深意的即兴表演——在这种研究中会被边缘化。只有上述这些实践得到了保留、解释并形成文本之后，才会成为古代犬儒派传统的特有标志和不可变更的刻印。不过古代犬儒派传统的构建，实际意味着古代犬儒主义的死亡。柏拉图将"哲学家"视为"旁观时间与永恒之人"，与之相反，第欧根尼或许可以被称为是"生活在木桶中、诉诸偶然性的哲学家"[19]。但即使这种论述也过于"下定义"，过于刻板了，似乎古代犬儒派哲学的目的就是如此生活[20]。根据此故事（第欧根尼是一个住在木桶里的哲学家）的另一个版本，第欧根尼乃是因为生活所迫才流落街头的。他并非土生土长的雅典人，而是来自希腊世界边缘地区的流亡者。他被母邦流放，开始浪迹天涯。流亡者的身份使得他在当地社区中愈发不受欢迎，只能在一个储物缸中安家。这故事非常有名，但可能仅仅因为他找不到容身之所[21]。这个木桶（第欧根尼不仅住在里面，还在里面打滚儿）在后来被赋予特别的重要性——成为第欧根尼那种更离经叛道、更狡黠的古代犬儒主义的基地：无原则且顽固地颠覆一切。

如果古代犬儒派哲学是即兴的、诉诸偶然性的，而非基于其所最看重的教条或宣言，那么其发展及发展形式应当被理解为在特定语境中的应对。那些依然还在寻找关于古代犬儒主义的明确定义之人，可能会选择截然相反的进路。他们试图通过古代犬儒派哲学所反对的东西来定义它,从而获得一些关于古代犬儒主义本质和意图的清晰且典范的论述。但古代犬儒主义再次使其解释者措手不及:古代犬儒主义并非任何典型意义上的"刺激—反应"之结果。一位古代犬儒主义者并不简单地反对那些被人珍视和敬重之物,也并非基于对那些东西的反应来定义其哲学。尽管从表面上来看,古代犬儒派并不反对追寻美德,例如他们对美德本身并没有**原则性的**哲学异议。他们的蔑视乃是针对这样的观点:美德必须被建立在典范性的原则基础上,并且在一个高雅纯粹的氛围中养成。为此,古代犬儒派被指责试图走一条"通向美德的捷径",从而暗中破坏了一系列关于如何教授美德的假设,并因此闻名(这些教学性的假设一直支撑着西方哲学以及它在教育与宗教方面的遗产)。塞涅卡(公元1世纪罗马政治家和尼禄皇帝的导师)说道:"美德只有通过彻底地培养和训练才能被获得,并只有通过不懈地实践才能臻于完美。"[22] 美德是有智慧的人、受到良好教育的人、家境富裕的人的所有物。塞涅卡因此写道,美德的排他性是"她最好的东西"。他继续写道:"关于智慧(和它所养成的美德)",有一种"高贵和

第二章 拒绝所有门徒:古代犬儒主义与无畏直言

壮丽，因为她……不是给所有人的祝福。"[23]在这里，无须通过否定面来确定古代犬儒主义的态度。从古代犬儒主义的视角来看，暗中破坏这种受过教育之人在骨子里的狂妄自负，当然是值得的。

但古代犬儒派也并不是简单直接地敌视文化（anticulture）。在此，需要特别提醒的是，要避免将古代犬儒派的反文化批评所针对的对象简单化。对街头的古代犬儒派成员反对的东西而言——他们后来反对"希腊式教育"[①]，反对如背教者尤利安这样的罗马哲学王所拥有的"有学问的文化"——他们面对的是一种文化现象，其运作是复杂且模糊的。正如彼得·布朗所言，"希腊式教育"不应被简单地理解为一种排他性的体系，罗马贵族和政治精英只是通过它来维护其自身作为文化教养和精致优雅承载者的"尊贵"地位。如果是这样的话，那么古代犬儒派的任务就相对直白了：所有古代犬儒派的实践所要做的就是揭示"希腊式教育"乃是一个诡计，是一套任意专断的文

---

① 原文为古希腊语 *paideia*，指的是"系统的教育和训练"，包括体育、语法、修辞、音乐、数学、几何、博物学和哲学。

化价值，是贵族们的伪饰，以抬高他们的身份。古代犬儒派由此可以攻击"希腊式教育"，认为它是文化压迫的代理人。但作为贵族制度和礼仪体系的标志，"希腊式教育"并非仅仅尊崇权贵。根据布朗的分析，"它通过要求权贵行为合乎礼仪来控制他们，通过要求他们的举止合乎规范来约束他们的原始本性。"[24] 这些礼仪有助于制约皇权的暴力，使之服从于成例，使其行为变得可预测。这些贵族化的规章制度，乃是为了抵御"就在受过教育之人脚边激荡的恐怖浪潮"[25]。因此，或许有人会得出结论，摧毁文化的狂妄自负、对文化置之不理不可能是古代犬儒派的任务，否则就是在为肆无忌惮的皇权开辟道路。从这一点来看，古代犬儒主义不仅仅敌视文化。因为权力体系与文化相互交织纠缠在一起，并从文化处得到了支持，所以古代犬儒主义还试图对权力体系进行更为严厉的批判。

无畏直言

古代犬儒派哲学中对理智文化（intellectual culture）的敌意，也不应该被认为是其本质，就好像古代犬儒派只是一群别有用心的反智主义者。理智，作为人们理解他们所处世界的尝试，并不受到古代犬儒派的敌视。他们只是质疑人们共有的某种成见。这种成见认为，只有基于某个特定哲学流派所认定的"理性之约定"（the conventions of rationality），才能充分地理解这个世界。用当代的术语来说，这种成见主张人类理智必须依附于特定学科的规条、方法，或者是依附于特定的书写和言说模式。作为"偶然性之哲学家"，据称古代犬儒派成员过着一种完全没有任何确定性的生活，并安之若素、泰然处之。古代犬儒派的生活可以被描述为一种实验：他们决定去扰动和探索日常生存的边界。正是在这个意义上，有人主张古代犬儒派哲学构成了"与偶然性的对话，而偶然性塑造着生存的物质条件"[26]。事实上，如果我们联想到米哈伊尔·巴赫金[①]的作品，那么第欧根尼就可以被视为是一场更为广泛（也更为长期）的革命的早期参与者。这场革命把即时语境和实验置于文学形式的中心，而非把那些相对固定的传统参数作

---

① 又译为米哈伊尔·巴赫汀（1895—1975），俄国文艺学家、文艺理论家、文学批评家、符号学家，结构主义符号学的代表人物之一。

为优先考量。正如巴赫金所诠释的那样，与来自"非官方思想"（其最明显的代表就是古代犬儒派）中那些不可预测的、结局开放之物打交道，就意味着要与一切带有"官方气味"之物相对抗。带有"官方气味"之物总是自命不凡，自带着对所谓低级文化的无视，并鼓吹自己的那些自以为无懈可击的价值等级制度[27]。对第欧根尼而言，古代犬儒派那种以自己的生活为样本的实验往往采取了针锋相对的形式：哲学家进行挑衅，并对由这些挑衅所引发的反击进行研究，从而理解这些反击所反映出来的人类局限性。古代犬儒派所面临的挑战在于，要即兴地创造一种生活方式，从而维持其微妙的位置：既处于这些局限性之内，又处于这些局限性之外。古代犬儒派拒绝理解那些由理智文化所提供的慰藉与舒适的幻象。他们冒着被社会边缘化、异化以及政治迫害的风险，主动地寻求生活上的贫穷和肉体上的苦难。通过一系列与世界的实际对抗，他们自认为真正发现了世界。

　　古代犬儒派对官方势力挑衅，最著名的逸事是第欧根尼与亚历山大大帝的对话："当他沐浴阳光时……亚历山大来了，站在他面前说：'你有什么要求就提吧。'他答道：

'别挡住我的阳光。'"[28]对这则逸事有很多种不同的解读。它被视作一个例证，证明了古代犬儒派在面对权力时的不卑不亢，在面对巨大诱惑时的安贫乐道（在基督教式的解释中，自愿守贫是美德的象征）[29]。这也被认为是古代犬儒派哲学对哲学之独立性的证明，是对哲学具有更高权威且凌驾于世俗权力之上的宣示。根据拉尔修在《名哲言行录》中提到的另一则逸事，即使亚历山大大帝也认可了哲学的这一超然地位："据传亚历山大说：'如果我不是亚历山大的话，我宁愿做第欧根尼。'"[30]这则逸事或许可以被进一步理解为一个古代犬儒主义致力于批判权力，而非仅仅在权力面前进行抗议的例证——第欧根尼决绝且无畏地"在权力面前坚持真理"（truth to power）。就此而言，或许可以将第欧根尼视为抗议者的典范，并得出结论：当代犬儒主义应该学会这一点（如果它能从其古代先祖那边学到些什么的话）——在任何情况下，面对权力都要坚持真理，不要崇敬权贵；当受到来自权力的考验时，不要低声下气。然而这可能是一种误读，尽管其流传甚广。因为这则逸事无论对第欧根尼而言，还是对亚历山大大帝而言，都颂扬了亚历山大大帝，即使是在第欧根尼这个代表哲学的粗鲁家伙面前，亚历山大依然保持宽厚仁慈与智慧，显示出他依然可以被哲学的召唤所感动——他不愧是亚里士多德的学生。误读这则逸事还有这样一种风险：它轻描淡写了古代犬儒派哲学的狡黠（根据不同环境随机应变）。古代犬儒派哲学当然是鲁莽的，也的确是勇敢的，但它并没有将自身简单化为一些戒律。有人会以这则逸事为例，并总结道，"一个好的古代犬儒派将总是在权力面前坚持真理"。但这就是一种错误的简单化。

无畏直言，也就是所谓的"*parrhesia*"[①]。在对古代犬儒派哲学的论述中，"无畏直言"是一个反复出现的主题。这在福柯的解释中非常显著[31]。作为一个古代犬儒派的论题，"无畏直言"提醒人们注意古代犬儒派哲学家敢讲真话，但也的确适用于其他人，尤其是苏格拉底。后者以对话的形式实践了无畏直言。"无畏直言"这一术语在古代希腊和罗马文学中反复出现，描述了自由人可能沉溺于其

[①] 这个希腊语一般被翻译为"说真话的直率""放胆直言""说真话"，强调的是"说出真理的勇气"，从属于人的内在美德，是由哲学所激励出来的道德勇气。这和当代政治哲学所谈论的作为制度的"言论自由"或"表达自由"有着方向上的差别。此外，作者有时候会使用"free speech"来指代"无畏直言"，而非直接使用"*parrhesia*"这一希腊语。

第二章 拒绝所有门徒：古代犬儒主义与无畏直言

中的一种互动模式。(但这里的"自由人"仅仅指男性公民。女性、奴隶、异邦人和儿童被排斥在"无畏直言"式的交流之外。)尽管"*parrhesia*"在古代世界显然有着不同的表现形式,但古代犬儒派在"哪些人能参与讨论"这点上对其基本定义进行了扩展。他们同时将这种言谈模式推进至极限——再进一步,无畏直言将不再被容忍,对话将被暴力复仇所取代。践行"*parrhesia*"的自由通常是与权利或特权相联系:在民主社会中是一种公民权利,在传统社会中是一种贵族特权。因此第欧根尼对"*parrhesia*"的宣扬被认为是一种大胆的策略,是从"社会等级制度的底层——一个贫困的非公民(异邦人)"发出的主张[32]。"*Parrhesia*"被第欧根尼重塑了:它被从一个受到诸多礼仪惯例支配的精英环境中移出,并被投入一个拒绝受到礼仪惯例束缚的环境中,而这个环境本来不应该践行"*parrhesia*"。

古代犬儒主义在其他方面也扭曲了"*parrhesia*"的基本特质。"*parrhesia*"取决于对话者之间的合意。这一合意要求容忍对方的无畏直言而不进行报复。古代犬儒派将此种合意延展到了极致。一般的直言者试图表达令人不适的真理，通过既大胆包天而又抱有尊重的方式使人接受它。但古代犬儒派则热衷于通过侮辱的方式来践行"*parrhesia*"。正如福柯指所出的，古代犬儒派的直言者乃是在"无畏直言所需要的默契的边缘"上玩耍[33]。在很多方面，苏格拉底代表了理想的西方教育家[34]。而与苏格拉底不同，锡诺普的第欧根尼这样的古代犬儒派绝不会彬彬有礼地进行一场保持彼此尊重的对话。"对话"这个词，其本身要求交谈的持续与谨慎。在这个意义上，对话双方的互动依赖于对彼此的尊重，至少要装作彼此尊重。而第欧根尼的言论则无视人们是否愿意受到冒犯，始终滔滔不绝。这种行为需要勇气，尽管是和苏格拉底不同类型的勇气。苏格拉底是冒着刺激甚至激怒其同伴的风险，通过对话、诡计和反讽来揭露与之对话者的无知——他们其实对自己所声称知道的东西一无所知。古代犬儒派则更为直接地冒着被听众报复的危险。因为这些听众受到严厉批判，他们所认为真实和恰当的一切受到古代犬儒派的排斥和鄙视。苏格拉底式的教师通过"玩弄与他的对话者的无知"来使他们产生对智慧的渴望，从而让他们能更真挚、更彻底地投入教育。第欧根尼则试图伤害他们的**自尊**[35]。对话被谩骂和羞辱所取代,或是完全终止对话——古代犬儒主义者不知羞耻地在公众面前袒胸露体,蓄意挑衅。苏格拉底式的反讽试图在朋友和熟人间制造一种对日常生存的怀疑感,而古代犬儒派则为制造了暴动。

古代犬儒派只有在变得无牵无挂之后才会无畏直言,或者他们正是为了变得无牵无挂才这么做。古代犬儒派必须尝试摆脱他们身上的责任,因为这些责任就是束缚。在这些束缚之中,最重要的是良心。良心是一种自我管制的工具。正如福柯所认为的,良心这一概念在漫长的基督教时代得到了完善,并遗存在现代性(modernity)①之中。良心成了束缚现代以及晚期现代(late-modern)人的关键手段[36]。再者,有必要提请大家注意——暗示古代犬儒派寻求摆脱这些身外之物,可能会造成这种印象:完美的古代犬儒主义者可能具有反社会人格(sociopath)——大胆、无拘无束、无怨无悔,毫无顾忌地追求那种离经叛道的哲学。然而,相比将古代犬儒派描述为一种反社会人格,古

---

① "现代性"一词的语义过于模糊。不妨将之简单地理解为"使现代与古代明确区分开来的那些特质之总和",或许会更清晰一些。在涉及"现代性"这一抽象概念之时,译者将尽力补足语义。

苏格拉底式的反讽试图在朋友和熟人间制造一种对日常生存的怀疑感,而古代犬儒派则为制造了暴动。

———————————————

代犬儒派哲学与其所质疑的社会规范之间的关系要密切得多,并对之表示更多的欣赏。古代犬儒派致力于对社会规范提出一种更为复杂的解读。古代犬儒派哲学并不主张直截了当地逃避社会规范——例如摆脱束缚,离家出走或是背弃传统,也并不以之作为典范。对于古代犬儒派而言,逃避者总是背负着包袱,并且比他们所意识到的更重。

守贫

逃离社会规范有多困难,这在古代犬儒派关于"守贫"的实践之中得到了例证。"守贫"这一行为表明,追求自由、过一种无牵无挂的生活,乃是有悖论式后果的。古代犬儒派从降低生活标准开始,摆脱任何可能被认为不必要的东西,抛弃财产。因为古代犬儒派认为,依赖这些东西可能会使得他或她受到束缚。在一则臭名昭著的逸事中,第欧根尼甚至扔掉了他的木杯——据说是他最后的财产之一。第欧根尼看到了一个男孩用手掬水喝,于是认为他的杯子也是一个不必要的负担[37]。正如福柯所解释的那样,持有这种更为激进信念的古代犬儒派"总是在寻找进一步贫困之可能"。古代犬儒派的贫困乃是一种"对贫困本身的永不满足,努力使自己回归到这一基底:只拥有绝对不可或缺之物"。这是一种"无限制的贫困,无休止地在自己身上实践"[38]。这一蓄意的、不断推进的"守贫"使古代犬儒派过着一种肮脏而蓬头垢面的生活,也使得他们获得了某种程度的独立,令他们摆脱了财富与有教养社会的束缚。但这种对"守贫"的追求,也将古代犬儒派与那些物质条件更优越的社会上层赞助人联系在了一起。随着古代犬儒派在生活上越来越依赖他人的施舍,反倒是加强了一种恶性的依附关系。考虑到古希腊时代,个人声誉之于"自由人"的价值如此之高,这种依赖于赞助人的恶性依附关系所带来的污名化不容低估。以这种方式追求屈辱,是对古代犬儒派成员"过一种不同的生活"之决心的严峻考验。这也确保了古代犬儒派的贫穷不仅仅只是一种浪漫的矫情。古代犬儒派刻意地追求着赤贫的耻辱。想必那些直面最严重羞辱之人,应该能彻底地清除对所有行为的虚假准则与正派观念。相当吊诡的是,古代犬儒派通向独立的道路,乃是通过他人的施舍来实现的,而这种对施舍的依赖令人不齿。为了以正视听,古代犬儒派必须学会在得到施舍时表现得毫不领情,并对那些评头论足者无动于衷。有一幅肖像画,描绘的是公元1世纪来自科林斯的犬儒主义者德米特里乌斯(Demetrius)。他曾拒绝接受来自罗马皇帝的金钱。"如果他想诱惑我,他应该将整个帝国都给我。"这位古代犬儒派成员回答道[39]。

身体教育家

古代犬儒主义刻意地颠覆哲学的传统以及它所依赖的教学关系。或许还可以进一步地说,古代犬儒派将他们的教育关系建立在一种侮辱的形式上,将西方教育的侵犯性(aggression)底色带到了表面(这一点我会在第三章中再次提到),这就有点令人反感了。在这么做的过程中,古代犬儒派将"身体"牢牢地置于教学实践的中心。与柏拉图派的严苛苦行相比,古代犬儒派哲学将教育活动植根于身体的经验,而身体被认为在本质上是不可管制的。在我们期望它屈从之时,身体恰恰背叛了我们。可以与柏拉图的《斐多》(Phaedo)做比较。在《斐多》中,身体被概念化为"爱、欲望、恐惧、种种奇想以及大量无聊之古代犬儒派哲学将教育活动植根于身体的经验，而身体被认为在本质上是不可管制的。

_____

事"的干扰源,"以至于我们压根儿没有机会去思考任何事情"。柏拉图继续说道,只要我们依然受着身体的有害影响,"我们就不可能满意地达到我们的目标,即被我们论断为真理的东西"[40]。对于古代犬儒派而言,由于他们已经彻底改变了对"真理为何,以及如何产生真理"的理解,因此他们所理解的身体之运作方式就非常不同。古代犬儒派的真理是作为丑闻的产物而被展示的。用米歇尔·福柯的话来说,它是"真理之丑闻",以身体及其排泄物为中介[41]。这种丑闻有助于对教育制度提出质疑。各种教育制度都要求对真理或智慧的服从,但真理与智慧乃是有着约束条件的概念——它们是建立在关于实现和满足的种种承诺之上的,而这些承诺永远实现不了。古代犬儒派注意到,这种教育的承诺是附属于这样一个要求的——要求身体按照预期驯化,以及为一个永远无法兑现的承诺做准备。与之形成鲜明对比的是,当古代犬儒派的真理以不受限制的、直接的、可笑的面貌展现时,"真理的真实形体变得可见了"[42]。古代犬儒派的真理在一种特定的生活方式之中展现。这一生活方式暗中破坏了传统上真理那种抽象的严肃性——传统上,真理一直声称要改进世界,但又始终在不断地拖延。

古代犬儒派的真理与古代犬儒派的身体相绑定。他们的身体承载着对现实的见证，提出了对那些所谓"更高"事物之价值的疑问，质疑着那些所谓"更高"事物对我们的种种要求。柏拉图试图在与身体的生命活动的"彻底分离之中"去"定义灵魂的存在"。古代犬儒派则反其道而行之，试图"将生命还原为自身，将生命还原为它真正之所是"。正如福柯所解释的那样，一个人作为古代犬儒派而生活，这一行为本身就揭示了上述基本真理。在此，古代犬儒派并非简单地抛弃最后的财产（除了著名的斗篷和拐杖之外）。相反，在一种"对生存的普遍剥夺"之中，"所有无意义的习俗和所有多余的意见"都要被放弃[43]。

在每一种情况下，"真正的生活"都有着不同的形式。对于柏拉图而言，"真正的生活"是与简单的生活联系在一起的。这种生活从不隐藏其意图，是正直的、不偏正道的、导向更高的秩序。这种哲学的生活与那些仍然"受制于多种多样的渴望、食欲、冲动"之人的生活相对立[44]。是否是"真正的生活"，得通过对良善行为的准则之依从来评估。柏拉图及其继承者们概述了这些准则。但更为重要的评估标准则是生活的整体（外显的）统一性。这意味着，即使处于逆境之中，生活也要保持不变[45]。只有少数人能在堕落与动荡之中维持一成不变的身份认同。他们必须具备足够的力量与训练，从而可以实现这种更高级的生存。这是一个从小就受教育的精英阶层的生活。通过一套与宇宙的等级秩序绑定的术语，他们证明自己高于那些未受教育、尚未开化的群氓。因此，这种生活成了哲学王与政治家们所渴望之物，如马可·奥勒留①、塞涅卡和背教者尤利安。经过一些调整，这种生活理想成了19世纪博雅教育的基本预设，塑造着19世纪的男性典范——自由的"绅士"。如今，这种生活理想已经去掉了那些过于明显的精英主义色彩，但仍以"受过教育之人"的名号影响着我们。一个"受过教育之人"当然要拥护这些美德——节制与坚定，但是基于相对舒适的生活。

以上那种生活理想是古代犬儒派哲学所要反对的东西。但它好比一座相当巍峨的建筑，即使已经被当代的世

---

① 马可·奥勒留（Marcus Aurelius，公元121—181年），罗马帝国皇帝（公元161—180年在位），著名的斯多葛派哲学家。

俗潮流掏空了，但依然矗立在那里。一个受过教育之人，依然看重那些有"内涵"、有品位、才智超群的人，而不是那些不具备这些特质的人。但对古代犬儒派而言，"真正的生活"的运作方式则完全不同。那是狗的生活。第欧根尼被称为"狗"，并以这样的方式被对待："在一次晚宴上，一些人向他扔骨头，仿佛他就是一条狗。"第欧根尼则"往他们身上撒尿，以摆脱他们"[46]。在这个意义上，第欧根尼依旧忠于他的哲学，在公开场合做其他人认为需要私下做的事。他拓展了柏拉图的诫命（如果不是使之激进化了的话）：不屈不挠地投身真理，在逆境中毫不动摇。通过扮演狗，第欧根尼翻转了对他的蓄意羞辱。他欣然接受了自己那讽刺漫画式的定位，随意损害那些被他尿了一身的人的尊严，表现得毫不羞怯，也毫无羞愧。

3

第三章　污损货币：超脱藩篱的古代犬儒主义

从文明社会的视角来看，狗应该接受如厕训练。它们必须服从其主人的意志，由此学会掌控它们自己。对于希腊哲学家而言，掌控总是从家里开始的。"真正的生活"被解释为一种"**君主般的生活**"（sovereign life）。在这种生活中，哲学家实现了自我掌控，或者至少朝着这个方向努力。这种生活之所以是"君主般的"，因为它试图实现高度的自控，使心灵与身体的能力服从理智的意志。一个如此这般的哲学家，心灵受着良好的管控，从而其自我的每一部分都被心灵所规训，并保持镇定。

这种类型的"自我占有"（self-possession）不仅是柏拉图的哲学王所向往的崇高理想，也是塞涅卡这样的罗马斯多葛派的梦想。根据这种明显男性化的哲学概念，人们相信过一种"君主般的生活"将有益于他人[1]。事实上，慷慨被认为是"君主般的生活"这一理想必须且必要的组成部分。哲学家对自身的关怀事实上是一种勤勉的自我克制（自我否定），这种自我关怀将产生自我掌控。在这个意义上，哲学家为其学生和朋友提供帮助和指导，乃是将这种对自身的关怀延伸至学生和朋友。哲学家的生活对人们具有广泛的益处，因为它提供了具有更大甚至是普遍意义的教训。从这个角度来看，君主般完全自我掌控的生活，既"为人类增光"[2]，也为人类提供教导。这一理想具有如此深远的影响，以至于当哲学家的生命（这被认为是人类的典范）终结后，依然能长久存在。

以上这些思想长期占据统治地位，例如在19世纪博雅教育的复兴之中再次登场。哪怕是在较低层次的教育——平民教育的发展历程中，也可以看到它们的影响。平民教育在一定程度上是基于这样一种观念：教师会像俗世牧师一般行事，成为穷人的子孙所效仿的道德典范[3]。这些观念也可以出现在关于"人文学科"的争论中。现代人文学科的课堂上往往出现这样一种论调：没有一个时代像今天这样面临着如此多的困难，人必须具备文化和优雅，才能承担起帮助社会度过分裂时期的重担⁴。同样的,"高等教育机构中人文学科的安全,特别取决于一直存在的一个假设:人文学科内在地为'文明'提供支持,也就是为当权的建制派提供支持"⁵。不必劳烦古代犬儒派来指出这种理想与教育实践的现实之间一直存在的不符,但古代犬儒派发展了这一论题。他们进一步指出,存在着一种对立的生存模式,是与博雅教育所主张的慈爱的人道主义背道而驰的。

如同"真正的生活"这个概念一样,"君主般的生活"这一理念被以一种古代犬儒派所特有的"挪用"（détournement）①手法劫持和破坏了。"君权"（sovereignty）这一特定的观念被颠覆并玷污了。一个古代犬儒同样声称自己处于"君主般的生活"状态之中。他自称原本就是人群中的"王者",之所以承担宣扬"君主般的生活"这一主张的职责,仅仅是为了使之与现实情况接轨。这一哲学

---

① 或译为"异轨"。作为一个普通法语词,它指的是"河流改道""改变方向""劫持""侵占""侵吞""挪用"。作为一个当代的文化批评术语,它是一种"将旧有作品以颠倒的方式重新创作"的手法,可以被解释为"反转"或"出轨"。"异轨"类似一种有讽刺意味的模仿,不过它是通过直接引用或忠实仿真原始作品来制造这种强烈的暗示效果,来传达相反的意念、颠覆主流媒体及传递自己的作品,而不是重新创作新的作品来达到同样的效果。

家以截然不同的方式实现了"君主般的"自我镇定。为了发展"守贫"这一观点（这在前面的章节中已经介绍过了），古代犬儒主动追求赤贫，"退到他（或她）所能承受的极限"[6]，以便发展出一种完全不同的与世界相关联的方式。"君主般的"生活依然涉及对他人的责任问题。一个心智开明的思想家或许会将之称为"关怀的责任"。但古代犬儒派的想法完全不同。他们的生活包括对他人的奉献，但无须他人的感激或认可。古代犬儒派不能为他人提供一个美好的榜样，他们的生活并不能为人类增光。古代犬儒派的生存致力于剥损人类的矫饰与面子，对"我们共同的人性"这一概念中最有价值的东西进行私下或公开地诋毁。古代犬儒派依然承担着公共恩人（public benefactor）的角色，但他们所谓的"慷慨大方"是有意为之的苛刻。用被归于第欧根尼的话来说："其他的狗咬它们的敌人，但我咬我的朋友。这是为了拯救他们。"[7]

具有侵犯性的教学

考虑到上文所描述的观点，福柯将古代犬儒派描述为

"进行侵犯行为的恩人，其主要工具当然是著名的谩骂"。他们"畅所欲言并进行攻击"。在古代犬儒派哲学中，存在着一种蓄意的、公然的暴力[8]。尽管如此，将古代犬儒派的哲学描绘为"一种通过施加暴力来造福他人的哲学"，是有风险的。因为这可能将古代犬儒派们显示为"率直的侵犯者"。第欧根尼完全可能施加魅力来取悦他人，甚至奉承他人。这种在施加侵犯和施加魅力之间的转换能力，是古代犬儒派灵活性的又一例证。它进一步证明了古代犬儒派的生活方式具有一种"好斗的柔性"。这种生活方式的目的，既是为了协调社会关系，也是为了拆散社会关系。这使得与古代犬儒派对话者感到迷惑或措手不及，也增强了其傲慢与自以为是，只要能够"为进一步的侵犯性交流铺平道路（并增强其效果）"[9]。正如公元1世纪著名的修辞学家狄奥·克里索斯托①所解释的那样，第欧根尼会使用甜言蜜语，"就像保姆，在给了孩子一鞭后，再讲一个

---

① 狄奥·克里索斯托是公元1世纪的罗马作家和修辞学家。不要与公元4世纪的希腊教父"金口约翰"（John Chrysostom，屈梭多模）相混淆。"Chrysostom"一词来源于希腊语"χρυσόστομος"，意为"金口"（golden-mouthed）。

第三章 污损货币：超脱藩篱的古代犬儒主义

故事来安慰和取悦他们"[10]。对古代犬儒主义侵犯性的过度专注，也有可能淡化或分散对其他种类善行中暴力的关注，因为那些暴力更容易伪装，且看上去似乎是良性的[11]。与古代犬儒派进行对比，这其实是在暗示其他古代哲学学派拥有一种非侵犯性的慷慨——哲学家被认为是灵魂的医生。这一比喻反映了其他古代哲学学派是如何表现自己的。他们认为需要将"哲学的暴力"重新理解为一种"必要的不适"。这是一种看似必需的痛苦，以使灵魂得以重新获得方向。在那些备受尊崇的哲学看来，把关心灵魂的哲学家描述为具有侵犯性是荒谬的，就像把主持外科手术的医生描述为暴力的行凶者一样。哲学承当着灵魂医生的角色，将侵入灵魂视为对灵魂的关怀。但这种正当性，只有执业者的哲学观点被公众推崇时才能成立。这也正是古代犬儒派插手进行干预之处。古代犬儒派提醒人们，要关注各种哲学自身所蕴含的暴力。通过这一提醒，同时也通过他们对其竞争对手所持有的轻蔑，古代犬儒派指出，如果我们能质疑某一哲学，我们也必须能察觉到其侵犯性。古代犬儒主义指出，一个给出友善建议的哲学家，或许是在刻意表现为一个美好的榜样来为人类"增光"。但与此同时，他在推广着自己那个版本的"善"。这依然是具有侵犯性的。古代犬儒派则公开宣扬其侵犯意图，这是独一无二的。

在从事教育活动时，古代犬儒主义明确地采取了"战斗的形式"[12]或战争。他们的教学活动，包含"具有极大侵犯性的巅峰，以及平和宁静的瞬间"[13]。对于柏拉图派和斯多葛派来说，这场战斗在很大程度上被温文尔雅的外表所掩饰，被那些备受尊崇的哲学所公开宣扬的精明世故（sophistication）所掩饰。但这仍然是一场战斗。它的形式是与激情、恶习、欲望与虚假嗜求斗争。因为哲学家寻求"以理性战胜自己的嗜求，或以灵魂战胜自己的身体"[14]。哲学家的自我奋战，连同这一奋战所预设的目标，被当作药方开给其他人。至少某些版本的哲学是这样的。

古代犬儒派当然也和激情与嗜求战斗。在这方面，他们与更受尊崇的那些同时代哲学家们相去不远。但古代犬儒派的战斗不断延伸，甚至还与"习俗、惯例、制度、法律以及人性的整体境况"战斗。这是一场与恶习的战斗。但这些恶习并非个人的缺陷，而是福柯所说的"折磨整个人类的恶习——人之恶习"。这种恶习"形成于、依赖于、植根于人们的习俗、行事方式、法律、政治制度与社会惯例之中"。福柯继续说，"古代犬儒派的战斗，是一场明确的、故意的、持续的侵犯，指向'一般人性'，指向现实生活中的人性"。在此，人性被理解为一种制成品，一种可以被再加工的东西[15]。与同时代的其他所有哲学一样，古代犬儒主义试图改变人们的诸多道德态度、激情和嗜求。但这些仅仅是疾病的症状，所以古代犬儒主义通过攻击作为病因的社会结构和社会惯例来实现改变。古代犬儒派试图将人性从当前的依附状态中释放出来。他们对人性的干预不断增强，达到了这样的程度：他们设法引起公众的愤怒，从而使那些不加思考的承诺浮出水面，变得可见，并使得矫正成为可能。与之对照，传统哲学家的"真正的生活"，是要将那些据说在日常生活中若隐若现的美德和品质推向完美的境界。他们的这一任务明显是保守的，如果不是反动的话。

变更货币的价值

第欧根尼曾与德尔斐的预言者、一位阿波罗神庙的高古代犬儒派试图将人性从当前的依附状态中释放出来。他们对人性的干预不断增强,达到了这样的程度:他们设法引起公众的愤怒,从而使那些不加思考的承诺浮出水面,变得可见,并使得矫正成为可能。

———————————————————

阶女祭司邂逅。通过探究此事的重要意义，我们可以进一步地刻画第欧根尼与其对手的不同。众所周知，苏格拉底收到了来自德尔斐的预言——他是最聪明的人。同样地，第欧根尼收到了对他的占卜结果（或者至少是自己编造了一份"伪神谕"）[16]。第欧根尼的这次经历被描述为"一个无赖领受了神圣的神谕"[17]，认为是对苏格拉底传说的拙劣模仿。[18]据说，第欧根尼被指示去"变更货币的价值"（古希腊语写作"*parakharattein to nomisma*"）。

"*nomisma*"一词有多种含义，既指法定货币，也指规范、习俗和法律[19]。只要这个预言引发了对法律（*nomos*）的某种对抗或质疑，这一"变更货币的价值"的指示就算不被解释为犯罪活动，也算是在煽动颠覆。在古代犬儒派的生活中，"变更货币的价值"这个短语成了一个定义性观念。来自德尔斐的预言被视为一个提议：在面对任何通行中的社会习俗之时，古代犬儒派必须持有某种立场。但"变更货币的价值"仍然是模棱两可的。从一个被限定了且简单易懂的意义上来讲，当一枚硬币污损到不再能用来购买商品和服务的程度，就可以被视为贬值了。按照传统的说法，第欧根尼的父亲曾掌管着锡诺普城邦的造币厂。

出土的一批被污损了的钱币证实了一个故事：在那一时期，有人负责用一个大凿子给那些伪造的或"蛮族的"钱币打上戳记，使之污损，不能流通，从而维护官方认证的货币的价值[20]。以上这是对德尔斐的指令"变更货币的价值"的一个严格的解释。这在翻译之中得到了反映：这一短语常常被译为"污损货币"[21]。福柯就反对这种过于字面的解释。他支持这应该被理解为"改变价值"，而不是简单地抹杀（虚假的）价值。如果拓展福柯的分析，就可以将古代犬儒派的"变更货币的价值"解释为一种"前尼采式的"去"重估一切价值"的呼吁。这相当具有吸引力[22]。举一个具体的例子：我们可以污损或移除一座雕像或肖像（例如在位君主的雕像或肖像），但也可能是通过替换或调整来使传递出的信息发生变化：崇敬不再，是时候揭露剥削与官方核准下的暴力了。或者，与其简单地揭露那一座雕像背后的剥削与暴力——在某些人眼中，这座雕像就是"基于金钱的经济"，其背后隐藏着残酷的真相——不如用一个竞争对手的形象来替换掉它，表明我们有可能通过另一种方式来组织我们的生存。也就是说，"使货币能够以它的真实价值进入流通"，因为它现在被戳印上了"另一

第三章 污损货币：超脱藩篱的古代犬儒主义　　63

个更好的、更适当的头像"[23]。在此,通过制造更好的货币,古代犬儒派努力去展示这样的论点:传统的货币才是原初的伪币。在某种程度上,"货币"这一观念更能够普遍地表征社会习俗。古代犬儒派通过挑战它来证明这样的观点:与货币的情况类似,我们的生活"只不过是赝品"[24]。正是在这个意义上,"变更货币的价值"这一呼吁令可以被理解为尝试重估价值:曾经有价值的货币变得一文不名,曾经被认为一文不名的东西获得价值。

古代犬儒派的生活或许就体现了这种重估价值。他们将"真正的货币连同其真正的价值一起投入流通"这一概念付诸实践[25]。这种生活会逐步瓦解现有的价值体系,并试图"全面地、在每一点上"击破"生存的传统方式"[26]。正如福柯所说,通过让自己出丑,古代犬儒主义断言需要"一种**别样的**生活……一种具有引导世界发生改变的别样性之生活。为了一个**别样的**世界的一种**别样的生活**"[27]。古代犬儒主义断言,我们可以获得一种完全不同的生存秩序(正如可以铸造另一种货币),尽管在这一过程中并非没有斗争与挣扎。通过追求一种与周遭环境截然相反的生活模式，古代犬儒主义暴露了周遭环境中所隐藏的所有束缚。柏拉图派对"另一个世界"的构想完全不同于古代犬儒派。那是一个超越的世界，是诸形式的领域。这一构想被用来贬低这个现存的世界，赞同一个更高但却永远被隐藏的世界。古代犬儒派对"一种**别样的生活**"的构想，则是通过对现存生活的内在批判发展起来的，通过突破现有生活的种种界限来推进"一种别样的生活"。

论精明世故

尽管有以上种种特征，以下这种解释依然是富有吸引力的：第欧根尼以及与他相关的古代犬儒派的生活之道乃是主张"回归动物性"。这种解释再一次引发了对古代犬儒派的怀疑——他们只是敌视文化与敌视文明而已，除了对低级冲动的赞美之外，他们别无贡献。在此，古代犬儒派"顺应本性而活"的诫命可能被如此解释：这是在鼓吹人们去放纵自己的自然欲望与癖好，尽管这往往是以他人为代价的。但真实的古代犬儒派哲学恰好给出了相反的教诲。它通过蓄意的自我守贫来证明，一个足智多谋的古代犬儒派哲学践行者，他的生存必需品乃是如此之少。古代犬儒派哲学并没有释放所有的嗜求，而是探讨了嗜求如何成为习惯和人工调节的产物。因此，嗜求可以被重新训练，有可能开发出一些新的或许更好的嗜求。

尽管如此，仍有人会怀疑，古代犬儒派是如此专注于"自然的召唤"，以至于他们不知何故对人类的技术与文化成就视而不见。但这是一种讽刺漫画式的描绘。古代犬儒派并没有理想主义到将自然①与文化（或文明）对立起来——至少没有将两者作为概念或理智活动对立起来。但他们在具体实践中则非常熟练地将"自然"与"文化"相对立。例如，古代犬儒派用放屁来代替寒暄。为此他们食用大量豆子，以便有屁可放。这实乃"臭名昭著"。在关于文化与文明的问题上，古代犬儒派的异议是有的放矢的。正如斯劳特戴克所论，"文明提供了"一整套"理想、关于责任的观念、救赎的承诺、不朽的希望、为雄心设置的目标、权力的身份地位、职业、艺术、财富"，"以此作为舒适的诱惑，诱使人们为它自己的目的服务"[28]。尽管以上

---

① 原文nature同时具有"自然"和"本性"的意思。

每一种诱惑的运作方式不同，需要进行单独的回击，但对"提升"这一隐喻的依赖则是这些诱惑所共有的。在此，古代犬儒派那种堕落的、野兽般的行为可以被视为一种针对性的战术。他们将文化习俗与其明显对立之物相联系，以此来破坏它。

古代犬儒派于是诉诸动物性。相对于更优雅的"人类"特性，他们宁愿给予野兽般的行为以某种程度上的优先权。但这些人可不是什么最初的环保活动分子，他们并未主张自然更高贵。古代犬儒派哲学似乎并未在一个关于"自然"的规范性概念之上。当然，解释各不相同。但对"对自然的热爱是古代犬儒主义的基础"这一常见观点持怀疑态度的评论者声称，只要仔细看看拉尔修所收集的那些逸事，"逐字引证[锡诺普的]第欧根尼，没有地方显示出他对作为哲学概念的'自然'有着任何兴趣"[29]。正如斯劳特戴克所说，如果第欧根尼的画像应该被纳入"生态意识的先祖画廊"，那只是因为第欧根尼成功地让我们对废弃物（即他自己的大便）这个主题倾注了显著的关注[30]。废弃物的制造被认为是人类生存的一个重要特征。

不可否认，古代犬儒派的行为中有粗鲁的成分。"粗鲁"这个词的两种意义，古代犬儒主义都占全了：不仅"粗"（无礼），而且还似乎"鲁"（缺乏精明世故）。对某些人而言，第欧根尼对社会习俗的攻击可能会给人这样一种印象：由于古代犬儒派的行为是冒犯性的，所以他们是头脑简单且思想贫乏的人。然而，又一次值得我们警惕的是，我们对精明世故的喜好又是从何而来？以"缺乏优雅"为借口批评古代犬儒主义，这种倾向源于何处？或许借用了关于"智慧"的哲学观念，精明世故再次与"升华"的隐喻相绑定了。智慧之人乃是"优雅"的，因为他们超脱于大众的平凡消遣之上。这一"升华"的隐喻是如此具有支配性，以至于即使是它的攻击者们，也只能通过"升华"这一透镜来得到理解。这就意味着：攻击者们要么因为对所谓"更高的事物"一无所知而被抛弃；要么是因为他们已然具备的精明世故（只是被埋没了，甚至是自我否认）而被颂扬。后一种说法实现了一种评价上的反转。这是明显荒谬的。但不知何故，这种说法对有文化的人而言却有意义、说得通。或许没有比1969年诺贝尔文学奖得主塞缪尔·贝克特①的获奖理由更好的例子了。这个获奖理由在字面意义上是一个悖论，因为他的作品被认为从"**现代人的贫乏**"之中"**获得了升华**"②。相应的，在贝克特著作中所发现的东西——那种生命向着低级物质材料的极端退化和还原——只能被人道主义文化的捍卫者们理解为一种负面形象。因为这种负面的形象反而让"人性"提升到贝克特所描绘的"污泥"之上[31]。"看我们多么精明世故，我们甚至注意到了污秽。"

论拉屎

第欧根尼并非缺乏精明世故。他精通演说。在古代，这被认为是更有教养的城里人范儿。但第欧根尼的目的是颠覆这种范儿。据称，在一场大获成功的公共演说结束后，在"一大群听众非常赞赏地倾听了第欧根尼的演讲"之后，第欧根尼"停下了演讲，蹲下，做了一个不体面的

---

① 塞缪尔·贝克特（1906—1989），爱尔兰作家，1969年诺贝尔文学奖得主。他是荒诞派戏剧的重要代表人物，代表作品为《等待戈多》。
② 这句获奖理由一般被译为"使现代人从精神困乏中得到振奋"。

动作①"³²。不出所料,这引起了轩然大波,听众认为受到极大的侮辱。第欧根尼为什么要这么做?一种解释认为,通过在听众面前蹲下,第欧根尼验证着自己的古代犬儒主义信条。毫无疑问,在以此种方式贬低自己之后,即使第欧根尼重新遵守公共剧场和传统修辞学的虚伪规则,也不可能再有任何收益了。"既然他已没有什么可再失去的,那么他可以说真话。因此,他或许值得被倾听。"³³当有一些听众无法理解的事发生②,这一刻正是听众们应该**开始**倾听之时,而不是转身逃跑。既然已经彻底地丢了脸,第欧根尼就没有理由再去奉承或欺骗他的听众们了。事实上,这种行为给予听众们一个保证:第欧根尼不受任何习俗惯例的束缚,视那些支配着社会交往的规则为无物。他作为古代犬儒派哲学家的威信则完全依赖于这种保证。

涉及粪便的这一幕相当重要,因为"当众排便"已经成了第欧根尼哲学的标志性行为之一。但过分强调这一行为是危险的。存在将古代犬儒主义简单化的风险,似乎所

---

① 即拉屎。
② 例如第欧根尼的公开排便行为。

有古代犬儒参与公共活动的关键手法都是首先进行某些需要"不知羞耻的勇气"的行为，从而将古代犬儒主义置于自己生活的中心位置，并对之毫不存疑，以此来证明某人对古代犬儒主义信条的忠贞。与这种将古代犬儒主义进行简化解释的倾向相反，还有另一条理解古代犬儒主义的进路，将他们的行为视为策略性的。这再一次事关人们对古代犬儒派的期许，认为这种好斗且不持教条态度的哲学家，拥有着根据具体情境不断调整策略的灵活性和创造性。古代犬儒主义者对公共生活的参与，从其试图颠覆的具体情境出发，并根据所需要颠覆的对象，制定具体的策略，以此来定义自己的立场。他们对所谓的"古代犬儒派传统"的忠诚其实并不多加关注。所谓"古代犬儒派传统"这种说法，将"古代犬儒主义"这个词本质化了，并将研究者的注意力转向古代犬儒主义的内部。另一个稍有不同的解释指出，不要将在听众面前蹲下拉屎这一行为简单地理解为一种"自我认证"的姿态，而是要注意到：第欧根尼不仅仅是当众排泄，而且是非常精准地在其听众最为沉醉之时行动。关键在于这一行为的刻意时机。第欧根尼并未声称他完全活在那些支配社会生活的规范之外，因第欧根尼不仅仅是当众排泄,而且是非常精准地在其听众最为沉醉之时行动。

_____

为他已经展示自己是可以很好地遵循这些规范的，直至其听众沉醉的那一刻。他并非不知道更为美好的事物，也并不是被低级生理冲动所压倒，以至于在行动上别无选择。问题在于，第欧根尼是主动选择了以此方式行事，他的确基于**精明世故的立场**才这么干的。也就是说，直到那个公开拉屎的时刻为止，他一直遵循着公共行为的共同准则。对此，一种解释将这种排便行为理解为是对文明优雅的攻击，由一个如此熟悉所攻击对象的人从下面给出的一击。

要解释第欧根尼的那些低劣行为（包括当众自慰），另一种理解进路指出，如果他最希望的乃是追求作为动物般生活，那么他没有理由一定要在雅典这么干。如果他的理论仅仅是向动物性的简单回归，那么他在任何地方都可以付诸实践。在第欧根尼这个例子中，有意义的是这一点：他依然留在雅典，并在**广场**上公开那么干（而且不是在偏街陋巷中）。第欧根尼自命为文化变革之承担者。斯劳特戴克以特有的坦率直面了这一问题。他认为："第欧根尼通过亲身实践为例，教授自慰。请记住，这是一种文化上的进步，而非向动物性的倒退。"[34]斯劳特戴克在这里和罗马皇帝背教者尤利安的立场非常接近（参见第四章），后者声称古代犬儒派不知羞耻的行为是要证明"人们通常为错误的理由而感到羞耻（例如为他们身体的排泄物而感到羞耻）……却对他们自己的非理性且丑陋的行为、他们的贪婪、不公正、残酷、虚荣、偏见与盲目无动于衷"[35]。但正如人们所料，斯劳特戴克要比尤利安走得更远。他主张，对于古代犬儒派来说，我们生活所依赖的那些最为美好的习俗，"包括那些处理羞耻的习俗"，是"扭曲变态的"。正是因为如此，古代犬儒派拒绝被"那些关于羞耻的根深蒂固的戒律牵着鼻子走"。基于如此深切的怀疑，以不知羞耻的行为为起点，古代犬儒派开始检视社会上所有的因循守旧态度，即便正是这种因循守旧的态度支撑着帝国的运行。针对这种不加思考的因循守旧态度中所折射出的自负，让我们再次引用斯劳特戴克的话："第欧根尼扭转了局面，他真的在那些扭曲变态的准则上拉屎"。第欧根尼"反对任何制度所主导的政治训练"，这些制度依靠羞耻来保卫他们的既得利益[36]。

福柯的观点也相去不远。他说，如果灵魂要被教育，那就必须确信在某处，以某种方式，灵魂的活动和倾向是可见的。教化/教育的历史轨迹是由古代哲学所开创的。

在此传统中，自我、个体、个体化的主体进行着内向的自我诘问。在诘问活动和它的对象之间，关系是透明的。有时，为了进行这种内向的自我诘问，还需要附加一个外在的承载者，例如"神"。这一观念显然被基督教所继承。按斯多葛派哲学家爱比克泰德的说法，"神寓居在我们之内"。因此，任何不纯洁的思想和卑劣的行为都将玷污神圣者的临在，正如它们也玷污了斯多葛派的践行者[37]。一个人在私下里也必须没有可被隐藏之事，为此必须发展出必要的抑制与约束。为了挑战这种压制性结构，古代犬儒派选择将以上那种观念彻底化：既然不应有任何事不可告人，那么就让一切公之于众。通过"什么都不隐藏"，古代犬儒派回应了这样一条诫命："真正的生活乃是没什么好去隐藏的生活。"古代犬儒派要公开地去做任何事：他们放弃了家宅的安全庇护，放弃了远离大众视线的机会。这就消除了质疑良心的强制性影响。因为良心概念恰恰是为私密的私人空间而设计的，只有在私人空间中，人们才能确认自己的罪。既然私人空间已经成了良心的居所，古代犬儒派就反其道而为之——"[古代犬儒派]所展示的生活，就在其物质的、日常的现实之中，为他人——每一个

第三章　污损货币：超脱藩篱的古代犬儒主义

他人或至少是尽可能多的他人——所真正地凝视"[38]。这可以理解为是一种尝试,试图使被良心所强加的道德秩序无法运作,或至少引发质疑。

羞耻感、羞辱和大笑

古代犬儒主义将耻感和羞辱置于教育实践的中心。他们认为,让受教育者感到羞耻,以及对受教育者进行羞辱,隐含在一切教育关系中,而犬儒派要把这些倾向表现出来。与古代犬儒派言行中的侵犯性一样,这是刻意为之的表演,是为了激发起人们对教育经验中所固有的羞辱行为的关注。尽管一些人可能宁愿否认这些东西,但古代犬儒派就是在强调这些东西中找到了激进的潜能。第欧根尼积极地嘲弄那些想请他当导师的人。根据一种说法,当某人表示想跟着第欧根尼学习哲学时,第欧根尼"给了他一条鱼,让他带着鱼,跟在自己后面"。这个人感到羞耻,或许还有点困惑,所以就把鱼给扔了。"过了一段时间,第欧根尼与他偶遇。第欧根尼突然大笑起来,并说:'我们的友谊被一条鱼终结了!'"[39]看来这位想要成为第欧根尼门他们认为,让受教育者感到羞耻,以及对受教育者进行羞辱,隐含在一切教育关系中,而犬儒派要把这些倾向表现出来。

————————————

徒的人没有明白，践行古代犬儒主义之人必将经受反复的羞辱。拿着一条鱼（在其他版本的故事里是奶酪），让这个人看上去似乎是第欧根尼的奴隶——在雅典社会中，这是一个自由人无法忍受的耻辱。正如斯劳特戴克所论，古代犬儒派喜欢羞辱行为，将羞耻感理解为"最亲密的社会枷锁。它在所有具体的良心规则**之前**，就将我们束缚在行为的普遍标准之上"[40]。羞耻感作为"社会因循守旧的主要因素"，"将外部控制转变为内部控制的开关"[41]。因此，对于古代犬儒派的反叛而言，羞耻感和羞辱位于中心。

并非只有古代犬儒派将蓄意使用羞辱行为作为一种精神修炼。正如福柯所论，我们可以在基督教的"谦卑"概念中看到这种"古代犬儒式羞辱游戏"的痕迹。他说："从古代犬儒主义的羞辱到基督教的谦卑，这是一段完整的历史，与卑微、丢脸、羞耻以及由羞耻而来的丑闻相关，这在历史上是非常重要的，并且再一次地，与希腊人和罗马人的标准道德观念格格不入。"[42]但福柯同样认为，尽管如此，"区分后来基督教的谦卑"与古代犬儒主义的羞辱是重要的。基督教的谦卑"是一种状态，一种在所经受的羞辱中彰显自己并考验自己的心灵态度"。古代犬儒主义的羞辱则可以被理解为一场与习俗惯例之间的游戏。习俗惯例规定了何为"荣誉"，何为"不荣誉"。在这场游戏中，古代犬儒派试图逃离由"丢脸"所强制的那种羞耻与屈从的秩序。另一种说法是，古代犬儒派**通过**这些羞辱的考验来宣示自己的主权和执拗的自我主宰，"而基督徒的蒙羞，或者更确切地说，谦卑，乃是对自身的弃绝"[43]。根据福柯对所谓"基督教的自我修炼技术"的诠释，"我们越发现我们自身的真相，我们越必须弃绝我们自身"[44]。基督教的"自我"是内省的对象，但如此众多的内省却从未能获得最终的、令人满意的形式。但这并非主张"自我"乃是一个幻觉。倒不如说，基督教的"自我""太过于真实了"[45]。这个"自我"充斥着试探、嗜求和诱惑，而这些东西必须被放逐，或者被驾驭，以发现"自己为何"，这是基督徒责任的一部分。尽管根据其宗教教义的设计，这一责任是不可能真正实现的。

再者，尽管有以上这些区别，还是很难想象古代犬儒派与基督教之间并无关联。毕竟古代犬儒派对贫穷与羞辱的追求，与基督教的苦修者和僧侣，在态度与经验上有如此多的共同之处。古代犬儒派给我们"虔敬的自我否定"

的整体印象。为了反驳这一印象,有必要提醒读者注意闹剧与喜剧在古代犬儒派哲学中所扮演的角色。和古代犬儒派的"不知羞耻"一样,古代犬儒派的"幽默"旨在激怒它的受害者。因为在被激起的暴怒之中,古代犬儒派所试图颠覆的那些习俗惯例得到了明确表达。但古代犬儒派的幽默也潜在地消除了戒心。正如巴赫金在论述"麦尼普斯式讽刺"①这种古代犬儒派文学时所说,笑可以被用来摧毁距离感,并瓦解等级制度:"笑具有把对象拉近的非凡力量,它把对象拉进粗鲁交往的领域中,把它上下颠倒,里外翻个,俯仰看遍,打碎它的外壳,窥探它的内心,怀疑它,拆散它,分解它,使它裸露,进行揭穿。"[46] 巴赫金或许对笑的革命潜力有点乐观。但在古代犬儒派手中,并结合了上文概述过的特有技巧,笑的颠覆性力量可想而知。可以这么说,巴赫金将这种"笑"与"无所畏惧"联系在

---

① 汉语世界根据对巴赫金著作的翻译,习惯将"Menippean satire"翻译为"梅尼普讽刺"。但这个说法的来源是古代犬儒加大拉的麦尼普斯(Menippus of Gadara),因此本书译者将之翻译为"麦尼普斯式讽刺"。"梅尼普讽刺",参见:巴赫金,《巴赫金全集》(第3卷),白春仁、晓河译,河北教育出版社,1998年,第525页。

一起。他声称,"笑"通过将对象拉近,或拉到尘世,从而"摧毁了对对象的恐惧与虔敬"[47]。因此正如这里所描绘的那样,古代犬儒派的喜剧并非简单地将那些隐藏着的偏见与承诺表达出来。这些显现只是它挑衅的直接结果。它更是要把它们拉回到原形,因为只有将这些偏见与承诺拉低为"笑柄"的档次,这些东西才会褪去其体面的衣服,并接受审视。"笑"与"无所畏惧"之间的关联是很重要的。因为这强调了古代犬儒派的笑声不是建立在惬意舒适的喜剧之上的。事实上,它已经快要变得不那么有趣了。通过喜剧,古代犬儒派将讥讽的欢笑推向了"一个转折点,转变为不可容忍的傲慢无礼"[48]。古代犬儒派的才智总是带有危险的元素。其技巧因语境而异。例如,戏仿被第欧根尼用来嘲弄理性的权威。因此第欧根尼模仿传统哲学的形式,用三段论来证明盗窃的合理性。在这里,"笑柄就是三段论的形式",引发了"理性的形式流程与悖论式的古代犬儒主义结论之间的鲜明对比"[49]。至关重要的是,古代犬儒派的幽默把它所责备的听众一同卷了进来。因为这种幽默不提供解释,而需要听众去补充。为了听懂笑话,听众必须自行填充对正在被颠覆的规范的某种理解。

不羁的门徒

古代犬儒主义的教育，其范围显然不只有第欧根尼对其同时代人的嘲笑以及蓄意的侵犯和羞辱。当古代犬儒主义哲学没有通过其践行者的生活直接展现出来时，它是通过简短的逸事、回忆中伴随着各种手势的争执与反驳、充满讽刺性的邂逅以及诙谐的评论来传达的。这些东西本质上都是一些俏皮话，被设计成"像笑话一样简单、好记"[50]。这说明，即使独有的哲学理论缺乏或散佚的情况下，古代犬儒主义的持久力依然可观。这与其他哲学学派的传承情况形成了鲜明的对比：这些学派都留下了相对稳定的教条或学说。与古代犬儒派截然不同，其他哲学学派都是教条主义式地传承着自己的学说。正如福柯所说，那种传承乃是"再现一个被遗忘和误解了的思想核心，从而使之成为出发点和权威性的来源"[51]。这一过程，乃是某一哲学学派定义自我的努力，但并非一定要通过引用例如亚里士多德或柏拉图这样的人物的原话来进行[52]。与之对比，古代犬儒派与他们的前辈之间的关系则截然不同。将过去的古代犬儒派的生活作为趣事进行回顾，并非因为这些事件及其蕴含的教导已经被遗忘了（至于这些事件到底是真的还是杜撰，无关紧要）。宁可说，这些事件之所以被回顾，是因为今天的哲学家们再也不能"与这些范例相提并论"。由于某种衰退、衰弱或堕落，我们追随古代犬儒主义的能力已经不复当初了[53]。之所以还会记起过去的那些古代犬儒派们，是为了激励当下的行动者，让他们去反省自己的行为举止。或许，以古代犬儒派以"其行为举止中表现的坚强"作为例证，能够使那些失去勇气的人"得到恢复"[54]。但正如在下一章中探讨的那样，后世践行古代犬儒派哲学的尝试多种多样，但始终是局部的和片面的。

4

第四章 对暴民的恐惧：
古代的和中世纪的种种理想化

第欧根尼的确培养了一批门徒，但完全是出于偶然，只要他们能耐受得住，不被第欧根尼甩开。"哲学家－教师"通常是备受尊敬的人物，而"门徒"则与教师关系密切。但这里对"哲学家－教师"和"门徒"之间的关系则有着完全不同的理解。它证明了在教学关系的核心，存在着羞辱、拒绝与冒犯。这反映了第欧根尼在安提斯泰尼那里受到的待遇。安提斯泰尼是苏格拉底的学生，也是原始古代犬儒派。对即将成为他学生的人，安提斯泰尼抱有的敌意令人侧目，曾因为第欧根尼靠得太近而用手杖痛打他[1]。但这种师生关系也会有些变化。第欧根尼的学生克拉特斯以用"一个时机恰好的、和蔼的屁"将美特洛克勒转化为古代犬儒主义的信徒而著称[2]。拉尔修给出了大约六个第欧根尼小团体成员的名字,其中有些是他们的绰号[3],显示他们是一些怪人[4]。至今为止,除了最为著名的克拉特斯之外,叙拉古的莫尼摩也值得注意,因为他似乎进一步扩大了第欧根尼对那种"哲学之自命不凡"的敌意[5]。据说,莫尼摩从未说过"与'认识你自己'相关的话",或希腊哲学传统中广为人知的"类似格言警句"。"不,这个肮脏的修行者超越了他们所有人,因为他宣布所有人类的论证都只是幻觉。"[6]显然,莫尼摩对所有形式的教育都持怀疑态度,宣称"比起接受教育,不如失去视力来得更好。因为在后一种苦难下,你会跌倒在地上,而在前一种苦难下,你会深陷于地下"[7]。

古代犬儒派对传统的教育理念抱有敌意,也对师生之间彼此逢迎的关系不屑一顾。他们的教学模式不是建立在学习生活上,而是建立在挑衅与排便的生活上。如果硬要说"古代犬儒派有一种教育哲学",那么其哲学是主张即兴发挥,也是如粪便一般低俗污秽的。这种哲学的目的就他们的教学模式不是建立在学习生活上，而是建立在挑衅与排便的生活上。

是去违背我们对教育的诸多基本假设——教育"应该"看上去如何,教育的体验"应该"如何。由于古代犬儒主义依赖每一个言语粗鄙的古代犬儒派成员的简短尘世生活,而非依附于一种可以保证在代际间传承的教条或文本,所以其传承是不稳定且断续的。古代犬儒主义的历史也很复杂,因为"犬儒主义"这个名称本身就不可靠。如果围绕这个术语及其衍生词(犬儒主义、犬儒派、犬儒式的)来考察历史,将历史上所有提及这些词的残章断简收集在一起,那就是将那段历史局限在一个已被严重滥用和歪曲的词上了。事实上,围绕一套更广泛、更富有争议性的主题来组织古代犬儒主义的历史或许会更好。这将是一部"生活的方式、样式与风格"的历史,而不是一部传统意义上的哲学史[8]。在这样的历史中,可能很少甚或根本不会提到"犬儒主义"这个词。可惜的是,这样的历史著作还未出现,这样的历史还有待讲述。的确,尽管本书专注于"犬儒主义"这个术语,专注于其演变——也因此限制在采用"犬儒式"名号的一切事物——但本书的真正焦点却是探究这个术语为何以如此这般的方式产生、演变,并由此保持了其内在的不可靠和逃避性。

被理想化的古代犬儒

有人认为,犬儒主义的历史反复上演着真与伪、可敬与卑劣之间的对立。其中,古代犬儒主义为真,现代犬儒主义为伪;或者,在其古/今版本中,都存在着种种"可敬的犬儒主义"与"卑劣的犬儒主义"之间的对立。[9]可敬的古代犬儒主义,其起源总是遥不可及。之所以遥不可及,乃是因为要了解它们只能通过二手资料。即使是作为我们参考之原型的第欧根尼,也不是第一个古代犬儒。甚至在古代世界,有众多评论者怀疑古代犬儒派的起源要早于安提斯泰尼(第欧根尼的老师),可以追溯到宙斯之子赫拉克勒斯(Heracles)之前的时代。这一追溯将古代犬儒主义的起源与希腊诸神相关联,而不是与真实存在的历史人物,似乎有点走得太远了。但如果希腊诸神被理解为反映了早期希腊人对某种形式的智慧的敏感,即"狡诈之智"(cunning intelligence),那么回溯到诸神是有教益的。只是后来的公元前4世纪希腊哲学置之不理并遗失了它[10]。或许只有古代犬儒派继续发扬了这种诸神狡黠的智慧。诸神在一个尚未完全成形的世界之中运行,世界上的诸多对象以及对象之间的关系尚未稳定。因此它们拥有随机应变的狡黠。对此,主张即兴发挥的古代犬儒派报有一定的赞赏。与古代犬儒派一样,诸神依靠狡黠生存。

在古希腊民族志中,也可以追溯到古代犬儒主义的早期形式。公元前5、6世纪的希腊民族志学者讲述了被理想化了的蛮族之传说——高贵的、饱受独眼狮鹫折磨的诸民族,以及爱正义且长生的狗头生物。希腊民族志学家利用异族所提供的局外人视角作为策略或手段,从而可以更安全地反思自身那种更"文明开化"的文化[11]。在很多方面,第欧根尼也被认为是一个来自于古代希腊世界边缘地带的"蛮族"。因此在涉及他的时候,很多评论者也以类似的方式将之理想化了。他们把第欧根尼作为一个异邦人的角色来使用,让他提供一个外部视角。以此为目的的论述中,评论者们认为有必要"清除他的形象中的某些特征,以免震惊或吓退潜在的追随者们"[12]。在这种方式下,第欧根尼可以安全地被视为一个文化批评家。换言之,对于描述犬儒主义实践并对其主要参与者进行说明的第一批作者来说,有必要驳斥对古代犬儒派传统的某些成见,而在别处去寻找其被隐藏的特质。有趣的是,古代犬儒主义的式微,以及它的存留，都取决于这样的努力——"将古代犬儒派及其生存模式从荣耀且公认的哲学领域之中驱逐出去"。这一驱逐之举被认为将古代犬儒派哲学引向"普遍有效的犬儒主义"，使之可以与其他哲学或观点相结合，从而恢复活力[13]。通过呼唤一种被理想化的古代犬儒主义，第欧根尼教诲中最让人不适的部分，以及他在木桶中的生活，就被回避了。受过教育的和有教养的人们会宣称古代犬儒主义是自己人，因为他们已经将古代犬儒主义哲学改造得面目全非了。

对古代犬儒主义的收编，类似做法的早期版本，在斯多葛派哲学中就能找到。斯多葛哲学家们决定将他们公元前3世纪的创始人基提翁的芝诺与苏格拉底联系起来。他们提出了一条"苏格拉底—安提斯泰尼—第欧根尼—克拉特斯—芝诺"的谱系。其中，第欧根尼是关键的一环。这一谱系为斯多葛哲学的传统提供了保证，确认了它源自于苏格拉底的谱系[14]。这种斯多葛式的"收编"依然可以在当代学术中找到回响。某些当代研究者就是通过诸如自我满足、控制愉悦、斯多葛派伦理原则之类的视角来解读古代犬儒主义的。古代犬儒主义的式微显然可以通过一个类似的视角来理解：一种值得称颂但粗浅的古代犬儒主义哲学被一种更加精致的斯多葛派哲学所取代，这似乎是必然的。因此就有这种说法：古代犬儒派"提出了重要的问题"，但他们给出了"不令人满意的回答"，于是需要斯多葛派来继续推进研究[15]。或者还有以下的论断："随着斯多葛主义和伊壁鸠鲁主义在下一世代中的蓬勃发展，古代犬儒主义不再能提供一种足够强大的伦理选项，从而抵挡这些作为竞争对手的哲学家们的更为复杂的吸引力。这些对手们已经将古代犬儒主义对伦理学最为有效的贡献进行了重新解释，并将之纳入到自己的学说之中。"这导致了随后的说法：只有当古代犬儒主义"被从希腊化哲学的主流中赶出去"之后，它才"堕落为流行的道德说教、带有讥讽的老生常谈、江湖骗子的街头宣讲"[16]。我们获得了一个评价框架：古代犬儒主义只有维持住它与希腊化哲学的主流之间的关联，才能堪堪维系其尊严。一旦失去了这种联系，它就会堕落为：一种流行的街头哲学。

这一判断框架非常持久。举几个其他的例证。在1937年发表的具有影响力的研究中，达德利认为像第欧根尼这类人物所具有的"说服之魅力"不可能持久长存："古代犬儒主义的弱点"就在于其"没能力"(或者不情愿?)去"论说自身"。虽然第欧根尼是一个鼓舞人心的角色,但随着其直接影响力减弱,后来的各派古代犬儒主义也就随之堕落了。由于无法"对理智之人具有吸引力"[17],他们就被限制在街头生活之中,停留在一切未经反省的愚蠢行径之中。十年之后,在其《西方哲学史》中,伯特兰·罗素宣称:"古代犬儒派学说中最好的东西传到了斯多葛主义里面来,而斯多葛主义则是一种更为完备和更加圆融的哲学。"[18] 更晚近一些,《牛津哲学指南》中的相关条目总结道:"许多古代犬儒派成员无疑只是流浪汉",想必这些人对哲学毫无贡献[19]。

诸如此类的论断是存在诸多问题的。那些古代犬儒派"流浪汉"曾是一股不可忽视的力量。上述论断与那些试图去摒弃或净化古代犬儒主义的人之间,看似并无太大的距离,这让人不安。作为一种在民众间流行的哲学,一种为"被剥夺了公民权之人、不满现状之人"而设的粗鄙生活方式,古代犬儒主义在罗马帝国中很好地存活了下来[20]。对古代犬儒主义的存在加以报道,这件事情本身就是为了收编它,使之为富裕阶层服务。所以很难判断这一

第四章 对暴民的恐惧:古代的和中世纪的种种理想化

时期的古代犬儒主义是否真正堕落了——或许它只是单纯得到了发展，或者是做出了调整，以便适应新的环境。无论如何，我们可以确定：这种街头犬儒主义乃是古代犬儒派哲学的一种适应形式。它是古代犬儒主义在其数个世纪的传承中进行"选择性拟态"的结果，而非其学术体制上的直接后裔。我们无法准确评估这种街头水平的古代犬儒派哲学的生命力，因为我们所依赖的绝大多数概述与言说都是由评论者们所编写并传递给后世的。这些评论者并非古代犬儒派成员，对于古代犬儒派哲学试图要去成就的东西，充其量只是部分认同。罗马帝国拥有不断异化的"庞大的官僚体制"，这种体制的"内外的运作乃是个人所无法理解或影响的"。在这种体制下，古代犬儒主义（以及基督教）看来确实在公众的不满之中找到了自己稳固的立足点[21]。正如斯劳特戴克所观察到的那样，来自道德家和民众"对帝国的社会和人类环境的反抗，已经膨胀为一股强大的精神潮流"[22]。第欧根尼以降的五百年间，"狗"始终成群结队地狂吠着。鉴于古代犬儒主义在下层社会中的影响力，更有教养的评论家们认为，如果要为可敬的哲学挽回些什么的话，就不得不断然拒绝这种底层类型的犬儒主义。所以，那些对街头犬儒主义深恶痛绝的人所描述的古代犬儒主义，只能呈现为一种扭曲的式样。下面将讨论爱比克泰德、琉善与尤利安的例子。

爱比克泰德

斯多葛派哲学家爱比克泰德是一个释奴，其一生跨越了公元1世纪和2世纪。他追随苏格拉底，主张一个人的哲学必须体现在其生活之中[23]。他对犬儒主义的看法带有怀旧的色彩，并小心翼翼地将之与那种被他称为"今日犬儒派之可悲景象"[24]的做法区分开来。正如一位学者所描述的，在爱比克泰德看来，"今日犬儒派模仿旧日大师的，只剩下了放屁"[25]。通过把第欧根尼树为斯多葛派的哲学偶像，爱比克泰德变更了古代犬儒派哲学的关键标识。他将第欧根尼视为一位通过哲学来完成自我掌控的典范，一位值得钦佩的哲学家。因为第欧根尼除了荣誉之外，别无保护："荣誉是他的住宅，他的大门，他的卫兵，他那件黑暗之斗篷。"[26]尽管爱比克泰德有时会使用那种"生动的、唐突无礼的、谈论逸事的风格"（也是古代犬儒派教学的特征），他同样也会使用缜密的论证[27]。的确,爱比克泰德和古代犬儒主义一样,对单纯的学识或口才报以鄙夷,并喜欢使用那种被描述为"令人震惊的例示,如尿壶、油腻的手指、摇动的双腿、粪堆、破裂的炖锅以及类似的东西"[28]。即便如此,他心目中的犬儒主义依然是高度理想化的。爱比克泰德对其他那些更低级的古代犬儒主义观念的拒斥可能还是有背景的,因为他需要从他的教学中获得收入,并且需要维护他的声誉[29]。他试图找回一种更为受人尊重的犬儒主义。爱比克泰德回顾"乞丐犬儒派"的形象:这些人"恐吓每一个他所遇见的人"。爱比克泰德就此宣称:"如果你就是如此描绘犬儒主义的话,那么你最好离它远点。"[30] 对"乞丐犬儒派"这类廉价仿效者,正确反应就是唯恐避之不及。爱比克泰德试图驳斥"犬儒派就应该肮脏地生活在街上"的成见。他解释说,犬儒派"不应该如此肮脏,以至于把人赶跑","他的粗犷应该是干净且健康的"[31]。就此看来,古代犬儒派的身体应该是"对他那种简朴的露天生活之优点的广告"[32],是犬儒式的生活所造就的健康、美丽、阳刚的奇景,而非一个打着赤贫印记的挣扎之地。在古代犬儒派中,女性成员并非闻所未闻,但爱比克泰德心中只有那些男性。他心目中的犬儒派乃是一个荣耀的男人,有着"比太阳还纯洁"的思想[33]。

为了反对这种偏颇的理想化,有必要注意希帕基亚这一案例。(我知道有人会觉得我对爱比克泰德的处理有点草率)这位女性犬儒派成员嫁给了第欧根尼的学生,犬儒派的克拉特斯。作为古代希腊世界最著名的女性犬儒派成员,希帕基亚被后世的评论者们视为一个例外,因为这些人认为女性大概不胜任将哲学作为志业,当然也不胜任一种与生活结合的哲学(例如古代犬儒主义)的挑战。爱比克泰德暗示,克拉特斯或许能应付好希帕基亚在场的情境,但其他女人都会让人分心。爱比克泰德建议,如果一个古代犬儒要结婚,"他必须得准备一个壶,为婴儿提供热水……为他的妻子准备羊毛……油、一张小床、一个杯子,以及许多陶器"。要应付这么多的苦差事以及诸如此类的烦心事,"那么'王'会变成什么样子,他的职责本应是监管其余的人类"[34]。在女性与古代犬儒主义关系的这个话题上,爱比克泰德是明显将女性边缘化,并把问题搪塞了过去。他或许认为,希帕基亚只是一起偶发的、不幸的意外。

希帕基亚成了关于古代犬儒主义的民间传说的一部分。由此，古代犬儒主义似乎也挑战了那些束缚女性在社会中所扮演的角色的礼俗。希帕基亚因此也被描述为"第一个女性主义者"[35]。有人就此引申，宣称古代犬儒主义"基本上没有性别歧视"[36]。但这一点值得商榷。古代犬儒主义或许接纳了希帕基亚（至少克拉特斯是这么做了），并由此削弱了"禁止女性参与无畏直言"的社会禁锢。（回想一下，只有生而自由的、拥有财产的男性才能"无畏直言"，并在公共场合发表讲演。）这种包容的姿态很可能反映了古代犬儒派的一个观点：在哲学资质上，男女之间并无差别，哪怕对于古代犬儒主义这样高要求的哲学也是如此。不过事实仍然是，希帕基亚的名望来自她与克拉特斯的婚姻[37]。（尽管克拉特斯曾极力尝试摆脱她的主动求婚[38]。必须说，这则逸事可能只是为了证明她的坚毅与投入。）希帕基亚成了哲学家，加入了男性主导的哲学界，就这件事情本身而言，一半是祝福，一半是诅咒[39]。诚然，安提斯泰尼清楚地宣告，"美德之于女人正如美德之于男人"[40]，并且"我们应该与那些真正感恩的女人做爱"[41]，而第欧根尼"主张共妻"，"只承认'男人进行劝诱而女人表示同意'"的联盟式婚姻[42]。承认女性在性关系中应该可以表达出某种偏好,而且她们的"美德"甚至可以接近男性。这可能会让古代希腊的父权制视为丑闻并感到震惊,但还谈不上把女性置于平等的地位。然而无论如何,女性(至少是希帕基亚)在古代犬儒派哲学中所处位置的尴尬,足以使后世的作者(例如爱比克泰德)竭力去削弱她们的重要性。这最终导致了这样的局面:古代犬儒派"对女性以及其他外来者的开放性,实际上已被彻底逆转"。一旦"第欧根尼的诸多格言被选入古代世界的初级修辞学教程"——这些初级修辞学教程被用来训练男孩们的希腊语——"而被选中(或者干脆是被发明)的理由是其中的厌女幽默或种族主义幽默"。这种逆转终于完成了[43]。

琉善

在公元2世纪,琉善,这位来自于罗马帝国东部边疆的杰出修辞学家,将古代犬儒派的"蔑视"升华为一种艺术。他影响了一系列的后世作家:德西德里乌斯·伊拉斯谟、托马斯·莫尔(Thomas More)、弗朗索瓦·拉伯雷、乔纳森·斯威夫特（Jonathan Swift）、亨利·菲尔丁（Henry Fielding）和德尼·狄德罗。琉善在《佩雷格林之死》（*The Death of Peregrinus*）中以冷酷无情的笔触描写了一位同时代的犬儒主义派别领袖的自焚。这一描写再次有助于区分以下两类人：对高雅的犬儒主义有兴趣的富有教养之人、底层的街头犬儒派[44]。他的喜剧对话录《逃亡者》则继续对冒牌哲学家进行攻击："每个城市都充斥着这样的新贵，特别是那些加入'狗之军队'的人，他们将第欧根尼、安提斯泰尼和克拉特斯的名号作为他们的庇护。"[45]这些人的罪行就是让哲学声名狼藉，在"未经教育"者面前玷污了它的名声，而那些人可能因此误将冒牌哲学认为是哲学本身[46]。为了反对这些冒牌犬儒派，琉善帮助建立了一个可敬的、高度理想化的替代品。他借赞颂"貌似"其老师的人物——古代犬儒派的泽莫纳克斯来完成这一任务[47]。

琉善控诉冒牌犬儒主义，也是针对更为一般意义上的教育而言的。他的愤怒乃是对教育现状的一种哀叹。哀叹，是因为对它的爱，它应该是另一个样子的。哀叹，是因为它曾允诺了自由和升华，却无法兑现。琉善认为，家庭教师这一职业已经堕落。作为当时占主导地位的教育模式,家庭教师已然堕落的现实,对于"即便是只受过一点点教化的人"而言,都已是无法忍受的[48]。琉善的《论寄食豪贵者》一文试图劝阻希腊哲学家们担任这种奴性的、妥协的、引发深度幽闭恐惧症的职位。在这种职位中,教育者处于功能失调的、受操纵的境地。这种情况下,驻家的雇员处于一种既受到尊敬也遭到贬低的位置。在这一叙述中,出于对哲学的尊重及对更高形式的教育的愿景,琉善似乎被驻家教育者的困境所打动。尽管琉善以嘲弄性的语调和策略性的回避而臭名昭著,但他并没有对教育的崇高理想报以犬儒式的蔑视。

在琉善的作品中,古代犬儒派再一次被树为典范,来反衬同时代犬儒主义者及其哲学的变质及贬值。但琉善也在某些地方小心翼翼地强调,"在他自己所处的时代与第欧根尼所处的时代之间有着不可逾越的历史距离"。有人认为,这暗示"通过实际践行去效法古代犬儒派的生活方式,已经是不可能的了,甚或是荒谬的",并为琉善转向"对古代犬儒派进行**文学上的**再创造"自我辩护[49]。在琉善的讽刺作品中出场的诸多人物中,有人声称,公元前3世

第四章 对暴民的恐惧:古代的和中世纪的种种理想化　　101

纪的古代犬儒派成员麦尼普斯，提供了对琉善立场的"最为简洁的具现"[50]。作为一个虚构人物，麦尼普斯让琉善得以挑战传统。通过这一人物，琉善对"职业思想家伪装自己有知识"的丑态表达了古代犬儒式的嘲笑[51]。但琉善的犬儒主义还是局限在讽刺作品的范畴。他的犬儒主义可以被理解为，"受控地唤出一个角色"，从而避免对这一角色的完全认同。观众在他的作品中遭遇的是一种经过精心构建的古代犬儒主义，一种局限于戏剧性的、虚构的背景下的犬儒主义。琉善与古代犬儒主义之间的关系是一种既钦佩又讽刺的疏离[52]。

在斯劳特戴克的分析中，既庄严又诙谐的古代犬儒式冲动现在已经分裂为两个部分：一部分是继承了古代犬儒派那种机智嘲讽、受过教育的讽刺文学作者，另一部分是佩雷格林这样的人领导的派别。后者由"不稳定分子与心怀愤恨者、流浪汉与道德狂、外来者与自恋者"组成，对古代犬儒主义的献身已经变得过于热诚与严肃[53]。正如福柯所刻画的那样，佩雷格林是一个"浮夸的无业游民……无疑与亚历山大里亚城内兴起的反罗马的群众运动有关，他在罗马向所谓的'白痴'宣讲了自己的学说，而所谓

'白痴'是那些没有文化或没有社会政治地位的人"[54]。琉善嘲讽了佩雷格林的死法,声称自己在公元165年的古代奥林匹克运动会上亲眼看见了佩雷格林自焚于柴火堆上。在琉善看来,这一虚妄之举正好概括了街头犬儒主义的全部问题。根据斯劳特戴克的解释,在琉善看来,街头犬儒主义"都有这样的倾向:傲慢自大、幼稚天真、炫耀浮夸和滔滔不绝。在其中,虚荣与受虐狂式的殉道热忱"结合在一起。但如果街头犬儒主义者是"怀有道德理想的蔑视者,蔑视自己身处的时代",那么琉善在斯劳特戴克看来也不比他们好多少。琉善表现为"蔑视者中的蔑视者,道德家中的道德家"。他的"讽刺,是对没有教养的乞丐式道德家、鼓吹'世风日下'的恸哭哀悼者的攻击,但这却是一种富有教养的攻击。也就是说,这是理智大师对他那个时代的理智傻蛋进行的讽刺"。在琉善的犬儒式喜剧《佩雷格林之死》中,受害者不再是"虚妄知识的代表者"与狂妄自负的文化人,而是那些受压迫和被剥夺的人[55]。琉善的犬儒主义"向有权力且有教养的权贵告发那些权力的批评者,认为批评者都是些野心勃勃的疯子"。实际上,犬儒式的批评已经改变了立场,它的观点"被修整为可被掌权者所使用的反讽"[56]。琉善已经将犬儒式的幽默变成了"文学的一种功能",在斯劳特戴克看来,这对犬儒主义伤害甚大[57]。

尤利安①

"背教者"尤利安是公元4世纪的罗马显贵、统治者和哲学家,在公元361年至363年间任罗马皇帝。尤利安花了一些时间去研究古代犬儒主义。当时,街头犬儒派对他的士兵与下层公民的影响甚深,成为驱使他进行研究的原因。他开始着手挑战这些古代犬儒派的下流模仿者。正如他所说,他们"从一个城市到另一个城市,从一个军营到另一个军营,侮辱所有这些地方的名流富豪,同时与社会渣滓为伍"[58]。古代犬儒主义的后继者貌似已经变质贬值。但可以看得很清楚,通过这一形式,古代犬儒主义依然受到

---

① 作者在下文中引用尤利安著作的英译文,与通行的中译文差异较大,故不直接使用既有的中译文。但会使用中译本对人名、地名、著作名等专名的翻译。中译本参见:尤利安,《尤利安文选》,马勇编译,华夏出版社,2017年。

关注。

街头犬儒派为古代犬儒派的遗产提供了自己的解释并以他们那种具有破坏性的生存方式作为例证。尤利安和他的前辈一样，发现自己面对的是一种持久存在的、活生生的哲学。这种哲学的发言对象是更广泛的民众（在尤利安眼中是"不怎么有文化修养的公众"）。正如福柯所说，街头犬儒派从"受过教育的精英之外"招募新人，而"通常只有受过教育的精英才会践行哲学"[59]。在尤利安笔下，这些假冒的犬儒派再次被描绘为彻头彻尾的江湖骗子。他们装作在培育智慧，但只是成功地培育了他们的无知。尤利安被他同时代的犬儒赫拉克勒奥斯所激怒。尤利安抨击他"有一种野蛮的心智，不知何为善，不知何为公平，不知何为体面"[60]。全无敬意，不畏众神，不顾一切地想要摧毁所有的美、诚实与良善，将正义与荣誉践踏在脚下——在尤利安眼中，这就是街头犬儒派。或许最糟的是，他们将哲学变成了笑柄[61]。街头犬儒派试图推广一种"野蛮"的教条，而且就在罗马帝国的中心这么干。尤利安断定，这些伪装成古代犬儒派的家伙不应该被逐出罗马城，"用石头砸死会更合适"[62]。这或许听上去很极端，但这类暴力是有前例可循的。公元1世纪，在诸如尼禄、韦帕芗（Vespasian）和图密善（Domitian）这样的罗马皇帝的治下，包括古代犬儒派在内，众多"冥顽不灵"的哲学家们被流放、鞭笞或处死。在那时，即使是可敬的哲学，对皇权而言也是威胁。幸好这一时代很快就过去了[63]。

尤利安设想了街头犬儒主义的参照物：一种可敬的犬儒主义，一种人们可以亲力亲为的哲学，一种可以在家里践行的哲学，一种可以当众称颂的哲学，与其贬值变质的对立面（街头犬儒主义）只有远亲关系。归属于"可敬的犬儒主义"的这一类犬儒仍然会说真话，有时依然无所畏惧，但不会实施街头犬儒式的侮辱和侵犯。一个受过"希腊式教育"的人，被认为是一个遵守习俗与惯例的人。正是这些习俗与惯例，支配并维护着罗马贵族阶层的礼仪制度[64]。当这样的人发表自己的主张，会小心谨慎地表达自己的洞见，并期望获得良好的回应。尤利安将他设想的那种"可敬的犬儒主义"与一种拒斥身体的哲学相融合。这种哲学声称，如果身体内蕴藏着一个这样的灵魂——它可以获得关于更高事物之知识，那么这具身体就具有一定的"潜能"[65]。这使得事情进一步复杂化了。对尤利安而言，人类的灵魂处在凡人与神的中间。它必须克服自己的一部分——"易变且多样，混杂着怒火与欲望，是一只多头怪物"。这一部分必须被驯服，并"劝导它去服从那内在于我们的神"，即灵魂的"神性部分"[66]。由于灵魂本身包含有不朽的痕迹，所以借助于哲学与适当的训练，通过抑制激情与增进自知之明，人类的灵魂可以接近诸神。一个受到了神灵启示的哲学教育将灵魂从身体中释放，塑造一个被赋予真正理解力的人格。尤利安承认，的确有很多条道路通向神性知识，但他所复原的那种"可敬的犬儒主义"属于其中最为高贵的那些。

依照上文的说法，那些发现自己仍被束缚的人，是未受教育的。尤利安所谴责的街头犬儒派就是这样的人。身体使他们分了心，并确保他们依然"受制于错误的观点而非真理"[67]。街头犬儒派"贪婪，堕落，并不比任何一只野兽更好"[68]。根据这一说法，这些市区贫民窟中的被遗弃者们完全误解了古代犬儒派哲学的目的。正如尤利安在其长篇演说《致未受教育的犬儒派》中所宣称的[69]，那些希望接受教育的人必须蔑视身体，将之视为"灵魂的狱卒"[70]。人可以通过严格的训练而摆脱这个狱卒。尤利安确信，这是真正的犬儒派命中注定要完成的任务。当然,这个"真正的犬儒派"是根据尤利安自己的概念来定义的。尽管这种真正的犬儒有时是一个严厉的教师(高贵的犬儒展示出对身体的规训,并说出"不加修饰的真理",而不顾及听众的感受)[71];但也有犬儒可以令听众倾倒。尤利安在此举了克拉特斯的例子,再次缓和了对犬儒派不知羞耻并深具对抗性的描述[72]。至于第欧根尼那种服从"自然的召唤"①并发出"不得体的噪音"②的尴尬事例,尤利安一定是怀疑这类怪异举止旨在对比自然的行为和所有那些非自然的"无赖勾当",例如"抢劫金钱、虚假指控、不公起诉"。对第欧根尼来说,这些无赖勾当是"远比他自己的排泄更肮脏和无法容忍"的[73]。

尤利安认识到,在通向智慧的旅途上,"高贵的犬儒派"所选择的道路是艰难的,而且的确还有更简单的路线可供选取,那就是"神话"。古代犬儒派们无暇顾及神话,但尤利安决定捍卫神话。他认为,神话的原初创作者"就像在摇篮上悬挂皮制玩偶的保姆,因为婴儿正在长牙齿,

---

① 指当众排泄。
② 指当众放屁。

这么做是为了分散他们的注意力，减轻他们的痛苦"。这就是"那最初的神话作者们教导年轻人"的方式，"年轻人那雏鸟般的灵魂正在学习飞翔，他们渴望被教导，但又尚未准备好吸收那些未经稀释、高度浓缩的真理。因此，神话作者们就为他们提供了源源不断的故事与传说。"[74]尤利安承认，为了缓和教育所必然产生的痛苦与刺激，一点儿虚构是必要的，可以帮我们去适应真理。对于更进阶的研究来说，神话也有助于揭示出这样一个事实：关于世界的真理往往是隐藏着的，躲在谜题之中，只有通过哲学的中介作用才能被获得[75]。最后，神话也起到了保护哲学家的作用。哲学家扮演着私人医生的角色[76]，如果他们的劝告不用寓言的形式来装扮，那么就可能因其无畏直言而遭到某种形式的报复。在罗马时代，有学识的奴隶常会为其雇主和官长提供哲学教导，但他们特别容易受到不领情的学生的报复。尤利安承认，考虑到奴隶的地位，这人必须"尽心竭力地去奉承和治疗他的主人，这两件事还得同时进行"。这种"奴隶-导师"的双重分身必须令他的教导不那么直接，用启迪性的故事来包裹"道德劝诫与指导"，让效果变得柔和舒缓。然而对于古代犬儒派教师而言，他的哲学建立在"唯有他才是自由的"这一主张之上，因此尤利安的观点是完全不合适的[77]。犬儒不需要诸如神话之类的策略来缓和他的道德说教，以保护自己免受他的劝告可能引起的打击报复。尤利安认为，犬儒主义者没有时间做这种虚假的事情。在犬儒派的教学中，课程的开始与结束都是相对突然的，课程也是不连贯的——在此，我们仍然可以看到一种更古老的、更粗暴的犬儒主义的痕迹——尽管对于尤利安而言，犬儒派攻击的目标已经改变了，从对所有习俗的攻击，转变为对身体的攻击。正如他所说，罗马犬儒派已经学会了"彻底鄙视"身体，认为"比起粪便，更应扔掉身体"[78]。

如同尤利安所想象的那样，"真犬儒"学会了控制他的激情，并确保自己永远不会再被他的"下面的部位"①所支配。他还学会了无视舆论与民意，因为"达到理性之生活的人"确实不再需要习俗惯例的指引[79]。他已经超越了它们。尤利安继续说，因为不再受身体或暴民的干扰，犬儒可以自由地"在干净、纯洁和神圣的思想上训练他的心

---

① Nether regions，即生殖器。

灵"[80]。第欧根尼的真正追随者将和柏拉图一样，对灵魂的优越性加以确认：灵魂比禁锢它的身体更优越[81]。罗马犬儒派将竭尽所能地"出离自身"，因为他们确信"内在之灵魂是神圣的"[82]。他的灵魂是受过教育的，因此它开始意识到自身的神性潜能。这与那些因为无知而把灵魂"束缚在身体之内"以及重视公众意见的人形成了对比。因为他受过哲学的训练，他的灵魂接近了哲学所允诺的自由。也正因为如此，他要与那些"受制于错误的意见而非真理"的人对抗[83]。从这样的视角观察，尤利安时代那些无知的、未受教育的臣民是值得怜悯的（如果不是值得鄙视的话）。换句话说，尤利安对犬儒主义进行了多重歪曲。在尤利安自诩"复兴古代犬儒主义"的过程中，他反转了古代犬儒派的态度，使它变得受人尊重，并将之纳入到一种更为传统的教育和哲学概念的事业中。

基督教苦修者与圣愚

当自称要复兴真正犬儒主义的罗马哲学家们忙于批判街头犬儒主义时，在基督教中也有着复兴古代犬儒主义的潮流。来自基督教的复兴者与受过教育的罗马同行不同，因为早期基督徒最初与古代犬儒派共享某些非核心、次要的观点。正是通过基督教，古代犬儒主义中一些更具实践性的方面得到了保存，并被加以改造。正如福柯所认为的，几个世纪以来"古代犬儒派的生活模式传布整个欧洲的主要媒介"是基督教的禁欲主义[84]。基督教的苦修者按照一种自我规训的制度生活，要求戒除欲望。这与古代犬儒派那种极端且勇敢的"安贫乐道"有类似之处。许多古代犬儒派的"主题、态度和行为方式"以基督教的禁欲主义与修道主义为中介，得到了"有实无名"的传承。值得特别注意的是那些托钵修会及其成员，例如方济各会士和多明我会士——多明我会士又被称为"主的猎犬"。这些人"剥去自己身上的一切"，"赤着脚，召唤人们去寻求救赎"[85]。正如福柯所暗示的，这种对禁欲式赤贫的强调是一种"特别活跃、强烈和有力的做法"，是"为了反对教会和它的体制，反对它不断增长的财富和它的道德松懈，而做出的所有改革努力"的组成部分。这种"反体制的（基督教）犬儒主义"至少持续到宗教改革时期[86]。

斯劳特戴克也认识到基督教有继承古代犬儒主义的一

面，但他的整体态度是批判。斯劳特戴克认为，基督教的苦修者们已经有效地摧毁了"犬儒主义"这个词："称［第欧根尼］是禁欲主义者，这是不正确的。因为在长达千年的误解中，'禁欲主义'这个词已经带有某种负面的潜台词，即它是受虐狂式的。"尽管有些学者拒斥斯劳特戴克这种笼统的定性，但他在这里有效论证的是——随着基督教的发展，禁欲主义已经与自我抑制联系在了一起，这种立场与古代犬儒派对身体存在的肯定相去甚远。斯劳特戴克相信，我们必须"去掉'犬儒主义'这个词的基督教内涵，从而重新发现它的基本含义"[87]。当我们认识到古代犬儒主义的"不知羞耻"并非仅仅教导人们"感觉对了，那就去干吧"，那么或许我们就能再次欣赏古代犬儒派那种"不知羞耻的禁欲主义"[88]。与"感觉对了，那就去干吧"的主张恰恰相反，古代犬儒派的苦修者乃是"因为受过充分的训练，所以才能越轨而为"[89]。福柯也提出了类似的观点，他声称"我们应该将后世基督徒的谦卑"与古代犬儒派的羞辱"区分开来"。正如本书前一章所说的，古代犬儒派"将羞辱作为考验，以此来主张'（对自己的）君权'与自我掌控。而基督徒的蒙羞，或者更确切地说，谦卑，乃是对自身的弃绝"[90]。广义来说，基督教的苦修者在这里被指责为削弱了古代犬儒派哲学，因为他们的一系列举动使得公众轻视与贬低那些践行禁欲主张的人。作为一种整体的描述，上述说法可能是站得住脚的。但也有别的明显例子，显示了基督教的苦修者也可能是非常坚定且自信的。

近年的研究探讨了古代犬儒主义与基督教起源之间的亲缘关系，从而证实了斯劳特戴克的说法——存在着一种对古代犬儒派传统全面"软化"的过程[91]。有人主张，有充分的证据显示，耶稣不仅仅是一个"犹太农民"[92]，也是一个古代犬儒，而且施洗约翰和保罗同样如此。据称，这几位都将古代犬儒派哲学的元素纳入了他们的教导之中。为了减轻举证责任，持这种主张的研究者认为，基督教的创始人似乎也表现出一系列与古代犬儒派非常相似的特征，包括追求贫困、巡回讲学、实践高于理论、对希腊化-罗马世界权力等级制度的拒斥、对权力者庇护的拒绝。犬儒主义的这种影响可能是通过其对希腊化时代犹太教的影响而传播的[93]，但也有可能是通过下加利利地区的街头犬儒派的直接经验而传播的[94]。研究者指出，这两者之间也有重要的差异：耶稣及其追随者们被认为具有一定水准的"集体纪律"和"群体行动"能力,但古代犬儒派则显然没有这方面的资质[95]。耶稣的早期追随者们致力于一种边缘化的生存,从弱者的立场出发去抵抗支配性的社会规范。这与古代犬儒派的策略相近似[96]。某些研究者就此认为,这两种传统的底层,有着共同的倾向,即所谓的"颠覆性智慧"。尽管如此,值得注意的是,这些研究中所涉及的古代犬儒主义都是几乎不带有淫秽内容的版本。在这类研究工作中,存在着淡化古代犬儒主义"不知羞耻"之重要性的倾向。关于耶稣和他的伙伴们,学术界的兴趣"不太可能聚焦于古代犬儒主义式的吐痰、放屁和排便的故事上"[97]。从圣经学者的立场来看,这是可以理解的。关于古代犬儒主义和早期基督教之间的关联,值得关注的可能是另一些更恰当的关联。这些评论者们淡化了对古代犬儒派"不知羞耻"的指责,并用一种特别的说法加以回击:那些坚持将古代犬儒主义与那些最恬不知耻的行为相绑定的人,其实对离经叛道者有一种青少年般的兴趣或孩子气式的迷恋。持有这种论调者当然会认为,更干净、更少屎尿屁的古代犬儒派遗产,也同样配得上"古代犬儒主义"这个名号[98]。人们还可以争辩说,某些特定的古代犬儒式

第四章 对暴民的恐惧:古代的和中世纪的种种理想化

情节保留了其娱乐和逗趣的功能。这是事实。但之所以要强调古代犬儒派的身体，强调其排泄功能和性功能，乃是源自于这样一种洞见：身体是社会规则起作用的所在。通过对身体行为施以道德评价，可以反映并维护更广泛的社会秩序[99]。这种社会秩序定义了身体运作的边界。它规定了何事可被接纳，何事需被排斥，以及以何种方式接纳或排斥[100]。通过将注意力集中在那些经常出入身体的物质上，关注它们是如何被管制和规定的，古代犬儒派以这类实践打破了那些社会禁忌。在这样做时，古代犬儒派就将身体置于政治实践的中心。如果这种对身体机能的兴趣早在耶稣时代就已经被放弃了，那将是古代犬儒派传统的重大损失。然而，如果尤利安皇帝对他那个时代的街头犬儒派的厌恶是真实的，那么这就是一个可靠的指标，证明古代犬儒派坚持恬不知耻并冒犯公众长达数个世纪之久。

愚者西蒙

在基督教的作品中，可以发现与更加淫秽下流的第欧之所以要强调古代犬儒派的身体,强调其排泄功能和性功能,乃是源自于这样一种洞见:身体是社会规则起作用的所在。通过对身体行为施以道德评价,可以反映并维护更广泛的社会秩序。

_____

根尼合流的情况。这特别反映在公元4世纪的作品中。这种结合是一种更广泛的尝试的一部分：基督教试图在其智识和教育传统中吸收异教哲学的成果。[101] 被尤利安皇帝理想化了的第欧根尼，成为基督教式禁欲主义的替代方案。就在尤利安推销其替代方案的同一世纪，他的对手，基督教苦修者们，则利用第欧根尼来向那些信仰基督教且多疑的精英人士兜售禁欲主义。第欧根尼的形象在这个世纪里面是分裂的。他要么被作为一个（经过反复"消毒"的）道德楷模被推到台前，被理解为一种坚定不移、谦逊质朴和朴实无华的生活的倡导者；要么因其古代犬儒式的傲慢、幼稚和恬不知耻的行为而被排斥，以便让基督教禁欲主义与其最接近的异教竞品相互区别开来。异教徒和基督徒一直在反复争执，哪个群体才是"希腊-罗马世界的教育与哲学传统的合法继承人"[102]。而对古代犬儒主义的接受问题，也就自然地被卷入了这个更大的旋涡之中。但不管怎样，第欧根尼作为一个特殊的符号，被两个群体接受。很大程度上基于上述理由，一种"古代犬儒式"基督教苦修者的记述就非常显眼了。这就是《愚者西蒙的生平》（*Life of Symeon the Fool*），由公元7世纪的塞浦路斯主教尼亚波利的列安提乌斯撰写。在基督教传统中，存在着一种更为尖锐、更具丑闻性质、外向型的禁欲主义。典型案例就是"圣愚"形象。斯劳特戴克曾设想，基督教僧侣们都已经被驯化或驯服。但作为"圣愚"的西蒙，他的形象与此明显相去甚远。

和第欧根尼类似，西蒙也是通过二手材料被后人了解。在他死后近一个世纪，《愚者西蒙的生平》才成书。有人认为，列安提乌斯在构思此书时，受到第欧根尼逸事的影响，并加以借鉴。在希腊化和古代晚期世界学校中的修辞学课程里，被归于第欧根尼名下的箴言（*chreiai*）依然占据着非常大的比重[103]。它们连同其他数以千计的名人名言，一起被汇编为教材，构成修辞学训练的基石。教师以此培养学生们的演说技巧。这些教材的目的是传播贵族阶级的价值观。在其中，与第欧根尼有关的箴言被用作道德话题的讨论材料，而非值得效仿的榜样。这些教材"有助于确保社会服从"，而非颠覆它[104]。通过教材与教学，这些格言语录和名人逸事获得了不小的知名度。因此，它们不仅为列安提乌斯记述西蒙的事迹提供了写作上的参考模型，也提供了共通的框架，从而让他对西蒙的描绘能够被读者理解。

列安提乌斯的《愚者西蒙的生平》在文体上很怪异。全书分为两个部分。第一部分是对西蒙早年生活的叙述，文法上极其繁复精致。第二部分则是其下流逸事，讲述了西蒙的晚年生活，采用了口语化的叙事，因此预计会吸引更多的读者。这本书风格上的二元性非常特殊，甚至类似双语，引发一些关于此书编撰的争论与猜测。有人认为后半部分另有来源，列安提乌斯只是直接摘录而已[105]。不管其文本的来源到底如何，重要的是，这个文本并没有用更优雅的语言去掩盖西蒙那种基督教犬儒主义粗俗的一面。列安提乌斯的确经常为他所叙述的事情向读者道歉，请求读者的包容。他这本书那冗长的前半部分并非没有意义，它为带有丑闻性质的后半部分提供了理解的框架。它告诉读者，经由多年的自我抑制，西蒙因虔诚而避世，他之后的生活完全是这些早年经历的产物。因此前半部分会让读者对后半部分的内容有所准备。但和尤利安皇帝的做法不同，列安提乌斯并没有试图对西蒙的犬儒主义进行系统性的清理，没有将之区分为可接受的部分与越轨变态的部分[106]。

在沙漠中度过很多年之后，据说西蒙拖着一条死狗进了城。他在教堂里向女性投掷坚果，吃极大量的豆子，在街上排便，让自己变得极为招人厌恶。在这些记述中，古代犬儒主义的影子是极为明显的："通过将西蒙与狗相关联，列安提乌斯不仅在隐喻上，而且在字面上，都将西蒙与古代犬儒派传统相提并论。"[107]西蒙吃豆子这件逸事也可以类比于古代犬儒派传统，据说第欧根尼为了放屁而吃了大量的豆子。[108]尽管西蒙引发了当地居民极大的愤怒，但他对此安之若素，平静地直面迫害他的人。据说，通过"他的独创性举动，他几乎终结了整个城市的造孽行径"。[109]不知何故，西蒙成功地令众多异教徒、犹太人、妓女和优伶皈依基督教。然而他对那些试图追随他的人报以恶意。每当他的圣洁被人认可时，他就会想方设法消除人们的这种印象。西蒙住在一间小屋里，穿着一件旧斗篷，"不顾寒冷、饥饿与炎热之苦"，他对身体的自我规训似乎已经达到了第欧根尼的程度[110]。

尽管据说西蒙有能力治愈他人（这是早期基督教圣徒的典型特质），然而他"折磨身体有问题的人，这似乎与治疗他们一样常见"[111]。再一次的，这似乎反映着第欧根尼那种"侵犯性的施恩者"概念。西蒙通过明显的疯狂行径

第四章　对暴民的恐惧：古代的和中世纪的种种理想化

来具体展示他的教导，蓄意引发正直者的愤慨，并鼓励人们去殴打和嘲笑他。西蒙丑闻式的、不知羞耻的行为颠覆了社会礼仪规范，玩弄着人们对于基督教苦修者应有样貌的期待。例如，他赤身裸体地冲进女子澡堂。这导致他看起来似乎是一种"污染，一种毒药，是具有美德的生活之障碍"，列安提乌斯写到，尽管他实际上是"最为纯洁的，犹如一颗穿过污泥的珍珠，不受玷污，清白无瑕"[112]。

正如上述的简短描述所显示的，西蒙与古代犬儒派之间有着相当大的亲缘关系，尽管在其中还掺杂着相当比例的基督教式的虔敬。需要注意到，西蒙拖进城的那条狗是死的，这或许相当重要，暗示着西蒙已然用某种方式超越了古代犬儒主义。就西蒙模仿第欧根尼而言，可能是他的部分伪装。西蒙的外显行为乃是隐藏内在圣洁的伎俩。西蒙看起来只是遵循本性而活，与古代犬儒派一样。但事实上，他的生活是建立在对基督教的美德的承诺之上的。恰恰是因为这种基督教的美德，西蒙不可能被他在澡堂里遇见的女性所"玷污"，因为他的生殖器已经在沙漠中被驱魔式地"驱除"了，从而摆脱了"勃起的困扰"[113]。列安提乌斯主张，在癫狂举动掩盖下，西蒙致力于道德教化，致力于使公众皈依基督教，致力于实现社会与宗教之间的整合（这一说法或许是最奇怪的）。在描述西蒙的生平之时，列安提乌斯并不主张他人效法西蒙。在列安提乌斯笔下，西蒙被用来揭露与批评城市生活的虚伪，进而传递典型的基督教式的福音（message）①——社会批判与救赎[114]。

为了进一步明确西蒙与古代犬儒派之间的差别，需要注意这样一个事实：在西蒙扮演"圣愚"来挑战社会规范前，他已经在多年的与世隔绝中学会了没有社会规范的生活。在早年的训练中，西蒙学会了典型的基督教式的对肉体的抑制。因此，据列安提乌斯报道，他可以宣称，他既没有一个自己的身体，也从未进入过别人的身体[115]。相较之下，古代犬儒派装作毫无内在的圣洁，在社会之内与社会规范作战。他们敏锐地感到，身体的展示方式，是与社会习俗相关的。社会习俗制约着身体，规定如何去展示自

---

① 值得注意的是，"message"这个词在基督教中有特定的含义。耶稣所传播的"福音"以及记载耶稣言行的福音书（gospel）、《福音书》的作者（evangelist）、上帝的"使者"（messenger）及其获得的启示（message），在语义上都是和"message"相关的。中译文无法很好地反映出这种语义上的关联。

身。古代犬儒派面对着一项更不确定的任务，因为他们既没有从对上帝的吁求中获得资源，也没有诉诸另一种已然被谋划好了的生存模式。西蒙诉诸的正是这样的生存模式——众所周知、历史悠久且负有盛名的沙漠苦修生活。相比之下，古代犬儒派的实践致力于开创一种尚未有人亲证过的存在模式，试图获取一个彻底异质性的未来。

5

第五章 排干木桶：近代早期的不满分子

第欧根尼出现在"文艺复兴时代的文化舞台"[1]上，让古代犬儒主义再次出现在人们面前。这一次古代犬儒主义的形象进一步分裂为相互竞争、互不相容的元素。在文艺复兴时期，古代希腊文献被重新发现，为理解古代犬儒主义提供了新的资源。尤其是在1433年左右，拉尔修的《名哲言行录》被翻译为拉丁文[2]。按照古代犬儒派的话语，文艺复兴时期为各种竞争性解释提供了一道合适的"狗的早餐"（dog's breakfast）①。中世纪和文艺复兴时期的犬儒主义

---

① 根据《韦氏词典》，在现代英语中，"dog's breakfast"指的是"一团糟"（a confused mess or mixture）。这个用法最早出现在1892年。但本书作者明确说是在犬儒主义语的层面上使用这个词，因此只能按字面意思译为"狗的早餐"。特此说明。

形象并没有完全断裂，因为"文艺复兴时期依然以中世纪的相关文献为养料"[3]。它继承了古代异教徒与早期基督教作家对古代犬儒主义所持的那种矛盾态度。后者的立场介于以下两者之间：公元4世纪晚期的哲罗姆（Jerome）对古代犬儒派的自我克制赞赏有加；公元5世纪早期的奥古斯丁因"古代犬儒派的荒谬至极的下流无耻"[4]而对古代犬儒主义持怀疑态度。然而，距文艺复兴时代很早之前，就已经没有必要再为理想化的犬儒主义辩护了，也不用将理想化的犬儒主义与那种街头的卑劣犬儒主义相区分。按一些记载，自公元5、6世纪以来，古代犬儒主义各派别都已经停止了活动[5]。中世纪的神学家和文艺复兴时期的人文主义者思想上已经没有负担了。他们可以直接把古代犬儒派哲树为"拒斥现世生活的物质主义的世俗榜样"，也不必自我定义，以便与那些令人不适、过于物质化的古代行乞犬儒派的宣教士划清界限[6]。

在一些中世纪文献中，第欧根尼以安贫乐道、具有美德、善于自我克制的形象出现，是"使徒的守贫"在古代异教中的对应物。他成为那种几乎注定要被无知者误解的"绝对虔敬"的实例。例如，13世纪方济各会的神学家威尔士的约翰（John of Wales）就详细列举了第欧根尼的美德。这些美德包括：坚定的灵魂、恒心、自我控制、对恶习与其他欲望的抑制力、坦诚、对奉承的规避、对他人痛苦的怜悯。[7]此类解释在文艺复兴时期依然流行。文艺复兴时期的诗人马菲欧·维基欧（Maffeo Vegio）在其15世纪发表的教育论文中，将第欧根尼树为青年人的榜样。青年人应该如第欧根尼一般学习哲学，"不是因为哲学可以带来任何的思辨知识，而是为了从哲学中获得一种直觉，以树立公正和诚实作为人生目标并追求这些目标的直觉。"[8]在15世纪晚些时候，人文主义者罗贝尔·加甘（Robert Gaguin）给法国国王查理八世（Charles VIII）去信，谈论古代犬儒克拉特斯。在这封启示录般的信件中，加甘评论道："一个活在基督之前几个世纪的古代犬儒"可以展示如此多"符合基督教律法的品质"，多么令人惊讶[9]。

随着这种奇异的"虔敬的古代犬儒主义"被人文主义者们接受并纳入思考，古代犬儒派"不知羞耻"的特征随之得到了稳妥的解释，被敷衍过去。一种解释进路是声称古人的生活方式普遍比较单纯和谦卑，而古代犬儒主义的"偶发的粗俗"只是古人那种生活方式的产物[10]。此外，古代犬儒派的排泄行为可以用医学理由来解释：如果第欧根尼"这么一个对自己非常严苛且节欲的人曾数次使用维纳斯（Venus）①"，那是因为他觉得"保留他的种子是令人不快且对他有害的"[11]。这一行为被认为符合医学建议，为了健康应该排出精液。文艺复兴时代的其他作家则更为谨慎。例如，他们暗示，第欧根尼还是对身体显示出了过大的兴致，还认为对未来的基督徒而言，第欧根尼与其他所有异教哲学家一样，其哲学充其量也不过是一种苍白惨淡的预示，预示着更美好更完善的基督之教诲[12]。然而，16世纪和17世纪的多明我会和耶稣会的传教士仍然继续从古代犬儒派的民间传说中汲取养分，为他们的布道提供例证。他们特别关注第欧根尼对谄媚者的谴责，以及他的节欲、清醒冷静以及自愿守贫[13]。

然而，"古代犬儒主义"这一形象也可以成为武器，用来攻击对手。它不仅被认为是原始基督教式的虔敬之例

---

① 此处使用了隐语。未能查证"使用维纳斯"确指为何。但这里的"维纳斯"极大可能是指古代世界在维纳斯神庙中的庙妓，她们以提供性服务来取悦自己信奉的神，作为宗教义务。庙妓一般而言是收费的，费用被理解为奉献给神的献礼。也就是说，第欧根尼曾数次嫖娼。

证，还可以用来谴责异端。在谴责异端的语境下，"与古代犬儒派相关"的罪名是如此恶毒，以至于凭此就可以断然拒斥某一教派。"贝格德派（Beghards）和特鲁平斯派（Turlupins）异端因声称任何自然的东西都不应让我们感到难堪"，而受到谴责，因为他们"像古代犬儒派那样像狗一般地生活，赤身裸体，玩弄身上的羞耻部位以自娱"[14]。在一本出版于1569年的异端辞典中，这两个异端教派和其他异端教派一起，再次被联系到古代犬儒派上。古代犬儒主义也被当作一种异端并获得了一个独立词条："那些充满肉欲与动物性的哲学家，认为像狗一般毫无羞耻地与女性交媾是可以接受的。（此处引证了克拉特斯和希帕基亚。）他们被数个世纪之后的瓦勒度派（Waldenses）和类似的异端所效仿……他们的放荡堕落行为被许多人模仿。这些人蔑视一切权威，亵渎并反对君主所拥有的权力。"[15]意大利文艺复兴时期的人文主义者们扩大了此类批评，宣称犬儒主义哲学"植根于深刻的自我憎恨"，是"欺诈、虚伪和恶习之母"。耶稣会辩论家弗朗索瓦·加拉斯（François Garasse）斥责第欧根尼，称之为一个"自命不凡的傻瓜，除此之外还是个无神论者"。加拉斯认为，如果第欧根尼

第五章　排干木桶：近代早期的不满分子

真的住在木桶里，那只是因为他"过于喜欢酒"[16]。弗朗西斯科·科利奥（Francesco Collio）在1662年试图确定哪些异教徒是必然受诅咒的，而哪些将命定得到拯救。在他的臆想中，第欧根尼受到审判。在这场审判中，第欧根尼的所有美德被证明不过是一些恶习[17]。前人试图在古代犬儒主义与基督教之间建立起某种带有倾向性的联系，从而增加基督教的高贵与威严，但现在似乎已经回到了原点。

拉伯雷

文艺复兴时代的文献与中世纪文本类似，对古代犬儒派态度的分歧是基于"虔敬"。也就是说，对"古代犬儒派是否虔敬"这一问题的回答，将两派人区分了开来——赞颂古代犬儒派禁欲主义的人与拒斥古代犬儒派的"不知羞耻"的人。但除此之外，古代犬儒派主义对文艺复兴时代作家的影响还有另一面，催生并导向了更具有戏谑性的运用：一些文字游戏式的作品[18]。其中最令世人侧目的例子是拉伯雷的作品。它放荡不羁，字里行间似乎冒着酒气。在此，我将对这一作品进行一番较为细致的考察。拉伯雷写于16世纪的小说《巨人传》是一部怪诞、滑稽的幻想作品，讲述了两个巨人的功绩及其各种伙伴的故事。这部小说的开头是："最高贵杰出的酒徒们！我把我的作品献给你们，而非其他任何人。"[19]尽管这部作品的预期读者明显是博学多闻之士，作品中充斥着只有受过良好教育者才能察觉的典故与影射，但拉伯雷的俏皮笑话蓄意粗野。

第欧根尼在《巨人传》第二部中出场了。在主人公一次拜访地狱的过程中，他发现第欧根尼昂首阔步，"傲慢地穿着华丽的紫袍，右手拿着金杖"[20]。这或许暗示着，对于第欧根尼来说，地狱是这样一个地方：他被迫以这种帝皇式的穿着昂首阔步，并被迫享受它。然而还有别的解释。第欧根尼的出场是一种狂欢式的角色翻转。在这种翻转中，地狱以权力来逼迫它的对手，让第欧根尼穿上了权力者才能拥有的装束，反而因此遭到了第欧根尼的嘲弄[21]。考虑到拉伯雷作品的讽刺背景，第欧根尼的这一出场很难有定论。第欧根尼再次出现在第三部的序言中，对"杰出的酒徒们"发表演说。这篇演说也同时针对"痛风的绅士们"[22]——痛风长期以来被认作是一种"富贵病"。在序言中，拉伯雷将自己与第欧根尼相提并论，并以这位古代犬儒作为线索，串联起接下来的内容。拉伯雷首次在《巨人传》第三部序言中给出了自己的名字，申明了自己的作者身份，因此与作者相提并论的第欧根尼肯定具有深意。尽管如此，第欧根尼在构建这一文本时所扮演的确切角色依然模糊不清，研究者们也莫衷一是[23]。"完全令人困惑"，《巨人传》的最重要研究者之一如此形容该书第三部，"它以结局作为开篇，以开端作为结束，其中包含了一个开放式结局的冒险。这一冒险的要点从不明确，其目的之实现也无限期地被延迟"，"被冗杂的旁征博引所拖累，被无礼的题外话所打断，充斥着谩骂、逸事和段子（*facetiae*）……讨论从未达到其目标"，"很难确切地知道这一部到底是关于**什么**的"[24]。

一种解释是这样的：提及第欧根尼是拉伯雷的伎俩之一，其目的在于"迷惑并激怒他的读者"。这样一来，通过一种古代犬儒式的手法，读者对作者的依附关系被扰乱了，读者对作者的期望被颠覆了。这种古代犬儒式的手法，目的是让读者做好与"他异性"相遇的准备，在这种相遇中，读者还将遭遇"必要的不确定性"[25]。前面指出过，拉伯雷在第三部的序言中将自己与第欧根尼相提并论，就是为了让读者有点心理准备：这本书是"刻意地无系统的"[26]。因此，《巨人传》第三部可以通过古代犬儒派的术语"自由的即兴创作"（free improvisation）来理解。《巨人传》第三部从第欧根尼的"作案手法"中得到启发，可以被理解为"矛盾与幽默的结合，拒绝提供理解文本的方法或钥匙，并颠覆与扰乱了任何解释的企图"[27]。

不管怎么说，第欧根尼都被认为是受过教育之人的朋友与伙伴——这当然也是拉伯雷的读者群。在《巨人传》第三部的序言中，拉伯雷改编了琉善所述的一则逸事（显示了古代犬儒主义影响拉伯雷作品的途径）。琉善的原文是：

> 当听说马其顿王腓力的大军已经开拔的时候，所有的科林斯人都忙碌起来，忙着准备武器，搬来石头，加固城墙，修葺垛口，以及做其他各种有用的工作。第欧根尼看到了这一幕。但他无事可做，因为他不能派上任何用场。所以他系上了他的哲学家斗篷，一个人非常忙碌地把一个桶从康奈尔山上滚上滚下。这个桶就是他平时住在里头的那个。他的一个朋友

问:"你为什么这样做,第欧根尼?"他回答说:"我滚这个桶,以免被认为是一个闲人。"[28]

上面这则逸事出自琉善。在拉伯雷的改编中,他特意给第欧根尼加上了书籍和书写工具,于是在开始滚桶之前,第欧根尼就需要特意将之丢弃。这一情节在琉善的原文中没有,是拉伯雷增加的。这当然不是他唯一的润色之处,却是重要的一处。它淡化了第欧根尼对写作和阅读的敌意。这种敌意可以在文艺复兴时期众所周知的文本——拉尔修的《名哲言行录》中被找到[29]。尽管第欧根尼在滚桶之前把书写工具抛弃,但他之前是有这些东西的。考虑到这一情节出现在讽刺性语境之中,我们还是(又一次地!)很难确定这一情节的目的为何[30]。如果第欧根尼真的已经成了受过教育之人的朋友,那么这意味着他已经放弃了对书籍的敌意,也放弃了对书呆子——那些从书本中寻找智慧的人的敌意。无论是否真的如此,或者无论第欧根尼是否在某种程度上依然留有敌意,拉伯雷借此逸事将自己和第欧根尼联系起来,从而对自己的作品进行了幽默的评论。他暗示说,他的作品可能和第欧根尼滚桶一样毫无意义，只是战争年代中的一点点喜剧性调剂。

但我们还要考虑这样一种可能性：或许拉伯雷将第欧根尼作为一个颠覆性人物而使用，而不是简单地当作一个喜剧小丑。如果是这样，那么这位自称"拖着酒瓮、痛饮美酒"的作家，拉伯雷那些自诩荒唐的举动就有一种较为狡黠的信息[31]：比起一个在滚桶的无忧无虑的讽刺家，那些认为自己正在办"正事"的人，才是真正的上当傻瓜。那些上当的傻瓜们看不到喜剧性的一面，或许也看不到自己那些无休止的劳碌乃是荒谬徒劳的。律师、讼棍、伪君子、僧侣就位列这些傻瓜之列[32]。这就是滚桶这一幕的狡诈隐义：它不仅暗示科林斯人狂热准备防御是无必要的（因为入侵只是传闻，从未成为现实），也是徒劳的（因为即使这一入侵真的发生了，科林斯人也无法抵御攻击），而且还暗示，滚木桶这一行为与其他形式的劳作相比，在某种意义上是一样的。这也是这个笑话真正切中要害的地方。事实上，对于那些将要面对马其顿军的人而言，滚桶可能更适合他们一些。

拉伯雷只邀请那些准备毫不犹豫、毫无怀疑地阅读其作品的读者，请他们从他的酒瓮中"坦率地、自由地、大或许拉伯雷将第欧根尼作为一个颠覆性人物而使用，而不是简单地当作一个喜剧小丑。如果是这样，那么这位自称"拖着酒瓮、痛饮美酒"的作家，拉伯雷那些自诩荒唐的举动就有一种较为狡黠的信息。

_____

胆地"饮酒。他的酒瓮中现在装满了美酒,"因为你从龙头处放出多少,我就从瓮口装入多少"。对那些配饮用它的人,拉伯雷之瓮"永不枯竭"。对于合格的酒徒来说,他的作品是"盛满欢嬉与戏谑"的"真丰饶之角"(true cornucopia)[33]。但拉伯雷的作品是生动活泼而百无禁忌的。尽管木桶被推荐为欢嬉的源泉,滚桶行为的功效依然是矛盾的。由于其他所有形式的劳作都等同于滚桶,因此其功效同样也是矛盾的。再有一处,拉伯雷将第欧根尼的滚桶行为与西西弗斯的荒谬劳作相提并论。西西弗斯要将一块巨石推上山顶,但他永远无法使巨石真正抵达山顶。因为一旦抵达山顶,这块巨石就从山的另一面滚落下去。这是一个关于徒劳无功与无尽劳作的教训——如果其中真的有所谓的教训的话。在这里,拉伯雷暗示说,我们所实现的成就并不比西西弗斯更多,他似乎预见到了现代犬儒者的悲观论调[34]。

身体在《巨人传》中占据着重要地位,发挥着一种低级到令人感到丢脸的作用力,充满着屁与嘘声。这可以被视为进一步的证据,证明古代犬儒主义在拉伯雷作品中的作用。然而,这一解释可能得与巴赫金那具有影响力的分析保持距离——巴赫金的分析已经偏离了古代犬儒派的主题。按巴赫金的说法，拉伯雷提供了"怪诞现实主义"在文学中最为纯粹的例子[35]。巴赫金宣称："怪诞现实主义的基本原则是降格"，"也就是说，贬低所有崇高的、精神性的、理想的、抽象的东西"，拉入到"大地与身体那不可分离的统一整体之领域"之中。在此，"降格"被认为有着积极的意义。在被还原为基本要素之时，身体实现了它的宇宙意义。身体不再以其"私密的、自我本位的形式"出现，不再"与生命的其他领域相分离"，"而是作为普遍的某物而出现"。巴赫金解释道，身体的物质性"不包含在生物学的个体之中，不包含在资产阶级的自我之中，而是包含在人民之中"。这就是为什么在《巨人传》中，身体具有如此重要的意义，以至于显得浮夸且肿胀。身体象征着所有人在根本上的合一。身体通过共有的物质性，通过以"生—死—重生"的循环为特征的世俗生活而实现统一。在巴赫金看来，这代表了"怪诞现实主义"的"乌托邦面向"。身体还定义了它所具有的喜剧功能："人民的笑"即由下流笑话引发的笑声与市场上的熙攘。其粗鄙性再一次得到了巴赫金的赞颂："笑使得万物降格并成形"[36]。

笑攻击了所有高级的知识形式,攻击它们的"狭隘、愚蠢的严肃性",从而"为新的潜能释放了人类的意识、思想与想象力"。在拉伯雷那里,怪诞"揭示了一个完全不同的世界、另一种秩序、另一种生活方式的潜能"。向知识分子揭示这种潜能的,不是种种理想或异象,而是一种怪诞的"对另一世界的身体意识"。这种"另一世界"的秩序将不再建立在对此"另一世界"本性的错误理解之上[37]。在上述描绘中,也可以发现古代犬儒派之实践的某些面向。古代犬儒主义同样将私密事务公共化。它也强调"降格"与"成形",也将身体置于其实践的中心,因为身体展示着另一种生活的可能性。同样,古代犬儒派所声称的"另一种生活"只能通过他们的解构活动显露出来——要解构一切盛行的概念,因为它们指导着我们的生存、制约着我们的存在。然而,在巴赫金的分析中,古代犬儒主义避免展露出"腻味的乐观主义"——巴赫金将他的希望寄托在"人民"或民间文化之中,赞赏它们的"降格"与粗鄙。古代犬儒主义则避免了这样一种主张:认为那种假想的、可以让一切焕然一新的"自然"或"本性"是存在的,并将乐观主义建立于其上,而"质朴土气"的人民可在巴赫金的分析中,古代犬儒主义避免展露出"腻味的乐观主义"——巴赫金将他的希望寄托在"人民"或民间文化之中,赞赏它们的"降格"与粗鄙。

以接触到这种本性。古代犬儒派的"降格"并不会止于"树立一种替代性的理想",不论这一理想是人文主义的,或是其他的什么。

在其研究中,巴赫金切近了另一个古代犬儒派的思想主题。他认为在《巨人传》中,"没有内在世界……没有什么是不能充分公开的"[38]。后来的解释者们延续了这一观点:拉伯雷的文本"与近代文学以及蒙田的《随笔》(*Essays*)非常不同,它忽视了角色的心理活动。在拉伯雷那里,所有人物都是通过行动、对话与身体来表达的。借此,最为隐秘的心理活动被展示出来"[39]。再一次,拉伯雷与古代犬儒派哲学之间的潜在关联浮现了出来。古代犬儒主义就主张,把一切被认为应该保持私密的东西外在化。古代犬儒派在公共场所进行身体与自我的展示。他们蓄意地使自己看起来粗鄙浅薄,既不提升什么,也几乎不隐藏什么。"外在化"这一特征被古代犬儒派和拉伯雷所共享,也将此两者与近代文学相分割开来。这是一个非常明显的、起到了区分作用的特征。近代文学专注于自我之内部运作,从而产生一种关于"心理深度"的伪装。一个古代犬儒可能会宣称,近代文学将使其读者退回到"私密沉思"这一特有的娱乐模式中去。对古代犬儒派而言，拉伯雷可能提供了一种方法，可以暗中破坏现代资产阶级文学所营造出的文化。在这种文化中，文学作为一种道德技术或统治装置而运作：它有助于构建种种主体性的框架，使得受过教育之人既被困在其中，又无法感知到如此这种囚禁的存在[40]。如果拉伯雷能以某种方式摆脱形形色色的解释者与专家，或许有助于击破近代文学所主张的那些"感受性"。近代文学关注的是，在复杂性与丰富性的生活经验中形成的个人性格。由此，对受过教育之人来说，近代文学召唤出了"深刻感"和道德严肃性，从而使他们所信奉的自由人文主义获得了尊严。在这么做的时候，近代文学传达了关于某种生存方式的经验——这种生存方式是有道德的，但无须为之指定一种道德准则。这就使得近代文学所建构的那些主体性框架可以与变幻不定的政治局势相适应。正如特里·伊格尔顿曾指出的，近代文学将塑造受过教育的主体视为"自己的目的所在，所有工作显然都是为这个目的服务的，也是极力为之辩护的"[41]。当受过教育之人苦闷于生活的意义，他们会发现"生存的丰富内在性"在文学中得到了反映，并由此得到满足和享受[42]。这样一来，他们可以适应那些烦扰的外在环境，认可那日益具有毁灭性的政治和经济秩序，因为他们已然能够平和地生活于其中。只要人文与艺术还能继续以某种形式存在，只要艺术馆还能继续参观，戏剧还能继续欣赏，读书小组还在继续召集，受过教育之人就能继续适应世界。面对越来越令人痛苦的前景，受过教育之人有时会表达震惊并联署请愿，甚至集会抗议。但他们那种"受过教育的主体性"必然导致"反思层面的痴愚"。只要这种"反思层面的痴愚"依然存在，人们本质上就会保持那种不受打扰的自得其乐。事实上，这种主体性已经宣布了自己的立场："即使在这样的社会中，如果像我们这样的人依然存在，那么肯定还有希望。"古代犬儒式的拉伯雷，或许能被用来破坏这种已然褪色的人文主义论调。因为它将强调这一点：受过教育之人拥有一张扭曲的面容。

然而对巴赫金来说，拉伯雷对人类"完全外在的"表达方式有着截然不同的目的。拉伯雷笔下的人物缺乏任何"精神内在性"。如此一来，拉伯雷实现了对个体"传记时间"的消解，将之溶解在"历史性生长与文化进步"的"非个人时间"之中。拉伯雷超越了"个体生活的封闭序列",获得了进入"人类全方位的共同生活"的资格[43]。在巴赫金的解读中,拉伯雷做得并不彻底。如果说他在削弱以现代资产阶级为主体的个人主义,那他仍然在讨好以受过教育之人为主体的隐性人文主义。当然对巴赫金来说,这并不是最重要的。对于"通过文学来切入我们所拥有的共同人性"这一任务,拉伯雷提供了一个别样的切入点。

我们要承认,在《巨人传》表现的特定身体行为之中,蕴藏着作者的激进意图。即使将这些行为理解为"具有古代犬儒式的内容",依然难以解释作者的意图。古代犬儒所面对的处境是真实而急迫的,他们不得不与之博弈并做出一定的妥协。而得益于小说的奇幻背景,拉伯雷则为我们提供了远为多样化的荒谬反常的情节与不知羞耻的行为——从"高康大怎样吃生菜冷盘吞下六个朝圣者",然后把他们吐出来,再用尿流把他们送走[44],到"庞大固埃怎样放响屁生小男人"[45]。很难判断这些情节到底有何深意:这应该被理解为是在奇幻背景中表现某类古代犬儒式行为呢,还是应该被理解为作者本人变态心理的满足,并且以一种不同寻常的方式来表达(对某些人的)冒犯呢?无论是哪种情况,这些例子依然都是虚构的。正如这部作品是小说一样，其中的古代犬儒主义依然是一种属于文学类型的东西。在小说中，社会规范是通过受过教育之人的"话语"被颠覆的。古代犬儒派的颠覆手法则是在现实中与他人相对峙——通过自己的行为来塑造一种与众不同的生活模式。在小说的文学背景下，我们看到的是一种巧妙的操弄——操弄着受过教育之人所秉持的那些文雅的社会规范。我们没有看到古代的街头犬儒主义者。这些人颠覆社会规范的方式就是他们的出场方式，挑衅且粗野——这些人的外表、举止、声音和气味都有点不对劲。这并非贬低一种更具文学性的古代犬儒主义的颠覆潜力，也并非否认拉伯雷所面对的诸多风险。作家拉伯雷是在这样的背景下写作的：有些人会因为他们所写的书而被烧死，而拉伯雷就认识一些这样的人[46]。在这样的背景下，拉伯雷对第欧根尼的引用就被解释为对古代犬儒式幽默的勇敢呼吁。他坚持认为，即使在最黑暗的时代，古代犬儒式的笑也应大行其道[47]。但对我们而言，值得注意的是，古代犬儒主义的某些东西被放弃了：一方面，古代犬儒主义长久以来一直被基督教式的禁欲实践吸纳并加以改动；另一方面，正如拉伯雷所展示的那样，古代犬儒主义正在被文学创作吸纳并加以改动。

第五章 排干木桶：近代早期的不满分子

近代早期的不满分子

如前文所述,古代犬儒主义在历史中被不断地改造,其教条被不断地替换与修正。一开始这么做的是希腊和罗马人——有些是古代犬儒主义的解释者,另一些是它的诋毁者。在近代早期,这种改造过程进一步加速了,可以被称为古代犬儒主义的"本土化"。我们已经知道,古代犬儒主义一直受制于这样一个巨大的弱点:它缺乏基本的著作或教条,因此缺乏足够的稳定性和自我维持能力。古代犬儒主义的命运,其全部历史,就是被不断改造,在挪用和修正之中偏离了其原始样貌。尽管如此,在近代早期,古代犬儒主义的处境更为艰难。正如有人论说的那样,古代犬儒主义"面临着异乎寻常的压力,被要求给出时下的、流行的、本土化的解释"。"犬儒主义"这一术语的内涵于是被持续扩展,"扩展到远远超越其经典定义"[48]。在英语语境中,"犬儒"这一形象被重塑为某种类型的"谩骂者、厌世者、杞人忧天者、牢骚满腹者"[49]。或许正是由此开始,古代犬儒主义开始被与"疲倦的否定性"(jaded negativity)联系在了一起。这是在近现代才出现的关联。

古代犬儒派融入了民间传说之中。通过新出现的各种文本，这些民间传说得到广泛传播。这些文本，如古代文献的译本、新编的古代格言集——例如，伊拉斯谟的《箴言集》(*Apophthegms*)，及翻译为本地方言的文集、纹章手册、百科全书，还有其他林林总总的作品——既是为能阅读的公众准备的，也是为学校课程的使用而准备的[50]。修辞学的地位并未衰落，直到17世纪中叶还在文化和学校课程中发挥着影响力。这就意味着学生们依然会接触到古代犬儒派的逸事与格言（尽管是例行公事式的）。从积极的一面看，第欧根尼的坦率（或无畏直言）并不妨碍学生训练雄辩的口才。事实上，第欧根尼更多地被描绘为一个明智的"顾问"，宫廷劝谏的典范——勇敢地对当权者提出建议，而非一味斥责他们。这样一来，古代犬儒派被认为是在面向君主进行讲演，而不是面向城市中无名无姓的群众——他们潜在的受众就重新定义了[51]。这实际上是在强调：（可敬的）犬儒派有一种持续不断的潜能——他们可以对权力说真话。但这种强调还有更新了的成分：犬儒主义坚持这样的理想——一个大胆、勇敢、古代犬儒式的君主，凭借自身就可以成为"自上而下"的宫廷变革的主导者。这可能反映了一种对"率真君主"的"幻想"。有人认为,这其实是一种"代偿性反应":旧式的统治技术已经失效,被资本主义经济的早期发展所破坏,上述的"幻想"则试图复活它。近现代经济乃是"受现金与信贷支配的经济"。在此种经济体系之中,君主已然退位,现金为王[52]。

但修辞学也提供了对古代犬儒主义具有毁灭性意义的评估材料,由此不允许它在宫廷中扮演角色。现在,伴随着刚才所介绍的对古代犬儒主义的正面评价,我们将再次遇到激烈的负面评价。这同样来自修辞学。在16世纪和17世纪初,修辞学的训练依然主要依托西塞罗(Cicero)的著作。在其作品中,西塞罗哀叹古代犬儒派粗鄙,缺乏荣誉感,鲁莽,举止不文明。因此,当人们需要将第欧根尼描绘为一个负面角色之时,他们就大力鼓吹西塞罗的判断。第欧根尼被刻画为反面教材:他是坏榜样,一个品性优良、有良好教养的学生必须引以为戒。第欧根尼被认为贡献了一个实例——人如果"**缺乏**"自制会有什么样的下场。简而言之:没有雄辩口才,一个人将会失去话语权,失去社会地位。这种解读试图"证明要想言有实效,'得体'有多重要"。他们认为,"'得体'既是身体层面的，也是言语层面的。"这种解读促成了对第欧根尼的"差评"，将之描述为一个纯粹的"尖酸的厌世者"（sour misanthrope）。现在，第欧根尼就成了雄辩的人文主义者"所鄙视的反面典型"。人文主义者积极投身公共生活。为了与他们形成对照，古代犬儒派现在被重新定义为一些"孤独、忧郁、不满的避世者"。但这种古代犬儒主义只是特权阶级才能享受的痛苦，而非社会弃儿的痛苦。其症状乃是"有闲的绅士"之恶习[53]。诋毁者们认为，古代犬儒主义是衰退和衰弱的结果，是那些从公共生活中退隐的人才会遭受的痛苦（那些努力维持其绅士派头的遗老遗少）。古代犬儒主义再也不是那些无知、未开化、社会底层人士所能拥有的苦恼与折磨了。

到了近代早期，古代犬儒主义行将就木。但诸如莎士比亚这样的作家通过扩大"犬儒主义"这一术语的适用范围（上述那种负面评价就在为此做准备），使其形象得到重生。有人认为，犬儒的形象发生了转变，被理解为仅仅是"在人类的邪恶之中遭遇幻灭"的"尖酸的厌世者"。这一转变是从莎士比亚一部相对不太知名的剧作《雅典的泰门》（*Timon of Athens*）开始的[54]。在这部剧作中，假犬儒阿泊曼特斯与厌世者泰门是一种更大的弊病——理智的、社会的弊病之例证。他们挣扎的无效性"只是反映了一种更为普遍的社会体制和领导机制的瘫痪失能,这种瘫痪失能正在影响着泰门所处的雅典社会"。莎士比亚描写了不可救药的社会衰败。他试图以此作为部分例证,用以"反驳那些愈发浮夸的主张"。这些主张在具鼓动性的讲演中被描述为:"受过训练的雄辩家是文明的代理人,帮助人类摆脱先前的兽性。"[55]还有研究者认为,《雅典的泰门》公开嘲笑了一个传统的观念,即"自我掌控"可以成为进行彻底政治变革的起点与根源,哪怕古代犬儒式的自我掌控也有这样的效能[56]。在一个不断堕落的社会中,古典式训练、修辞学、雄辩术,乃至古代犬儒派的"无畏直言"与"自足",似乎都已经过时了。在这种社会的秩序中,金钱(还有债务)是唯一的,也是最堕落的说服力[57]。古代犬儒主义在此被视为社会衰退的一部分,而不是提供出路者。事实上,在主角泰门垮台的过程中,假犬儒阿泊曼特斯可以被认为是一个积极行动的、图谋报复的参与者。最终,通过"沉默、共谋、不作为",他让泰门"不受阻碍地走向灭亡"[58]。这样的角色,今天或许会被归入现代犬儒一类——哀叹着社会、政治与环境上的灾难，但又默默地参与其中，与之共谋。当然，现代犬儒和阿泊曼特斯还是不同的。现代犬儒也许并非蓄意涉入了社会或文明的衰败过程。

与《雅典的泰门》相比，《李尔王》这部剧作的侧重点略有不同。莎士比亚在《李尔王》中没有谴责古代犬儒主义，而是展示了其多层次性[59]。在《李尔王》中，莎士比亚展示了这样一个事实：古代犬儒派的无畏直言是多么容易被简化，并滑坡为"由已经放弃了严肃性的所有坚持的'寄生虫-小丑'所做出的单纯滑稽行为"[60]。在对"苦傻子"的描写中，莎士比亚暗示，古代犬儒式的坦率必然会导致"交流的失败"和"批评的无效"[61]。需要注意，莎士比亚笔下的傻子"正是在表现出最为敏锐并具有批判力的那一刻，宣示出自己失能的傻子身份"。由傻子所表现出的这类"心照不宣的讽刺"，是提请人们注意：傻子面临的乃是一系列不可避免的失败[62]。傻子所面临的这种微妙局面，所摆出的这种诡异姿态，的确可能被视为莎士比亚在批判他所理解的古代犬儒主义。尽管如此，但这种"傻子的姿态"也可以有完全不同的理解：莎士比亚是在展示一种"原型式"古代犬儒态度。古代犬儒派的批评都是从摆出特定的修辞学姿态开始的。这一修辞学姿态的核心是，通过投射对自身合法性与有效性的怀疑，展示出它与现存秩序之间的不合。这就是古代犬儒主义如何防止自己被工具化，如何防止自己被圈养在那些它所试图去推翻的框架之中。

比莎士比亚稍年轻一些的诗人、讽刺作家约翰·马斯顿更为尖锐。他是近代早期犬儒主义的一个实例，且得到了本人的公开承认。马斯顿公开将自己定义为一个现代犬儒，而且是那种骂骂咧咧、牢骚满腹、厌世的现代犬儒。（现在，我们终于正式与现代犬儒主义及其追随者打交道了。）这种现代犬儒主义已经放弃了之前那种"在宫廷里还要想方设法说真话"的野心，直接拥抱一种既恶毒又自毁的批评模式。这至少是基于马斯顿的《恶棍之灾》（*Scourge of Villanie*）而提出的一种解释。在这部发表于1599年的作品中，马斯顿攻击了代表文明礼仪的诸多习俗惯例。但他既没有提出可作为替代的道德标准，也没有宣称他的批评是基于更高的真理或更高尚的道德立场出发[63]。

正如一个同时代人对马斯顿的描绘："他是一个安置着烟花的转轮。当烟花被点燃，向周围四射飞去，转轮无法避免自己被烧焦。"[64]或许并不奇怪，世人对《恶棍之灾》的看法不一，莫衷一是，当然也不乏对此书的全盘否定——以下内容引自《恶棍之灾》1925年鲍利海版导言：

> 《恶棍之灾》不是一本可以用来消遣的书。它不是伟大的纯文学，甚至也不是伟大的讽刺文学。此书的行文异常浮夸，典故极其难懂。即使对于伊丽莎白时代的讽刺作品而言，此书也算得上满嘴喷粪了。尽管如此，对于任何想要理解16世纪末的英国作家群体之心态的人，是不能忽视《恶棍之灾》及其作者的[65]。

晚近的评论对马斯顿更抱有同情。评论家认为，在马斯顿那"牢骚满腹的调调"中，可以听到"伊丽莎白时代以及詹姆斯一世时代那些流离失所的知识分子们的哀叹，他们发现自己在既有的社会政治秩序中百无一用"。发现自己"百无一用"，随之而来的就是挫败感（如果还算不上是无力感的话)。这刺激了马斯顿等讽刺作家"更自由、更无礼"地发泄自己的不满。也就是说,蓄意地进行冒犯性写作,事实上证明了文学在治愈和提升人性方面的"全无实效"。正如这种讽刺文学在进行攻击的时候,其实揭露了那些有文化修养又热衷于喋喋不休批评时事的知识分子阶层的"畸形状况"[66]。几个世纪以来,受过教育之人一直被灌输了这样一种信念:古典训练有助于保护并提升人性。但这种信念无非是受人偏爱的幻觉而已,长期以来伴有不断滋长的不安,甚至一种被背叛之感。像马斯顿这样的讽刺者和诋毁者认为,受过教育之人所崇尚的文化并未催生一个更人道的社会,这就是一种腐败。只有自己也卷入这种腐败的崩溃之中,他们才能证明这种腐败的真实存在。莎士比亚因此批判雄辩术自诩的"必然提升"效用,而马斯顿则针对他所属的那个阶层的自负狂妄发表了自败式的长篇大论。如果此类举动都可以被理解为践行古代犬儒式行为,那么,古代犬儒主义或许在文学层面还很有用。文人们号称反对身体力行古代犬儒主义。但这不过是借口,以便于他们在文学创作中(而非真实生活中)尽情尝试种种有伤风化、粗鄙下流、令人瞠目结舌的文学题材。如果可以类比于运动，那么这些文人就是在为进行更多的"文学式滚桶"运动提供运送器械的载具。一种更堕落的"文学性古代犬儒主义"就此出现了——尤其是在《恶棍之灾》中，这条文学性犬儒主义之蛇开始咬自己的尾巴。

6

第六章　释放太阳：启蒙了的哲学家和浪荡子

启蒙运动是对古代犬儒派进行收编的高潮。在此之前，圣人、圣愚、不满分子争相将自己与古代犬儒主义传统关联起来。现在这一彼此竞争的名单上还要加上哲学家与浪荡子。对于古代犬儒主义而言，在被收编的历史进程中，尽管有着创造性的吸收，也将让位于对它的拙劣模仿，最终则是对它的拒斥。这可以部分归咎于修辞学的式微。由于修辞学不再是学校的基础性科目，犬儒派的形象就沦为了文学创作的对象，是带有"刻板的讽刺"的"人物模板"[1]。传统的修辞学训练使得古代犬儒派的那些逸事一直在人们的心中保持活力。在某种意义上，这也是一种受众更为广泛的训练，训练了人们的口才与说服力。如果没有修辞学传统，古代犬儒主义就不可能在这种形式下得到持续性的复兴，而仅仅作为一种遗迹存在，不再与当下的生活相关。一旦修辞学传统崩溃了，那么在传承中不断受到改造的古代犬儒主义就会与近代的新思想相抵触。在近代思想家们新近达成的自我理解中，他们热衷与所有原始的、未开化的、对抗"改良"的东西相区别。早先人们认为，对公共生活进行古代犬儒式的介入是有价值的，这类行为的价值就在于它源源不断地进行着挑衅，是一种"在宫廷中得到特许的犯规举动"。但在现代性的早期阶段，古代犬儒主义被重塑了。古代犬儒式的态度获得了一种忧郁症式的、充满抨击性的早期现代形式。它仅仅意味，对有教养的文明开化的生活抱有"不加反思的敌意"，别无更多[2]。曾经，修辞学课程向人们传达过古代犬儒主义的"尊严"，以及莫须有的积极作用。然而，抵达现代性门口的古代犬儒主义，已经失去了这些东西，被近代的学校课程所忽视，随后被近代的哲学史边缘化，变得无关紧要[3]。古代犬儒主义曾经作为一种哲学和文学传统而存在，但随着其影响力不断衰弱，在"可敬的"与"卑劣的"古代犬儒主义之间由来已久、自我确证的对立终于消失了。遗存下来的是那曾被一度颂扬的"可敬的"古代犬儒主义的浅薄对手——即"街头古代犬儒主义"的幽灵。它曾经被摒弃，现在又被模糊记起，但已经背离了其原本的定义。这种浅薄的形象延伸到今天，成为最一般化的标签，用来标识沮丧、消极和不满，被认为与那些生活的"低级形式"有所关联。现代犬儒主义就保留了这种模糊而备受蔑视的关联。

在现代性主导的时代，现代犬儒主义也可以是与教育相对立的，并且最终从教育之中分离出来。或许有人还抱有某种想法：现代犬儒主义可能还会对教育"有用"，就像它曾经在修辞学训练中的作用一样。随着修辞学传统的式微，这种观点开始显得很古怪。近代以来的教育代表着希望与改良的努力。在面对现代犬儒主义及其实践之时，现代教育非但没有成为潜在的受益者，反而被认为应该与之作战，与现代犬儒主义或否定性之力量进行战斗[4]。我们已经看到，古代犬儒主义曾经被教育收编，从而使自身在修辞学传统中得以延续。但这种收编过程已经耗尽了其活力与激进性。如果没有这种收编过程，现代犬儒主义与教育之间的对抗将是一场有趣的竞争。但现在，情况发生了完全的改变，教育被认为是与现代犬儒主义截然对立的力量，因为后者对前者已经不再具有真实的威胁性。正如我在其他地方主张的，这种（由那些必须每天与自己的失败相处，才能实现教育所允诺之成就的人所认定的）将教育作为解决现代犬儒主义的方案，本身就是一种现代犬儒主义式的规划。这是被简化为现代形式犬儒主义的一个典型例子[5]。我要承认，我这里对现代犬儒主义的理解或许有些不正统。在我的解释中，现代犬儒主义有着最为自相矛盾的外貌——与其说它是冷淡的否定性之后果，或是信仰丧失之结果，不如说它的存在乃是因为对教育、解放、自由之类东西的残存依恋依然在起效。这种现代犬儒主义之所以在公众中弥散开来，并受到公众的良好保护，乃是因为它的诞生是为了爱——对教育的爱，对受过教育之人的爱，对受过教育之人所代表的那些东西的爱。

以上观点可以通过下述例子说明。乔治·利特尔顿1765年出版了《对话》(Dialogue)一书。这是一部政治与哲学的评论集，从英国政治家、贵族和艺术赞助人的角度来撰写。作者杜撰了柏拉图与第欧根尼的对话。让我们考虑一下应该如何阅读此书。有人认为，在这部对话集中，现代犬儒主义以一种过渡形式得到了表达[6]。利特尔顿笔下的这位第欧根尼所扮演的角色，似乎在预示着"作为局内人的现代犬儒主义者"的特征——他们并非古代犬儒式的"外来者"或"局外人"，而是参与者，相信"人类行为的最终动机是自利的，是对权力的追求"[7]，并以此作为原则来应对环境。有权势的现代犬儒主义"对被统治者所持有的传统道德和价值观持敷衍态度，做表面文章"，相对谨慎地操纵着他人。与之不同，"作为局内人的现代犬儒主义者"的犬儒主义则提供了"对真实权力的骇人运作过程投去的宝贵一瞥"[8]。据说它在所谓"被异化了的中间阶层人士"中特别常见。在利特尔顿的《对话》中，第欧根尼就开始展现出上述特质，从而提供了对"未来的犬儒主义"的一瞥。而这种"未来的犬儒主义"，恰好就是今天我们所持有的现代犬儒主义。

现代犬儒主义无疑采取了这种"局内人的现代犬儒主义"的形式，并在这种早期形式的基础上不断演进，最终催生了唐纳德·特朗普（Donald Trump）这类"商业大亨-统治者"[9]。尽管以上这种说法很有道理，但我认为利特尔顿的《对话》中的柏拉图形象也值得关注。在《对话》中，柏拉图的形象同样被扭曲了，他代表着在现代犬儒主义中存在的另一种趋势，尽管更加难以琢磨。在利特尔顿的《对话》中，第欧根尼叱责柏拉图，认为后者事实上是委身于权力。柏拉图试图彬彬有礼地向那些治理国家的人提出忠告，并向他们宣传哲学的好处。第欧根尼指出柏拉图身上存在另一种完全不同的现代犬儒主义，或者说职业性的心口不一：

> 你似乎认为哲学的工作是**把人打磨成奴隶**。但我要说，哲学的工作是教他们以一种不受驯服的、慷慨的精神来主张他们的独立和自由。你声称要指导那些想**骑在**自己同胞身上的人，告诉他们应该如何从容且温柔地操纵手中的缰绳。但我却要让他们滚蛋，让所有那些被他们蒙蔽与侮辱的、被他们骑在背上的人把他们踩在脚下。在我们两人中，谁才是人类最忠实的朋友？[10]

从柏拉图的视角看来，他的恭顺"对于他更为宏大的哲学目标而言，仅仅只是策略与工具"，"那种'诚实且审慎的顺从'则是哲学家有效地干预他人生活的最佳方式"[11]。尽管从未有人从这个角度来分析利特尔顿笔下的柏拉图，但我还是要宣称，柏拉图的上述观点就是那些自诩自由派、受过教育的现代犬儒者的标配。这是一种自我蒙骗且自我尊崇的幻梦，尤其流行于大学的学院派知识分子之中。学院派知识分子认为，他们介入现实永远是"策略性的"，认为与政府或其他具有影响力的机构打交道是必要的，但必须审慎。他们期待这种谨慎的操作手法可以有助于松弛（而非剪断）权力的缰绳。他们的逻辑很奇怪：一方面，他们通过学术训练与机构和体制保持一致；另一方面，他们的专业训练则要求他们对机构与体制保持怀疑。这类持自由派观念的学院派现代犬儒主义很难被觉察，因为它被乐观心态掩盖了起来，还宣称乃是为了仁善。另外，相当奇怪的是，通过对其他更为明显的现代犬儒主义的拒斥，学院派的现代犬儒主义反而建立起了自己的社会地位。这基于如下假设：现代犬儒主义具备这样的特征——"公然的虚伪"（那些毫无顾忌之人所持有的现代犬儒主义）或"信念的缺乏"（那些过度悲观的人所持有的现代犬儒主义），或者其次，现代犬儒主义是"去权"（disempowerment）的产物（对于那些需要通过更多的教育来提升自己在社会上的影响力的人而言,他们所承受的痛苦将会成为更有意义、更积极地参与民主进程的前奏)。有人认为,在近代早期犬儒主义的"本土化"进程中,受过教育的精英确实有时会将古代犬儒主义与"群氓"的愚蠢联系起来。这本身或许就是一个关键的转折点:最有希望的受过教育之人开始否认与当今被轻蔑地称为"大众现代犬儒主义"的观念之间的关联[12]。现代意义上的教育——作为普遍的赋能要素(如果暂不考虑"人权"的话)——现在被视为"大众现代犬儒主义"的解药。

启蒙时代的古代犬儒派

对古代犬儒主义的古老传统的最后处置,即最后一次玩弄其积极且具有破坏性的潜能,发生在法国启蒙运动中。所以,我们有必要从英语文献的世界中走出,转而关注法国启蒙运动。诸如卢梭、狄德罗和萨德这样的作家再次被古代犬儒派哲学所诱惑,并以他们各自的方式与古代犬儒派哲学结合。在法国启蒙运动的语境中,第欧根尼引发了共鸣。因为启蒙哲学家们将之与"寻求理性"联系在一起，而理性成为启蒙哲学的最高权威。根据这种特殊形式的理想化，第欧根尼被认为无畏地接受理性的一切结论，无视传统的束缚。有人认为，这种对第欧根尼的解读形成了"启蒙哲学家同情古代犬儒派的基础"，也使启蒙哲学家们得以将古代犬儒派作为启蒙运动理想的有效替身，用来宣扬诸如"摆脱偏见""使道德摆脱宗教的束缚""世界主义""对世俗与宗教权威的公开批评"以及"个人自律"之类的理想。被塞入古代犬儒主义的所有启蒙理想中，对古代犬儒派传统而言，最为扭曲的是"个人自律"的观念[13]。英国作家有使用古代犬儒派主题的传统。但为了配合日趋保守的政治论调，这些作家退缩了。埃德蒙·柏克就是一个例子。[14] 启蒙运动可能是最后一次，诉诸作为哲学本身的古代犬儒主义。随后，古代犬儒派哲学在很大程度上被抛弃，并被近代本土化的理解所取代。

在启蒙运动中，古代犬儒主义享受了一次复杂的复兴：尽管它对潜在的破坏性激进主义有所贡献，但启蒙运动对古代犬儒主义的吸收也进一步削弱了这种哲学的好斗性[15]。的确，古代犬儒主义有其吸引力，因为它让启蒙理性长出更多的尖牙利齿去撕咬敌人。但接纳它的那些人不得不与随之而来的反向批判相抗衡——他们被指责推进古代犬儒主义太过，以至放弃了理性。因此，当古代犬儒派的观念被启蒙哲学家们改编，用于批判公共规范和传统时，古代犬儒主义中最为粗鄙和污秽的要素都被小心翼翼地剔除了。（或许在萨德那里还有留存，但被赋予了极其不同的用途。）有人暗示，在被启蒙运动收编的过程中，古代犬儒主义最终是被"敉平"了，以至于作为一种哲学，它被削弱到无足轻重的程度[16]。古代犬儒派哲学制造的令人瞠目结舌的丑闻与不安的力量减弱后，随之而来的是新近出现的"专业化哲学"的非难：黑格尔将古代犬儒派哲学斥为"与哲学的理论性格不相匹配"——尽管对古代犬儒派而言，这一谴责根本是无意义的，其理由也是无意义的。但不管怎么样，古代犬儒主义被新生的专业化哲学的沉闷标准边缘化了[17]。如果说古代犬儒主义经由启蒙运动而继续存在，那只是在借助它而产生的东西之中延续自己的存在。也就是说，它存在于启蒙运动所激发的批判之中。在这里，启蒙运动的"古代犬儒主义"之遗产可能被认为是绝对负面的，因为它帮助形成了一种不尊重任何边界的批判意识，而这种意识最终将破坏自己的基础。正如斯劳特戴克所论，在近代早期出现的现代犬儒主义可以被视为启蒙运动批判精神的远祖。它可以被理解为"最后的、忧郁的休息处所，让精疲力竭的批判意识在此歇息"，最终它吞噬并耗尽了自己[18]。我将在下一章中处理以上论断，并给出我自己的评价。

卢梭

通过吸收并使用古代犬儒派的主题，启蒙运动催生了一些显然极具颠覆性的文学作品。但反过来，这种吸收也导致了对古代犬儒派观念的进一步"重估"[19]。让－雅克·卢梭的著作与生平为这种彼此校正过程提供了一个有趣的实例。卢梭曾被认为是降格的古代犬儒，因此而饱受攻击。"我只能认为他是第欧根尼的狗，或更像是那条狗的杂种后代"——这是伏尔泰的评价[20]。卢梭仅仅以最为半心半意且带着自嘲的方式接受了这一绰号。在其自辩中，卢梭写道："因为害羞，我成了一个古代犬儒，一个嘲弄者。我假装深深地蔑视那些良好的礼仪——那些我已经无法获得的东西。"[21]卢梭有充分的理由在自我认同为古代犬儒时保持谨慎，因为他长期以来一直被贴着"古代犬儒"的标签，并因此遭到他人的排挤。卢梭的批评者将古代犬儒主义最坏的那些方面归到卢梭身上。这些人抱怨说，卢梭终究并非一个真正的世界公民，而是一个"厌世的、粗鲁的、庸俗的古代犬儒"，"不仅是社会之敌……而且是道德本身之敌"[22]。的确，卢梭的形象多少有点复杂。在生命的最后阶段，卢梭过着颠沛流离、居无定所的生活，并写出了坦率到令人尴尬的自传式作品。不抱同情态度的解读可能会说，卢梭在其自传性作品中泄露了他不过是半吊子古代犬儒的事实，而且还是一个被孤立的、可悲的半吊子[23]。对卢梭更友善的解读则会说，卢梭的同时代人认为他最后岁月中的"疯狂"，即古怪的寄宿举动、精神错乱式的写作，只是卢梭在追求古代犬儒式的"守贫"与"无畏直言"。只是卢梭走得太远了，最终变成了丑闻[24]。

暂且不用深究卢梭在其最后几年中到底有什么志向，也暂不考虑对自身的犬儒主义色彩如何描述，如果我们将他的作品视作一个整体，那么主张这个整体与古代犬儒主义联系在一起（卢梭的诋毁者和他的支持者都同样这么主张），的确是可以理解的。有人主张，卢梭"追求的是一种对文明的批判,这种批判在本质上是第欧根尼式的",尽管卢梭并不总是如此这般地包装它[25]。卢梭最为醒目的古代犬儒式举动是他对科学、艺术与上流社会的攻击。因为在社会普遍蔓延的腐败堕落之中,这些东西还包裹着华丽的配饰。卢梭认为,他同时代的人仅仅做表面功夫,成就美德的外观,而对美德的内在置若罔闻。因此卢梭的推论是,所有的礼仪都只能被视作不真诚,所有的礼貌都只能被视作表里不一。同时,近代哲学也没有逃脱他的蔑视。卢梭声称,"对理性的追求"正在使得它的追随者们变得扭曲——他们变得以自我为中心,对他人的痛苦无动于衷,与同胞相疏离。正是在这一点上,卢梭批评了诸如托马斯·霍布斯(Thomas Hobbes)和伯纳德·曼德维尔(Bernard Mandeville)之类的哲学家,因为这些人声称"自利"是人类行动的终极动机[26]。这一点非常重要,因为我们发现卢梭所攻击的观念,或许会被某些人认为反而是现代犬儒主义的基本主张之一。正因为现代犬儒主义假设所有人类行为基本上都是自私的,所以才对人性几乎不抱希望。一般认为,这类"现代犬儒"要对以下情况负责:对体制之生命力的腐蚀、对政体之活力的损耗、对启蒙理想

（我们从启蒙运动中继承的一系列理想：正义、博爱、理性）的背叛。但卢梭干脆要理性与哲学对此负责。对于同时代和后世的哲学家们而言，卢梭这一态度是不可原谅的。但在两个多世纪之后，斯劳特戴克却接受了卢梭的观念，并更进一步：他认为，现代犬儒主义既是启蒙理性的敌人，也是启蒙理性的产物[27]。尽管对现代文明多有批评，但现代保守主义者并未追随卢梭。他们是霍布斯的追随者，无疑认为文明的腐败另有其表现和根源。那种以自我为中心的态度被卢梭归因于文明之本性，但保守主义者则扼要地论断，这类态度是人类的自然之天性。正如斯劳特戴克所论，那些保守主义者怀着"惊恐却又满足"的感受去迎接法国大革命的失败，现在仍将之视为一个确证：不要对人类本性持乐观态度，人类本性一旦得到放任，则"不要对之抱有任何期待"。斯劳特戴克还补充说："从那时起，法国大革命失败这一历史事件对保守主义者就变得无比重要：对人性的保守看法从这一历史性失败中滋长出来，获得营养，茁壮成长。没有其他可与之相比的事件了。"现代保守主义者"完全不顾事情发生的背景"，他们直接认定人类行为是自我本位的，是贪婪的。这种对人性的"差评",被他们用来为其规训和权威倾向辩护[28]。

卢梭进一步挑衅同代人,声称"历史进步"乃是一个幻象,是他那个时代的杰出卓越之士的错觉。卢梭自称重新审视了文明,自称文明乃是"一片废土荒原,充斥着空洞的社会形式与行为举止"[29]。随后卢梭得出结论,只有回归"前社会的自然状态",才有可能"清除人格上的赘生物,这些赘生物自文明出现以来就蓄积在人的身上"[30]。卢梭将对自然的吁求作为其理论的基本原则。但或许正是在这一点上,卢梭最为明显地背离了古代犬儒主义。正如本书的第二章和第三章所论证的,第欧根尼对自然的吁求主要集中在身体功能层面上,将之作为对傲慢与优雅的"即兴批判"的一部分。的确,第欧根尼通过"回归自然"来进行教学,但只是一种策略性的举措而已。第欧根尼的目的在于,通过否定社会建构其上的东西(文明与文化),来惊醒公众。因此,古代犬儒主义的确批判社会体制,但并没有将"自然"定位为哲学概念或规范性理想。

与古代犬儒派不同,卢梭将自然视为规范性的,与文明相互对立。因此,与古代犬儒派的教学活动所获得的社会反响不同,卢梭对自然的吁求得到了广泛的赞赏,并作为一种教育哲学被付诸实施。通过1762年出版的《爱弥儿：论教育》，卢梭对教育思想及实践产生了重要且相当直接的影响[31]。尽管卢梭因将自己的孩子遗弃在孤儿院而饱受攻击，但他的教育思想却让所有后世孩子都背上了资产阶级对"另一个世界"的希望。正如斯劳特戴克所论，在希望与野心方面，资产阶级与贵族是不同的。贵族的希望和野心指向着家系，与家系相比，孩子只有次级的重要性；资产阶级的野心则是直接附着在孩子身上，父母对孩子的爱和个人的教育投资形成了一种有时有害的混合体[32]。《爱弥儿》成为后世进步主义思想的中坚支柱。在它的帮助之下，不仅"现代进步主义教育者的现代犬儒主义"被构建出来，而且还构建出这些人对教育的爱。顺带提一句，"现代进步主义教育者的现代犬儒主义"这一术语是我发明的，与刚才提到的"现代保守主义者的现代犬儒主义"是完全不同的类型。与上文中所讨论的"自由派、学院派的现代犬儒主义"一样，因为有着显著的积极效用，所以"现代进步主义教育者的现代犬儒主义"反而难以被人注意到。持有此类信念的人认为，教育基于一种"良善本性"，也能够使人回归这种"良善本性"，而我们身处的技术文明制造了一些极其糟糕的人工物,在孩子身上打下了人工的烙印,不当地限制了孩子的自由发展。教育实践所面临的挑战之一,就是要清除这些人工物,消除它们的影响。这种教育以治疗为目的,声称其效力不仅限于改善孩子,而且还能改良政治。更好更进步的教育将会带来更好更和谐的社会。哪怕已然对教育疲于应付,在根本上也会拒绝怀疑"教育之使命"——以此为基础建立起来的教育希望中,对于那些依然信奉教育的教育家来说,现代犬儒主义已经深深植入其心灵。现代教育秉持着这样的原则(即使没有被说出来,也是始终隐含着的):只要摆脱了说教式教学和家长式作风的桎梏,就其本性而言,教育是好的。对这一原则的坚持乃是"教育者的现代犬儒主义"之起源——教育家们试图延续"教育是救赎"的神话,以此来回应并疗救现代性的创伤。这种现代犬儒主义的确是积极的,但又是表里不一的。困境在于,如果教育者未能完全放弃教师的形象,还必须保留某种教育技巧,那么他们就必然还要保有某种形式的惩戒性控制或规训手段。的确,教育者试图将其学生从"坏的教育"中解放出来。但在这种情形下,教育者又以"善意"为名,施行了现代教育秉持着这样的原则：只要摆脱了说教式教学和家长式作风的桎梏，就其本性而言，教育是好的。对这一原则的坚持乃是"教育者的现代犬儒主义"之起源——教育家们试图延续"教育是救赎"的神话。这种现代犬儒主义的确是积极的，但又是表里不一的。

_____

多少歧视呢？可以想见，甚至会因为"能够这么做"而感到庆幸[33]。最后总结一下：卢梭是一个善于掩饰的人，"一个机巧的反思大师，在每一点上都能熟练地发现他人的错误；但在他自己身上，则总是只发现最为纯粹的意图"[34]。他那些思想很大程度上就源自于此。

狄德罗

对古代犬儒主义进一步的重新评价出现在《拉摩的侄儿》[35]一书中。此书描写了哲学家"我"和他的侄儿"他"之间的虚构对话。作者德尼·狄德罗，是著名的《百科全书》（*Encyclopédie*）主编。1759年，《百科全书》遭到查禁，《拉摩的侄儿》一书正是这段"地下岁月"的产物，被认为是狄德罗日益增长的幻灭与苦闷的产物，至少部分是这样[36]。或许正因为如此，古/今犬儒主义似乎都在《拉摩的侄儿》中发挥着作用。在对话中，拉摩的侄儿通过揭穿"18世纪中叶巴黎文人的矫饰与腐败"来捣乱，很好地扮演了古代犬儒的角色。尽管如此，这位侄儿终究还是接受了作为"既成事实"的社会环境，并"以生存和收益的名义……尽可能去适应现实"[37]。这是现代犬儒主义的标志性举动——被描述为"两步走"战略:"第一步,揭露这个虚假且伪善的社会。对于现代犬儒主义而言,仅仅有第一步是不完整的。要从第一步出发,转向关键性的第二步。第二步,个人要与这个虚假且伪善的社会共谋。这第二步是一种策略性的下注——现代犬儒主义者赌了一把:比起坚持道德的纯粹,共谋将获得更多的收益。"[38]对于一位古代犬儒来说,这些被揭露出来的虚伪将会驱动他去推翻既有的社会秩序。但这种驱动力已明显不存在了。这种驱动力被一种"批判模式"所取代。这种"批判模式"会承认,批判者一定与其所抨击的对象一样可鄙。(我在前一章中讨论过这种"批判模式"的先驱。)在这方面,拉摩的侄儿的与众不同之处是,他明确表示,"他揭露了那种文化不可救药的腐败,但他也是一个自觉的共谋者"[39]。但这位侄儿并没有因为其不可避免的共谋而感到愤怒。他确实没有斥责共谋行为。相反,他欢迎并肯定这种共谋行为。他甚至指责自己:"在一个由互相撒谎并彼此背叛的奉承者所组成的社会中,**共谋得还不够。**"[40]因此,古代犬儒那自由而勇敢的言谈,在拉摩的侄儿那里变成了单纯的厚颜无耻。而这种厚颜无耻的言谈又被认为是消遣娱乐的方式。尽管这位侄儿用言谈来提供消遣娱乐,但这些段子与玩笑其实是高度受限的。如狄德罗所叙述的,拉摩的侄儿"动摇和鼓动着人们",但他"以自己的方式进入某些体面的人家……条件是,除非得到准许,否则他不能说话"[41]。古代犬儒派呼吁人们顺应自然本性而生活,意在揭露文明开化生活的矫饰。在拉摩的这位侄儿那里,这种观念的确得到了呼应,但"自然本性"的意思已经被完全篡改了。"自然本性"现在被重新定义为"为生存而战",呼吁"顺应自然本性"则意味着人不为己天诛地灭,意味着顺从所栖息之社会的败坏规范。现在,再次喊出古代犬儒派咒语式的口号:"污损货币",其目的已经不再是推翻那些管制着个人生存的社会规范,而是攻击那一小撮启蒙哲学家强加于个人生存的崇高理想。有人认为,拉摩的侄儿采用了启蒙哲学"世俗的、唯物主义的人性观"的立场,却又完全拒绝"赋予人的存在以任何超越的地位或庄严的目的"。这是对启蒙哲学的"扭曲的戏仿"[42]。这位侄儿甚至将上述那种扭曲的启蒙哲学推至极致:一种极简版本的唯物主义。他宣称:"最为重要的是,每天晚上轻松、自由、愉快地排空肠道：哦，宝贵的粪便！这就是人生最终的结果，对任何社会领域都一样。"[43]既判定所有的东西都是屎，却又在拉屎的艺术中寻找乐趣，结果拉摩的侄儿所持有的古代犬儒主义以此来证明：他对现状的依附是合理的。然而，值得注意的是，拉摩的侄儿还未退缩到斯劳特戴克所发现的那种倦怠而畏缩的现代犬儒主义上去。他不是现代晚期意义上的犬儒主义者。与现代晚期的后辈们不同，拉摩的侄儿对自己的共谋行为持开放态度。作为一个批评者，他仍有精力与欲望去同社会进行战斗性的、持久的对峙。

萨德

法国贵族和哲学家萨德侯爵，以其放荡不羁的文字与个人作风而著称。据称，萨德实现了对古代犬儒主义的另一种形式的重新评价，将"坦率的古代犬儒"转变为"伪善之大师"[44]。萨德在1795年发表的《卧房里的哲学》一书中，描写了一个大浪子，多尔曼斯。在这个人物身上，"伪善之大师"这一特质表现得淋漓尽致[45]。作为一个道德败坏且放荡的教育者，多尔曼斯帮助15岁的尤金妮"看穿了我们道德准则的虚伪"[46]。多尔曼斯解释道，道德、同情和谦逊是应被抛弃的荒谬概念，因为它们妨碍了对快乐之追求。我曾在其他地方指出，萨德的那些著作是教育性的——确实，它们是无情且沉闷的教育作品[47]。这些著作同样也是教学指导性的。《卧房里的哲学》以"致浪荡子"的演说开场。在这篇演说中，读者被邀请以类似于"受指导者"的身份参与此书。萨德写道，我们要"学习那位犬儒式的多尔曼斯"，以便"像他一样前行"。我们要随着淫欲的指引，走得越远越好，"探索体验与奇想，并扩张其疆界"，把一切都祭献给感觉[48]。然而，萨德所提供的课程并非完全无节制的放纵，至少在一开始并非如此。这也就是多尔曼斯之所以成为"伪善之大师"的原因。进行一点点伪装是必要的——这是多尔曼斯教学生的东西。他鼓励尤金妮反叛传统习俗，同时指导她如何进行欺骗，以及如何找借口。这样，尤金妮就可以继续隐藏她的放荡。毕竟，这是一种卧房里的哲学，而非街头上的哲学。

当然在萨德的其他作品中，他笔下的浪荡子们的确超越了卧房[49]。这里，萨德的现代犬儒主义似乎是对其先祖——古代犬儒主义的拙劣模仿。古代犬儒派的诚命是

"依照自然本性而生活",其部分意图是使古代犬儒能从"羞耻"这一道德力量中解放出来。但对浪荡子而言,这一诫命已经变成了一种专属于浪荡子的新社会规范——"性解放成了一种义务,而非仅仅是一个可选项"[50]。这一新的信条要求我们去"享乐",去探索"快乐"的所有变体,不受限制地进行体验。这一信条为萨德的作品提供了基础性逻辑。在萨德的作品中,以牺牲那些被卷入其中的人为代价,浪荡子们研究了所有可以想象的身体感觉的变化。但正如我在本书最后一章中所探讨的,这种"尽情享乐"的信条事实上具有一种压抑性的功能。这种功能支撑着现代犬儒主义。它也将快乐和毁灭绑在一起,尽管这种绑定被掩饰得很好。

然而,萨德为我们提供的并不仅是一条批判现代犬儒主义的路径。在根本上,古代犬儒派哲学的确是一种"追求快乐"的哲学,它也因此被长期无视。但古代犬儒主义哲学并非受"对快乐之追求"的支配。(或许有人会反对我的这种说法。)在这个意义上,萨德并非对古代犬儒派哲学的简单扭曲。[51]在萨德的作品中,浮现出了一个可被清楚辨识的古代犬儒式规划,并与启蒙运动结合。通过这种操作，萨德揭示了隐藏在西方文化背后的思想框架，并试图通过将其弊病放大到丑闻的程度来进行颠覆，通过揭示其怪诞本质来加以批判。萨德预见了"虚无主义"。这是一个将在下一章中反复出现的术语。萨德笔下最有成就的浪荡子们就已经实现了他们的虚无主义。他们贯彻西方形而上学的传统，将存在与一个更高的领域联系起来，进而诋毁下层世界，因为它深陷于转瞬即逝的变易中。这是一种令人迷醉的观点，而启蒙时期的唯物主义从未能克服这一观点——我们的世界就是这个下层世界，与上层世界相比，它什么都不是，一文不值。这也是一种启蒙哲学从未能克服的文化偏见。而萨德则非常乐于利用它。他将这种"对现实的拒斥"（尤其是"对女性的拒斥"）推至极限。这一工作是通过将那些被拒斥的"现实之物"进行"概念化"来完成的，而这种概念化的结论就是，现实之物"等值于无"（as worth nothing，即"一文不值"）。换种更温和的说法，在价值判断之形而上学标准缺失的情况下，现实之物没有自己的独立价值。而"西方世界的语言"正是建立在这种"对现实的拒斥"之上的[52]。

萨德发现，西方教育始终有着这样的企图：自我掌控在萨德的作品中，浮现出了一个可被清楚辨识的古代犬儒式规划，并与启蒙运动结合。通过这种操作，萨德揭示了隐藏在西方文化背后的思想框架，并试图通过将其弊病放大到丑闻的程度来进行颠覆，通过揭示其怪诞本质来加以批判。

———————————————————

并掌控他人。与上文提到过的那种夸大并将之丑闻化的方式类似,萨德有意夸大教育的这种企图[53]。掌控现实世界,这是西方文明的内在驱力。这一内在驱力在现实中导致了殖民暴力和环境灾难,因此受到西方文明的批判者们的口诛笔伐。尽管"理智性掌控"也参与了共谋,但它在殖民暴力和环境灾难中要承担的责任则很少被注意到。它的共谋行为很少受到批判,即使有所批判,措辞也更为谨慎微妙[54]。相比之下,在萨德那里,"理智性掌控"被凸显出来。"理智性掌控"潜藏在他所描绘的暴力背后,是其原形和基础性驱力。萨德使用"苏格拉底化"这一术语来描述"将手指插入肛门"的行为,暗示这一行为来自苏格拉底传统,是苏格拉底"用自己的理智去侵犯他人的理智"的后裔。这不是简单的情欲行为,而是一种检验①。有人认为,萨德对教育学技术的主要贡献之一是,用肛试来配合传统的口试。这或许是一种提示,让人回忆起,教育学与鸡奸之间的渊源可追溯至古希腊[55]。让我们来考虑这种渊源:浪荡子会不择手段地进入他人的身体,必要时

---

① 请参考苏格拉底的名言:"未经检验的人生是不值得过的。"

甚至切开它，以便于探查并抽出内脏。可以与之相比：教育在研究儿童时，儿童的理智已然存在了。那么，教育试图从儿童的理智中寻找什么呢？它又想抽出什么呢？对受教育的理智而言，教育乃是一种恐怖。冷静而理性的理智确认，它自己就是这种恐怖活动的积极参与者。理智具有主导性，并使恐怖长存。但对于理智的自我发展而言，这又确实是不可或缺的。正如西蒙娜·德·波伏娃所观察到的，萨德式的浪荡子从未"在其动物本性中迷失自己"，其性变态是如此精心策划，以至于"哲学话语非但没有浇灭他那炙热的情欲，反而充当了春药"[56]。我们发现，通过萨德，哲学与教育最狂野的期冀实现了："一颗明晰的心灵栖居在一具正在被贬低为质料的身体里。"[57]在萨德所提供的方案中，自我掌控并不采取传统的形式，拒绝自我贬抑、惩戒、拘束身体。相反，这是具有破坏性的正面肯定。浪荡子的自我掌控，是在克服所有传统、规范与限制中实现的。其中，良心也需要被克服掉。这些东西阻碍了浪荡子不受审查地去追寻其权力意志。在此过程中，身体也需要被克服。但这不是通过拘束来实现，而是通过过度满足来实现。不过，这是一种有着纪律规训的过度满足[58]。具有长久传统的自我掌控，是一种关于"自我"的技术——在尝试教育身体并使其成形的过程中，我们构造着自己。事实上，如果我们能如此看待自我掌控，而不是将之视为一种压抑系统，那么浪荡子的自我掌控就可以被看作是一种对传统的夸大，而非一种颠覆。萨德仅仅是揭露了这一点：浪荡子在自我掌控这种活动中乃是在探索、开发并穷尽身体的所有可能性。尽管这些可能性都是扭曲的，但浪荡子还是试图将之在身体生存之中展示出来。浪荡子的掌控，是在超越阻碍去探查一切，允许浪荡子的理智以一种精明的狂热去追求所有恐怖的变体——这或许预示着智力工作与现代技术官僚理性背后的破坏性冲动的结合。

在萨德的笔下，我们发现作为西方教育和哲学基础的"君主般的掌控"被推向了深渊式的结局：人类的毁灭、上帝的毁灭、自然的毁灭[59]。（萨德暗示我们，对"掌控"之欲求导致了自我挫败，导致了否认真实的世界转而去追求完美的理念世界。）作为一种好斗的哲学，如果古代犬儒主义还能留下些什么的话，那么它的遗产就是这样的教导：我们必须超越对"掌控"之欲求，必须超越其毁灭性后果，必须超越对他人及其环境的掌控（与毁坏）。同其他的古代哲学一样，古代犬儒派希望通过"掌控"实现"君主般的沉着镇定"。但其他类型的"掌控"所实现的"君主般的沉着镇定"，以受到"更高的召唤"为名，寻求对身体的管控与塑形——这也是统治西方教育的准则。在这不同的两种"掌控"之间存在着张力。古代犬儒派的"掌控"肯定并赞成日常生活经验，而非否定与拒绝。这或许是一种辩护，让我们去促进那种古代犬儒式的掌控。但正如萨德所澄清的，即便是这种掌控，即使在其最为狂野的"对生活与身体的肯定"之中，依然是毁灭性的，而非生成式的。这并非主张要简单地拒绝任何一种形式的掌控。我要在此给出一个有益的提示：萨德笔下的浪荡子最终应发现，终极的束缚是"追求掌控"这件事情本身。一旦突破了这一终极束缚，放弃了对掌控的追求，浪子们将漫无目的地嬉闹、永不止息地活动。他们的生存将不设任何的目标。这或许预示着人类全新的前进方向，而今天的教育者或许才刚开始认识到这种新方向的存在[60]。

7

第七章　活在末世：现代犬儒派的多重面相

　　描绘现代犬儒主义在19世纪和20世纪的发展是一项庞大的工程，本书已经没有足够的篇幅来完成这一计划了。因此我只能提示读者，这一计划的论述起点为何，以此来展示此计划的大致模样。基于本书先前的论述，这一计划可以从反启蒙运动对现代犬儒主义的修正开始论述[1]。反启蒙运动的代表人物，例如埃德蒙·柏克，参加了一场旨在反对法国大革命的宣传战。这场广泛铺开的宣传战由英国政府资助。和他的同时代人一起，柏克攻击和嘲弄了被认为是古代犬儒附体的卢梭。吊诡的是，这些攻击者对卢梭的人格与思想进行了彻底地剖析，但事实上是在参与现代犬儒主义的进一步发展——尽管这些人绝不会这样理解自己的工作。柏克以反对种种抽象的理智主义著称，他认为抽象的理智主义与启蒙运动直接相关。柏克支持用一种更具实践性、更具实用性的方式来与那些统治着日常生活的成见以及传统相调和。柏克声称，历史形成的习俗和习惯应该被珍视，而非被破坏，因为它们有社会效用，对社会稳定有所贡献。柏克是在为启蒙运动力求推翻的那些东西招魂。在柏克眼中，那些被大众不假思索地使用的习俗与习惯，对社会而言是极具价值的（一种保守主义的价值）。这就是英国式"美德"，而未受教育的大众根本没有意识到这点。所以，柏克认为，像他这样的人有义务承担责任，甄别并捍卫这些英国式"美德"，确保它们不受任何形式的革命煽动的干扰。英国式的习惯以及依附其上的体制和等级制度，据说需要柏克式的开明绅士加以温和的改进。它们应该免受任何形式的激进或仓促的调整。柏克当然不会接受自己被称呼为"现代犬儒"，然而他还是表现出了一种现代所独有的"家长形式的现代犬儒主义"（paternalistic form of cynicism）。政府操纵人民，体制关爱人们，其背后的逻辑正是由这种家长制现代犬儒主义支撑着的。这是那些惯于通过操纵既有的局势潮流以及习俗来塑造公共舆论的人所持有的现代犬儒主义。这是舆论导向专家（spin doctor）、媒体帝国、社交网站、数据分析师、政客、公关公司、形象顾问、广告代理商与生活方式教练（lifestyle coach）的现代犬儒主义。以上机构与个人的工作不过是中介，它们的目的显然是增进自己的利益，同时为权力和资本的利益增长服务。在这个意义上，这些机构与个人所持有的犬儒主义，与简明词典上的定义别无二致。但这并不是他们所作所为的全部。他们那种现代犬儒式家长制采取了一种更为完善的形式，以至于他们的所作所为似乎是可以得到理解与辩护的。他们声称，被操纵者们也从他们的所作所为中受益，他们是在服务"公众"。但事实上，对他们而言，"公众"仅仅是一个社会-政治意义上的抽象概念，而不是具体的个人或家庭；或者，他们用无尽的生活诀窍、梗（meme）、消费品来娱乐大众，转移他们的注意力。他们从不信任公众，认为公众绝不可能自助。他们剥削公众，却又宣称是在提供帮助。现代家长制的犬儒主义就植根于此。

对现代犬儒主义的批判

对现代犬儒主义的典型描绘并不聚焦于其家长制，或者自称"慈爱"的那一面。与我在上文中的描绘非常不同，大众印象中的现代犬儒主义被认为是一种个人缺陷，或是一种社会弊病，需要被关切，或加以矫正。根据其诋毁者的说法，现代犬儒主义的特点是怀疑与退缩。现代犬儒对高尚的理想报以怀疑，他们从公共领域退缩到私人生活的领域，但在他们的私人生活中充斥着被激惹起来的有害怨恨。之所以从公共领域之中退缩，有很多原因：否认批评具有积极价值、不信任集体解决方案、不信任体制的介入与干预、对社会与政治改革不抱任何希望，以及对所有呼吁进行行动与变革的号召的选择性失聪。那些号召先入为主地认定为徒劳无用，直接被丢在一边[2]。

大众想象之中的现代犬儒主义，作为一种生活态度是如何产生的？这当然会被首先归咎于市民社会以及与之相匹配的社会体制。但对它们的责难是很温和的，认为它们给了民众一些不适当的理由去沉溺于现代犬儒主义。一切都只是良好治理中的偶发失误，是各种不可避免的缺陷、失败、丑闻和诡计的结果。这些却被体制内偶现的吹哨人和狂热的媒体公开了。从这种视角来看，大众的现代犬儒主义，其最大的愚蠢在于，它根本无法区分政府治理的好与坏。大众现代犬儒主义是一种非理性的、夸张的失望状态。政府治理的不足之处、体制的失败或腐败都只是个例，但民众的反应模式却近乎巨婴。当没有收到他们心目中恰当的回馈时，这些当代犬儒就主动地切断了与真实世界的联系，将他们的失望转化为一种犬儒式的决断：所有机构与体制都有着不可避免的缺陷，因此只能对它们报以漠视。这些当代犬儒觉得，他们什么都做不了，所有努力终将白费。因此他们抛弃了个人责任，决心对政治保持冷漠。他们哀叹一切已然被败坏。但就在他们的放任之中，对美好之物的侵蚀却进一步加剧了。他们亲手促成了它。

针对这种现代犬儒主义的批判及其解决方案是这样的：要恢复民主社会中诸多体制的运作，使它们能再次为公民提供充分的服务、支持和照顾，从而弥补和恢复对它们的尊重。这种尊重在很多情况下不应丧失。这一论点或许太绝对了：我们需要恢复信念，治愈社区，使社会生活和政治生活重新赢得意义与目的。必须重建公共领域，因为社会生活和政治生活的意义完全维系于此。这种恢复与重建是艰难而漫长的。但我们不能放弃这种努力。因为赌注过于高昂，我们输不起。现代犬儒主义不仅应被视为是个人罹患的疾病，而且必须被视为传染病，因此我们需要扩大治疗的范围。如果这一恢复与重建进程想要成功，就必须获得充分的资助和充足的资源。除了别的东西以外，在此过程中还特别需要这样的存在：现代犬儒主义的敌人——受过良好教育的现代犬儒主义批判者，通过写作来与现代犬儒主义进行对抗的作家。我们特别需要他们在理智上的坚毅，他们在时间与资源上的付出和他们的善意。这些与现代犬儒主义进行对抗的知识分子，或许在著作中也会表达失望与不满，但他们是有分寸的、有针对性的。这与那种现代犬儒表现出来的巨婴式的、无休止的失望与不满形成了鲜明的对比。这些批评家的不满源于他们对民众的失望——民众并未按他们的设想去思考。社会评论家们已经用如此义愤填膺的方式去描绘不公正的存在，民众却未被动员起来与不公正的强力相对抗，也未爆发出集体性的愤怒。批评家们对此只能报以哀叹：这是集体冷漠。这是一个典型诊断："集体冷漠"是民众持有现代犬儒主义的必然结果。这些批评家认定，克服现代犬儒主义所需要的是更多的评论家，因为他们提供了进一步的批判性洞见、仔细的诊断、富有远见的声明、倾听民众呼声的种种理由，以及宣扬乐观主义的种种宣言。批评家们认为自己发现了症结所在：当代犬儒的问题在于缺乏政治想象力。在主流文化中弥漫着理智与想象力的贫乏。发现这一点并做出论断的评论家们转而用自己的评论来加以回应。他们认为，这种现代犬儒主义已经变成了一种惯例式的、平庸的人际互动模式，一种习以为常的视角和看待世界的方式。这将自动造就轻蔑的态度，制造出人与人之间的不信任，从而以自我强化的预言，使得现代犬儒主义持续存在下去。批评家们进一步认为，要治愈这种作为社会疾病的现代犬儒主义，除了常规方法之外，特别需要注入希望，从而将现代犬儒患者从那种无端的否定性之中解救出来。这种无端的否定性削弱了人们对政治与公共事务官员的信心。现代犬儒错误地、一厢情愿地认定，官员的行为完全受权力意志的驱动，因此一定会放弃对公共善的承诺，转而追求个人的仕途。这种老生常谈的现代犬儒主义论调认为，所有人类行为都被卑劣的动机驱动，不论他们表现得多么崇高。因此，在现代犬儒看来，民主选举所产生的政客更关心的是在选举中获胜而非治国理政；专业人士更关心的是职业发展和晋升；公司更关心的是利润以及免于诉讼，而非服务公众。现代犬儒主义的批评者认为，所有这些现代犬儒式的先入之见都必须被驳斥。

批评者认为，这种现代犬儒主义是缺乏信仰的产物，是危险的、自我否定的，具有社会破坏性。它也是对所有社会改良的拒绝，一种独断的、不假思索的拒绝。现代犬儒主义对人的这种理解，基于一揽子假设：个人和体制首先被一种自私自利、为个人利益服务的冲动所驱动，都具有一种内在的、永不满足的贪婪，因此对个人和体制都不能加以信任。批评者认为，这种对人的理解流毒甚广。评论家指责这些现代犬儒犯了错误，将自己对世界狭隘贬抑的理解随意扩展延伸到了其他人身上。就此看来，即便现代犬儒自称持有"心理学的和社会学的现实主义"，声称已经看透了事物的本质，达到了事物的根源，但这只不过是现代犬儒在表达自己的卑劣自私和道德上的贫乏而已。这些现代犬儒因为自己的"现实主义"而遭受着折磨，但他们又犯下以偏概全的谬误，将自己那种狭隘贬抑的观点扩展延伸到那些尚未对人类的可能性失去所有希望的人身上。批评者继续指责道，现代犬儒主义流毒甚广，存在于那些假定其他人和他们一样愤世嫉俗的人群中。这种基准假设使得现代犬儒被封闭在个人的小圈子里，封闭在个人对世界状态的种种自我强化的先入之见中。被如此这般描绘的当代犬儒主义①被认为应该对各式各样的社会顽疾负责：从公众的不满、政治冷漠和文化衰退，到对启蒙理想失去信念的危险状况，以及自由民主制度的内部衰弱。当代社会中，民众对自由民主政体的体制性价值和文化性价值普遍缺乏认同，从而缺乏投入的热情与行动。这被归咎于作为一种文化现象的现代犬儒主义。它还被指责引发了对真理、专业知识以及权威的全面且无限制的怀疑与猜忌，最终导致了所谓"后真相"这一现象的出现³。

我在上文和下文中都引用了很多对现代犬儒主义的批评。从这些批评中可以看到，尽管每一个批评者都在小心翼翼地展示他们的观点和立场，他们还是在支持（至少是迎合）对"犬儒"这一术语的贬义用法。其典型特征是强调"犬儒"对"他人"的依附——"犬儒"永远是围绕着"他人"在打转。"犬儒"这个词被批评家们调动起来，毫无讽刺意味地表达着对其他人的失望——失望于**其他人**对

---

① 即现代犬儒主义的当代表现形式。

事物现状的失望之情，即对失望的失望。现在现代犬儒主义成了批评的标靶，因为其在政治方面的有害影响而被责难。这些有害影响包括如下几个方面：缺乏对共同事业或社群倡议的承诺（这种承诺本身必须以对"共同善"的承诺为基础）；在面临逆境时过早过快放弃的倾向；在同一环境中生存却拒绝提供任何回馈的自私自利。总之，一系列社会弊病被归咎于现代犬儒主义，而这些社会弊病将不可避免地导致政治和社会的灾难。

尽管在这份批判清单上有很多值得注意的地方，但这种对现代犬儒主义批判的框架仍然是有问题的。让我们回到这一章的最初话题上来。根据之前的讨论，或许可以这样来理解：那些斥责并通过写作来反对现代犬儒主义的人，他们所进行批判的方式正好提供了适当的例子，例证了现代文明的家长制底色——现代犬儒主义则是彻底否定家长制的。对现代犬儒主义的所有指责，也同时为那些警告公众注意现代犬儒主义危险的人们提供了辩护，为他们的道德严肃性以及对社会的不可或缺性提供辩护。这些都基于对平民大众的疑虑和猜疑。在批评家眼中，平民大众的自我治理能力不值得信任。所以社会必不可少地需要专那些斥责并通过写作来反对现代犬儒主义的人,他们所进行批判的方式正好提供了适当的例子,例证了现代文明的家长制底色——现代犬儒主义则是彻底否定家长制的。

家，需要社会评论家、学院派的专才、媒体专栏作家、社会福利部门的专职人员、政治野心家的道德干预，连同现代犬儒主义的批判者所代表的体制性的力量。在对当代犬儒主义的批判中可以收获的吸引力和自我肯定的满足感如此之大，以至于近年来，大众和学术出版物都被淹没在了对现代犬儒主义的指责之中——从它对"美国梦"的清晰可见的破坏[4]到它对人际关系的侵蚀[5]。它是妖孽，或是大恶。它使得新闻记者遭遇公众的冷漠[6]，它从教育之中抽走了希望与本真[7]，它为煽动战争和无视国际法提供了便利[8]，它撕裂了家庭与社群，它使我们无法拥有一个更美好的未来。斥责现代犬儒主义，控诉它在其产生过程中暗中破坏着体制，已经形成了一种潮流。简而言之，这转移了我们的注意力，使得我们忽视了这一点：体制与社会弊病之间的共蕴共生。

来自激进左翼的怨恨

前文已经关注过进步派、自由派的人文主义者以及保守派对现代犬儒主义的回应了。为了汇总更多类型的对现代犬儒主义的怨恨,现在要聚焦于激进左翼。值得注意的是,尽管政治利害关系已经调整过了,政治的赌注和筹码已经变更了,但现代犬儒主义同样被斥为具有"政治上的麻醉作用"。大众现代犬儒主义被谴责在平民大众(他们被资本主义集体剥削)中散布了"坏的情绪",使得他们更容易受到资本主义世界中种种古怪念头的影响[9]。激进左翼并未将现代犬儒主义理解为一种个体的缺陷。对他们而言,现代犬儒主义至少不仅仅是个体持有的观念,更是由"资本"系统性地制造出来的。它被理解为(或多或少)是晚期资本主义剥削制度的直接产物。根据晚近的一个论述,制造出现代犬儒主义的晚期资本主义是这样一种系统:它来自于"资本的隐秘散布,从而对生命的隐秘的、病毒式的腐化——去除其潜能,将之重新编码,制作成执行生产行为的主体和承载者"[10]。个人不断与他们自己相异化,无法在一个本身已呈现为极端分散状态的权力系统中找到支点。这种权力系统渗透于日常生活之中,表现为一种潜伏的存在,几乎将我们人类殖民化。随着权力不再(仅仅)集中于代表体制的诸多主导机构,而是"通过庞大的信息-金融网络"进行分布;随着权力不再被轻易辨识，也不再容易受到攻击，出路仅在于此：只有通过大规模动员民众，让他们去理解造成其现代犬儒主义的根源所在，并与之对抗；只有通过积极分子的行动，向民众证明他们仍然有手段，通过非现代犬儒式的、充满希望的集体行动来改变他们的未来，对抗资本对生命的收编。若非如此，民众将几乎无可避免地陷入一种集体的宿命论状态，绝望而冷漠[11]。这场战斗的赌注将如此高昂，因为根据对未来之可能性的最为严苛的评估，今日现代犬儒的"冷笑"（sardonic laughter）或许将最终与法西斯主义同流合污[12]。在激进左翼看来，我们面临的问题之所以棘手，部分在于"现代犬儒主义"这种态度近乎无所不在：从"由无知所导致的冷漠、由不满所导致的失望，到由见多识广所导致的冷酷麻木"。而在这两种极端之间，几乎没有任何积极正面之处[13]。从这个视角来看，大众现代犬儒主义是一种结构性力量的产物。只要它能够服从于补救措施，进而被激进左翼所开出的药方治愈，那么或许它的"愚蠢"是可以被原谅的。

那么不可以被原谅的是什么？对于某些人来说，不那么容易被原谅的是"左翼"后现代理论中那些时髦的现代犬儒主义。它们被指责招来了怀疑论，对所有真理的主张都报以怀疑，对我们掌控所处世界的能力进行怀疑，对理性的进步冲动加以怀疑。在这种语境下，"犬儒主义"成了"后现代主义"的同义词，被构造为"一种劣质的文化形式，一种畸形的混种美学，一种颓废且自我放纵式的对政治的拒斥立场，一种精英主义式的、讽刺性的虚无主义"[14]。此处的"后现代主义"被定性为"本质上的现代犬儒式态度"，尽管"不是以（现代）犬儒的方式**蒙受苦难**——如斯劳特戴克那种罹患忧郁症的启蒙运动受害者——而是以（现代）犬儒的方式**进行破坏**——对认知、审美的和道德的确定性进行阴险的攻击"[15]。我认为，抨击这种特定类型的"犬儒主义"的人往往误解了其本质，误读了其意图，然后大大地高估了其范围和影响力。然而此类对"后现代"理论的批评家总是会找到持同情心的读者。这种对"犬儒主义"的指控乃是带有霸权主义（或者明显的反霸权主义）的思想去消解它所不能同化的东西的一种方式。它允许自己通过否认的方式来排除异己的思想。这些所谓的"知识分子式的犬儒主义"——通常与二战之后的法国哲学关系最为密切——被认为来自那些失败且丧失希望的"革命者",因而应该被拒斥。那些"前革命者"用余生来为自己辩解——为什么他们放弃了激进的集体行动。法国文化理论家让·鲍德里亚以其关于"我们显然无法区分'现头'与'模拟'"的理论而著称。他被认为是犬儒式"左翼"理论的那种"紧张性精神症"效应的典型例子[16]。米歇尔·福柯则被认为是另一个例证。他被指责采用了"谱系学家的犬儒式凝视"[17]。后现代主义的诸多观念已经"潜入"了学术界,而我们却被告知"个别的例子"并不足以对此进行全面的评估。批评者们似乎抱有这样的希望:后现代主义仅仅只是一个"在历史之更宏大的辩证运动中,闪现的非理性反动'小光点'(blip)"而已。或许将来有一天,当学术界通过"将之彻底的理论化",最终征服由后现代主义式怀疑所开辟出来的理论空间之后,我们会如此这般地回顾这段时期:在这一时期中,我们为此所苦,"理性的和政治的勇气,基本上瞬间就失败了",但这一失败、这一退缩将很快地被一种"英雄式"回归所克服。这是向着政治的回归。由此,这一失败将被重新理解,将被接受为一场黑白分明的斗争。参与这场斗争的人需要"气势和技巧",而不是为自己的无所作为找些借口[18]。

激进左翼对现代犬儒主义充满着怨恨，因而和他们的保守派或自由派"同行"一样，诅咒着现代犬儒主义。总而言之，尽管在观点上存在着重大的差异，但这些持有不同政治社会主张的派别都认为，我们面临着一场政治危机。他们之间存在着广泛的共识，认为要应对这场政治危机，需要在民主社会中推动种种新形式的社会性和政治性的参与。现代犬儒主义在这一政治事业中可能扮演的角色已经被预先排除了，因为它早已被各个政治派别一致宣告有罪。然而，现代犬儒主义并非仅仅是资本主义社会的特征[19]，也不仅仅只是民主社会危机的产物[20]。最近的一些研究指出，当代犬儒主义经历了漫长的历史[21]。

斯劳特戴克对现代犬儒主义的批判

或许对于现代犬儒主义的讨论，最有用和最具启发性的作品依然是斯劳特戴克的《犬儒理性批判》。斯劳特戴克的这部著作提供了一个对现代犬儒主义的"面相学"（physiognomy）分析，也就是说，它分析了现代犬儒主义形形色色的表面特征。这一分析向我们解释了为什么难以真正驱逐大众现代犬儒主义。尽管斯劳特戴克的批判已经被纳入了少数"左翼"理论家的主要参考文献,但它似乎只出现在学术著作所强制要求的脚注之中,而极少真正进入学者们的思考之内[22]。在此书中,斯劳特戴克将大众现代犬儒主义描述为"启蒙了的虚假意识"[23]。这一论断最常为人所称道。但大体而言,对现代犬儒主义的批判大多忽略了斯劳特戴克的这本书,或是将之边缘化。特别是在保守派和自由派的论说中,这种情况更为显著。这种反常情况是值得注意的。必须承认,尽管此书可能是迄今为止对现代犬儒主义所进行的最为复杂、最为雄心勃勃的考察,但也的确缺乏学术著作所要求的那种严肃性和严谨性。或许就是因为如此,这本书遭遇了这样的困境——"对一切不能保证自己平庸的东西,学术界会加以习惯性的质疑"[24]。对于大多数现代犬儒主义的批评者和哀叹者而言,这本书的形式和论点似乎有点过于耸人听闻,过于具有古代犬儒主义的那种"哗众取宠",因此只有极少数人会严肃看待斯劳特戴克所提出的治疗方案[25]。在书中,斯劳特戴克主张复兴古代犬儒的"*Frechheit*",也就是"厚颜无耻"并赞赏古代犬儒的那种粗鄙和鲁莽。他认为,这些特质要远胜于现代犬儒在"反身性缓冲"[26]之中所体现出来的否定性。斯劳特戴克说:"只有在现代性的巅峰,主体性和军备竞赛之间的同一性才向我们展露出来。"他声称,因为这两者之间具有这样的同一性,所以晚期近代的主体性和军备之间的共蕴共生关系使得"世界的全球性毁灭变得触手可及"[27]。正是因为主体的破坏力已经变得特别明显,所以斯劳特戴克试图消解主体性。今天,"主体性-军备"的破坏性力量,已经在特朗普发自白宫的诸多推文中显露端倪。但也表现为日常生活中的诸多"微侵犯",是由本质上充满暴力的主体性所实施的。斯劳特戴克的解决方案就是古代犬儒的"*Frechheit*"(厚颜无耻),是他所提出的"变革主体性的计划"的基础。因为一种复兴的古代犬儒主义,可以在笑声中消解暴力的、毁灭世界的自我。斯劳特戴克这本书的形式在很大程度上就是对其论点的一种模仿——它玩弄了可敬的学术规范,并对其读者施行了恶作剧。正如一位相当敏锐的读者所指出的那样,斯劳特戴克对"现代的'古代犬儒派'的论述旋风般地旋转,让我们喘不过气来,只能随便去抓住一些什么东西不放"。他的思想让人产生了如此多不可思议的联想,而且还以旋风一般的节奏进行，读者只能勉力跟随。这正是重点所在："我推测斯劳特戴克打算让我们在他捧出的一锅乱炖前困惑地挠头，直到我们终于能捧腹大笑。"[28]然而作为现代犬儒主义的批评者，斯劳特戴克的"他异性"不应被夸大。尽管斯劳特戴克提议"复兴厚颜无耻"，但他对"现代犬儒理性的批判"与其他诸多"批判"一样（尤尔恰克的作品是个例外），都认为现代犬儒主义是可悲的。

造反的潜力

到此为止，我在上文中所概述的那些立场，都旨在克服现代犬儒主义，或是减小它的影响。但我决心远离这一主流传统。这本书关注当代犬儒主义中蕴藏着的"造反的潜力"，试图探索**使之增强**的办法。这不仅是直白的夸张修辞手法。当代犬儒主义的那些老生常谈但依然危险的特征，就是本书试图加以剖析并改造的。这就是本书的企图。我意识到，绝大多数读者将会感到震惊，将这一研究路径视为轻率鲁莽且不计后果的，或是可悲可叹的。的确，有充分的理由去保持小心谨慎。因为"真的"政治需要更多的参与,但本质上政治的确是不确定的,参与最终可能徒劳无功。而现代犬儒主义有着内在的潜质,可能导致民众对"真的"政治感到幻灭和不耐烦,转而"变得更加保守,去支持那些已经表现出强人和威权特质者"[29]。当代犬儒主义的确是一种具有腐蚀性的存在。然而总的来说,现代犬儒主义远不像人们所恐惧的那样具有毁灭性的批判性质。它的确倾向于维持那些构造出社会现实的"基础性层面的意识形态幻想"[30]。意识形态以最具欺骗性的方式维持着它对现代犬儒的把控:启蒙的现代犬儒觉得,自己已经对意识形态的运行机制了如指掌,并自信能够逃脱意识形态的控制[31]。或许,这的确可以解释现代犬儒主义的关键声明——"现代犬儒知道他们在干些什么,但他们还是这么干了。"[32]然而现代犬儒与权力的共谋关系并非无可避免。在偶发的情况下,现代犬儒主义的态度会伴随着毁灭性的力量表达出来。现代性许诺了种种理想和诺言,拥有了教育体制等诸多体制,但现代犬儒却对现代性表达了一种不信任。这种不信任基于道德的幻灭和政治的不满,如此强烈,可以被用来推动一种革命性的政治,且这种革命政治绝不回避克服当前秩序之必要性。

在讨论现代犬儒主义之时，我的解释路径明显避免了一种道德说教式的拒斥，即将现代犬儒主义视为对民主社会根基的破坏。这种道德说教将现代犬儒主义理解为一种集体性苦恼，其程度介于个人精神障碍与文化萎靡不振之间。而这些都是有待治疗的。正如上文所指出的，这种对现代犬儒主义的感知，限制了主流公众对现代犬儒主义的理解，将其仅仅当作一个社会问题，支撑着"现代犬儒主义是一种具有腐蚀性的存在"这类批判。此外，我所采取的研究进路也避免了另一种比较罕见但并非不重要的企图——自由派思想家试图给现代犬儒主义分配角色，将之定位为"可能派得上用场的、具有批判性格的东西"[33]。我们被告知，对于现代犬儒主义，不必绝对接受或断然拒绝，而是可以策略性地接受。这样，争取民主的行动者们可以在"总是妥协的、总是不纯粹的政治领域"中生存下来，从而去为渐进式变革而奋斗[34]。我们得到了保证，现代犬儒主义是"可被管理的、可被动员的"，只要由好人去承担这些任务就行。这样，犬儒主义就可以"以完全有利于民主生活的方式运作，将有利于民主社会的持续，并且使之健康地运行"[35]。在小剂量的情况下，一种温和的现代犬儒主义甚至有助于捍卫具有开放性的文化以及言论自由,并鼓励人们在社会和政治领域中保持警觉,而这种警觉将使民主保持活力。但本书并不主张这种克制的、慎重的现代犬儒主义。本书也不打算停留在对犬儒主义之诸多现代形式的学术剖析之中。"学术剖析"这种做法寻求的是对大众现代犬儒主义的深刻理解,将之刻画为一种多面相的复杂现象。最终,"学术剖析"将以适当的学院派风格来进行,并在这种复杂性面前保留最终的判断。这种研究路径在学术圈中很常见。在学术圈中,"保留个人判断"这一行为本身,已经变成了"理智的成熟"的标志。相反,我想邀请大家去思考现代犬儒主义中蕴藏的潜力,那种带有丑闻性质的、或许被认为可耻的潜力,也就是去思考现代犬儒主义"最低级"、最为贫乏的种种形式。在这些形式中,"犬儒主义"以其古代祖先的风格出场,而我们则致力于关注这一始终得不到承认却在文化上根深蒂固的现象,去探讨它的诸种主导特性。最终,我们的研究的目的是,探讨这些形式的潜在用途,以及它们所表现出的那种积极的、具有战术用途的适应能力。通过选择现代犬儒主义某些更具危险性的属性加以改造,从而完成现代犬儒主义的一种变革，使它超越当下的处境。在当下，现代犬儒主义几乎只是作为借口而存在，作为"政治惰性"以及面对不正义、操纵和虚伪时不作为的借口。为了发展我的论点，本书有必要回到对犬儒主义的历史叙述之中去，比如前文所描述的那些。同时，要考察弗里德里希·尼采。他在19世纪晚期接纳了古代犬儒派的诸多观念。换句话说，转换步调是必要的。有必要在上述批判性立场上继续深入探讨。

尼采、虚无主义与半途而废的犬儒

犬儒主义的主题在整个19世纪反复出现，已经成了"一个俗语……作为一种自私的厌世观点的代名词，或是……对道德规范的不信任、不相信、不关心、不在乎的代名词"[36]。那么，尼采捡起犬儒主义这个观念，肯定其对传统伦理道德的敌意，也就不足为奇了。尼采如此宣称："在世上绝不会有比我的书更值得骄傲，同时也更精致的书了——它们在某些方面臻至地球的顶峰，也就是犬儒主义的境界。"[37]然而，尼采对古代犬儒主义的态度是复杂的。他借用了古代犬儒主义的思想资源，也为批判古代犬儒主义做出了贡献[38]。据称，尼采本人那种粗鄙且戏谑的风格，在很大程度上要归功于古代犬儒主义，他曾经仔细研究过它。或许尼采从古代犬儒派那里得到的教训是：对文化规范的彻底批判不必被其自身的严肃性所拖累，也不必然导向一种"否认世界"的悲观主义。相反，它可以与"强者的悲观主义"[39]相结合，以怀疑去肯定人之生存[40]。尼采主张，只有通过对周遭世界进行最无畏、最不妥协的批判，一个人才能窥见"另一种生活"的可能性。这种观点或许部分从古代犬儒主义那里借用的。在下文中，我将聚焦于尼采是如何改写"第欧根尼与提灯"这则逸事的[41]。这则逸事的原始版本出自拉尔修的《名哲言行录》：第欧根尼大白天提着灯到处游荡，并自称"我在找人"[42]。这里的笑点是，在第欧根尼周围有很多人，但他却认为，这里没有一个是能够代表"人"的。在尼采的《快乐的科学》中，出现了这个故事的某种翻版。只是现在拿着提灯的是一个疯子，他不断地叫喊着"我在找上帝！我在找上帝！"周围的人都在嘲笑他："上帝是失踪了吗？"但疯子大叫："上帝哪儿去了？……让我告诉你们吧。**是我们把他杀了！**——是你和我杀的。咱们大伙儿全是凶手。"这个疯子接下去说，你们难道没有闻到神圣之物的腐臭吗，难道神们也会腐败？但疯子周围的人似乎都完全没有认识到他们已经做出的事情的严重性，或是因为没有能力，或是因为没有意愿[43]。

尼采的这段文字提供了一个凝炼的批判。它批判了（用海德格尔的术语来说，）"两千年来的西方历史的命运"[44]。它讨论的是这样的主题：西方的形而上学已经最终崩溃了，这一崩溃导致了本体论层面的震动①。即使西方形而上学尚未全面崩溃，仅仅部分崩溃，其后果也依然如此。启蒙运动认为，理性不能再建立在诸种被认为具有合法性的外部力量之上，而是奠基在"人"之上的时候，精神错乱就发生了。因为，作为理性基石的这个"人"，当然是无处可寻的。（由此看来，有些笑话永远不会过时。）因此，尽管启蒙运动声称自己是完全独立自主的，但当它试图进一步占据世俗领域时，还是被迫依赖于前近代的诸种体制。因为世俗领域是源自于前近代的那些成就并进一步扩展而成。例如，近代学校是借鉴并立足于基督教教牧体

---

① 这是指西方传统本体论的核心对象——上帝或神的地位已经被动摇了。

制的种种运作逻辑之上，只是"摆脱了其教义的束缚"并将之移植到世俗的环境之中[45]。然而，二者的关键区别之一就是正当性。基督教会长期以来从事为教众提供人生意义的工作，并且承担组织他们的尘世生活的责任，因此在某种意义上也被视为世俗体制。尽管如此，基督教会和其他世俗体制完全不同。它之所以能代表其教众，这种代表性是来源于一个更高的目的。这一目的源自于不同于尘世的另一领域，而不是从某些"第一原理"中推导出来的。当上述解释框架崩溃，就发生了"上帝之死"。"上帝之死"指的就是合法性危机。这种崩溃适时地揭露出了西方式的主体性根本上的无能，它无法在形而上学之外进行思考。西方式的主体会质疑，如果没有外部标准，我们如何来衡量我们的种种意见（pronouncements），如何决定"什么是真""什么是正义"或"什么是有意义的"？有人可能会声称，古代犬儒派在创立之初就开始质问这种形而上学的视角。例如，古代犬儒拒绝在与目的的关系之中去解释其实践的意义。古代犬儒认为，其哲学实践应该根据具体环境实施，而不要将之建立在一个合法化的框架之上。在其后续历史之中，古代犬儒派一再地拒绝西方形而上学那种基于判断、热衷于"制造意义"的体系。尽管如此，古代犬儒派的历史和命运展示出，"逃离形而上学"是何等困难的任务。因此，古代犬儒派的战斗依然在继续，继续尝试将"另一种生活"的可能性置入我们的生存之中。而根据其本性，西方文明将会试图收编古代犬儒派，将古代犬儒的实践纳入其形而上学式的目的之中。因此这是一场持续的挣扎，是与西方文明的层积物相对抗。古代犬儒主义经历了长达两千多年的调整和重估。在漫长的历史过程中，人们以各种方式对犬儒主义进行了不同程度的收编。因此，之后发生的事并不值得惊讶：作为古代犬儒派的继承者，启蒙时代的那些试图从"咎由自取的受监护状态"[46]中解脱出来的人，发现合法性体系（古代犬儒主义曾经质疑过它）竟然崩溃了，而自己却全无准备。尼采认为，即使是公开坦率承认自己是无神论者的人，也无法接受那更高的、神圣的权威之丧失。或许只有当代犬儒派，也就是那些最为轻率地保持无动于衷与冷漠的人、那些随便对什么东西都随意地加以怀疑的人，才能接近"上帝之死"。对大多数人而言，如果不求助于某些外部的理论框架或他人，就无法理解自己的生存。尽管我们可以随意假定一些替代品和替身来取代已消失了的上帝，但尼采可能会指出，情况其实依然不变。因为没有任何单个的候选品能占据"意义与价值的共有来源"的位置。"我们的生命形式已经发生了改变——我们已经无法让自己屈从于这样一位上帝了。"[47] 相反，我们这些存活于晚期现代的人，无精打采地在诸多上帝的替代品之间切换，例如理性、自由、功用等等，却无法获得共识。甚至更糟，体制和机构的"宗旨"仅仅是一种口头上的敷衍，不论对我们还是对他们自己，都是如此。这些"宗旨"如此乏味无趣，仅仅是为了在内部组织结构中摆出姿态而已，根本经不起任何检验。尼采认为，正是这种躁动不安的状态，构成了我们时代的虚无主义。如他所说，一个虚无主义者是一个这样的人："对于如其所是地存在的世界，他断定它**不**应当存在；对于如其应当是地存在的世界，他断定它并不是实存"[48]。在这种情境中，虚无主义描述了一种特殊形式的不满，这正是我们想竭力逃离的。这就是那些不断地抱怨、但缺乏疗救他们境遇之手段的人所处的状况。这是一种由文化所产生的失调，它折磨着那些最怀抱希望的"理想主义者"，正如它也在折磨那些最为沮丧的现代犬儒一样。真的，它把这两类人联系在一起。

在此，尼采对虚无主义的批判或许为理解当代犬儒主义提供了一个最为有用的解释框架：它是一种必要的文化现象，一种自西方式的主体性降临以来就一直在酝酿的现象。由此，它可以被领会和理解为一种具有内在冲突、如忧郁症一般的状态。它不会适应，甚至都不会承认"上帝之死"的后果——"上帝之死"已经导致了合法性向着它的现代形式转变：一种宇宙意义上的理性已经被放弃，"我们存在于一种超越我们的实存秩序中"的想法已经失效。请让我再次引用尼采："这件惊人的大事还在半途上走着哩，它还没有灌进人的耳朵哩。"[49] 这就是我上文中说到过的"本体论层面的震动"。当我们转向"我们在宇宙中的位置"的现代理解，这种震动就随之而来。但我们现在还没有认识到这种"本体论层面的震动"会有多大影响，其程度有多深。现代犬儒主义是"上帝已死"所留下的暧昧空位期的统治者。它是这种状况的产物：未能接受丧失，未能意识到某物已然丧失，或者，即使承认了这种丧失，也未能准确地理解我们所丧失的到底是**什么**。如果援引弗洛伊德，那么现代犬儒主义可以被类比地理解为一种受到抑制的哀悼,一种忧郁症状态[50]。忧郁症被弗洛伊德理解为"不成功的哀悼"。因为要适当地哀悼某一对象的丧失,就必须去面对这一丧失所带来的创伤。而现代犬儒无法直面创伤,忧郁症使他们陷入了困境。在这种受到抑制的痛苦状态下,"在心理上已丧失之物的存在得以延续"——尽管这一现象并不容易被发现[51]。对于现代犬儒主义而言,丧失之物的延续成为一种被否认的依恋,对某些现代犬儒自称已不再相信的东西的依恋。由于现代犬儒主义只能非常模糊地理解这一丧失,所以不可能与这一丧失完全调和。因此,这种忧郁症状态的持续如此之有力,并且如此难以克服。在以这种方式遭受着苦难的同时,现代犬儒主义依然被卡在一种抽象的失落感之中。这种失落感使现代犬儒感到全然无力,因为其原因既不能被确认,也无法超越[52]。然而这种状况是可以被处理、被理解的,并从中寻求进一步发展。现代犬儒主义可以在失落感的配合下逃离其忧郁症式的陷阱,直面尚未得到充分反应的基础性创伤[53]。

"虚无主义"和"犬儒主义"一样,作为一个描述性术语,主要是贬义性的。事实上,两者被混为一谈:"与虚无主义相类似，犬儒主义导致个人与国家放弃了所有的道德价值，淹没在被理智和伦理方面的阴郁所注满的恶臭之海中。"[54] 和犬儒主义一样，虚无主义作为一个有理智价值的概念，需要经受一定程度的修复，才能被有意义地加以面对。虚无主义一般被认为与这样的信念相关：生命无意义，无物为真。因此，虚无主义被认为是一种危险的疾患，对社会秩序具有侵蚀作用，除了黯淡的前景之外，对什么都无法感到满足。但这种对虚无主义的描绘过于绝对化了，也过于轻视了它。这种描绘只能将高度复杂的合法性危机简化为由"下了决断的否定性"（determined negativity）所导致的非理性状态。诸如此类的关于虚无主义的观念必须被清除掉，以便能更好地理解虚无主义是如何在日常行为中显现的。

虚无主义并非完全由否定性所构成，也并未完全陷入否定性之中。以教育为例，几乎没有任何一个从事教育工作的人是日常意义上的"虚无主义者"——因为那将意味着完全放弃"教育具有某种目的"的想法，不论此种目的是道德的，还是解放性的，甚至仅仅是工具性和实用性的。不管"教育具有某种目的"这种想法是如何形成的，想要在教育环境中发挥作用，至少要保有对教育的某些信念（哪怕仅仅是表面功夫）。教育机构的确是孕育各种形式的否定性的地方——从系统性生产"失败学生"[①]，到教职员工、学生、行政人员和管理人员之间的相互抱怨。（因为现代教育系统的终极目的和组织原则依然是模糊不清的，所以在这样的环境之中，这些人只能三心二意地共存。）尽管如此，所有对教育的嗟叹，都基于一个先决条件：这些人对"教育是重要且必要的"这一观念并无疑虑，也不会去扰乱这一观念。否定性可以在这种地方横行无忌，但它不可能占据绝对的支配地位。对教育的理念而言，它也不会是灾难性的。种种否定的情绪可以被放纵，是因为它们不会真正地造成威胁。它们无法危害到支撑教育这一空间的基础性承诺——所有问题总是可以通过更多的教育来得到改善。作为一个整体，教育所存在的问题没有得到真正的审视。对教育的每一次抱怨都只不过是将之延后再议。每一次指出教育的失败后，更多、更好的教育

---

① 既是因为"优秀学生"（好生）只有通过与"失败学生"（差生）的对照才能凸显出来，同样也是因为"优秀学生"的名额有着人数比例限制。例如，某高校强行规定一门课程的"优秀率"不得超过35%。

是唯一的解决方案。因此现代教育是虚无主义的,尽管这种虚无主义指的并非传统意义上的那种因为"什么都不重要"而放弃一切努力的想法。现代教育的虚无主义寓居于这样一种需求之中——教育必须得到拯救,但根据其制度设计,它永远不能也永远不会被拯救。在教育的当前形式下遭受苦难的人,用尼采的话来说,"用希望来维系生存,这种希望是不能被任何一种现实所反驳的——这种希望也不能被任何一种现实所**消解**:这就是一种对彼岸的向往"[55]。对教育而言,"彼岸"可以有许多种形式,如教育对完满的承诺、对启蒙的承诺、对正义的承诺等等。这些承诺始终受到呵护,被期待,被重复,但从未被实现过。这就是教育中的虚无主义。这也是教育中的现代犬儒主义的成因——其出现乃是因为教育者们不懈地试图去拯救教育,却一次又一次地遭受必然的失败。"失败学生"是被这个体系有意制造出来的——这个体系只有通过制造"失败",才能"概念化""成功"。因此,"失败学生"就为现代犬儒派提供了无尽的后备军——他们会有一种徒然的、无生产力的、封闭的、无反思的现代犬儒主义。一些教育工作者在实践"理想主义",试图通过"不犬儒式"的忘我投入，通过教育来实现改善。但在其努力中，恰恰制造出了教育中的现代犬儒主义。正是在他们之中，这种现代犬儒主义生根发芽了。

教育在其虚无主义面前退缩了。它更为完整地实现自己的虚无主义，不愿承认其乐观主义中包含着虚无主义。但或许教育能接受其虚无主义，反而会运行得更好。的确有人认为，西方式的虚无主义并非一件坏事。在承受其苦痛的同时，我们才有机会进入"形而上学、道德、宗教和艺术这些'虚假'构造之形成过程"。当我们拥抱虚无主义之后，虚无主义会把"一整套的错误"摆在我们面前，而"单就凭着这一整套的错误，现实之丰富性，或更简单地说，现实之本质，才能被构造出来"[56]。这种说法很难让人感到安慰。但为什么一定要这样呢？在此，与之密切相关的现代犬儒主义的态度或许是有所帮助的，它可以减少我们对"救赎"的需求与渴望。当我们为了获得期望中的安全感（形而上学的诸种框架之复兴、政治参与之本真）而习惯性地退缩之时，一种更为审慎的现代犬儒主义或许可以使我们有所犹豫和踌躇。它能帮助我们去抵抗关于未来的虚假承诺：我们可以用意志力去克服自己身上的虚无主义——似乎虚无主义可以这样被拒斥。现代犬儒将通过一种"批判模式"来实现所有这一切。这种批判对现代犬儒乃是一种诅咒（对其他人也一样）。但这就是尼采所赞赏的东西。他在他那个时代被称为"犬儒"的那些人身上看到了这些，即"那些认识到自身的动物性、庸鄙和'循规蹈矩'的人，却仍有一定程度的智慧和勇气，促使他们**在见证人面前**谈论自己和同类"。尼采还在后面插入了这句话，"有时候甚至在他们的书本里自得地打滚儿，就像在自己那堆粪上一样"[57]。这一插入句证明尼采已经意识到：犬儒主义作为他本人所非常迷恋的媒介，其实并未能提供逃避之路。

斯劳特戴克与"拉屎法则"

斯劳特戴克对现代犬儒理性的批判是这么开始的——他宣告了哲学之濒死。这一宣告非常有名：

> 迄今一个世纪以来，哲学一直躺在它的灵床上，等待着自己的临终时刻……我们被启蒙了，我们变得冷漠了。再也没有谁会谈及"**爱智慧**"。再也没有什

么知识可以让人和它做朋友,对它表达"对知识的友谊(philos)"了。[58]

哲学"没有在思想管制之下垮掉,在熠熠生辉的巨大痛苦之中蹒跚前行",被那些无法实现的伟大主题和希望所萦绕纠缠着[59]。斯劳特戴克认为,教育的前景也同样地黯淡,或许还要更糟一些。因为他嗅探到"对教育之信仰的终结"已然"飘荡在空气中"了[60]。或许斯劳特戴克的嗅觉比大多数人都要强,但我对此并不买账[61]。斯劳特戴克在其著作中宣称,他越发感受,在古代犬儒主义中有"一种确定的东西":"在你能学到任何有意义的东西之前,事情必须先变得更好。"[62]正如我们所知,这种想法的确会敲响教育的丧钟,尽管现实情况是相反的,即主流观念认为"只有通过学习,才能设想并推动改良"[63]。斯劳特戴克提供了他的诊断,但从那以后,各国政府都坚持这一点:教育是必须的,而不再是一个可选项;所有社会成员都必须走上终身学习的道路,这似乎是通向总体经济繁荣的途径[64]。尽管斯劳特戴克可能是对的,但就其谈论"爱智慧"和"受过教育之人如何卓越且重要"而言,他可能是言过其实了。因为当下受过教育之人，不知怎么地都散发着轻信和容易上当的气味。哲学家和教育家们仍在努力工作，并相信他们的所作所为将通向进步和改善，即便只是含糊地确信这一点。现代犬儒主义并非被普遍的冷漠所驱动，而是被**不完全的**"幻灭之后的清醒"[①]所驱动。

在斯劳特戴克的分析中，另一个言过其实的例子是这种说法："因为一切都变得有问题了，所以一切也都无所谓了。"[65] 但我认为，现代犬儒并非全然的无所谓或不在乎。他们的更常见的特点是空洞的快活，而非凄惨的忧郁。相较之下，斯劳特戴克将当今的现代犬儒描述为"濒于忧郁症的患者"这一说法更有启发性，尽管对于那些被他称为"在忧郁症边缘勉强生存，而未完全陷入忧郁症式的呆滞中去"的人，斯劳特戴克给予了过度的赞颂。斯劳特戴克暗示，只有"控制住他们的忧郁症状"，当今的现代犬儒才能活下来[66]。如果延续之前的说法，那还可以有另一种对当下这种忧郁症状况的解释。当今的犬儒之所以只是"濒于忧郁症的患者"，正是因为他们还未能完全屈服于现代犬儒主义。根据尼采的说法，那些受虚无主义影响最深

---

① 一般译为"祛魅"，但此处上下文不支持这种译法。

现代犬儒主义并非被普遍的冷漠所驱动,而是被不完全的"幻灭之后的清醒"所驱动。

_____

者，还没有甘心与他们所面临的困境妥协。这些现代犬儒之所以"或多或少能够工作"[67]，并非因为他们能控制住以种种不同方式汹涌而来的现代犬儒主义，而仅仅是因为现代犬儒主义尚未使其存在被充分地感受到。

在其他地方，斯劳特戴克将现代犬儒主义描写为"恶心"的一种形式："犬儒在原则上就感到恶心：对他而言，一切都是屎；他那个过度失望的'超我'在这堆屎之中完全看不到任何的善好。"[68]这再次地夸大了现代犬儒主义的凶残程度。而我认为，现代犬儒的问题就在于他们的失望还不够。这才是现代犬儒主义作为一种文化现象得以延续的原因。它避免被迫去面对危机，却总是避免引爆危机。尽管斯劳特戴克对现代犬儒的描述可能过于夸大了，但他给出了一个有用的标准，可以将现代犬儒主义和古代犬儒主义区分开来——古代犬儒派哲学家"是那些不会感到恶心的人"。斯劳特戴克暗示，古代犬儒在这方面像是幼童一般，"对自己的排泄物的否定性还一无所知"[69]。再一次，或许应该给予古代犬儒派以更多的褒奖。古代犬儒之所以和排泄物进行接触，可以被理解为一种策略，而非"婴孩般的"（我在贬义的意义上使用这个词），是要利用自己所产的污物来表达自己的看法。古代犬儒的排便行为带有这样的信息:"你觉得这事如此让人心烦意乱,可这多么滑稽!"而斯劳特戴克则想象出一些自我意识过剩的现代犬儒,决心将自己提升至"恶性现代犬儒主义"。对于他们而言,古代犬儒的教诲被转化为"我们还没被恶心够"。这一转化首先面向所有萌发了生态意识之人,他们准备好了倾听,但传达给他们的无非是他们已经知道了的东西。尽管比起大多数人,现代犬儒把话说得更加刺耳。

人类必须直面现在这副鬼样子:"**一个以超级生产力进行粪便累进的工业－动物。**"斯劳特戴克以其特有的直率指出了这一点[70]。然而,以令人不适的方式来指出存在着庞大的垃圾生产体制,并非问题的终点。因为垃圾的生产是与垃圾的管理绑定在一起的。甚至恶心都可以被收编。在对我们与垃圾之间那种爱恨纠葛的矛盾关系的研究中,或许没有比多米尼克·拉波特那本被严重忽视了的《屎的历史》①更一针见血了。拉波特认为,对垃圾的拒斥是"秩序之生产"的基础。这其中强制执行着一个"拉屎法则——

---

① 中译本请参见:多米尼克·拉波特,《屎的历史》,周莽译,商务印书馆,2006年。

主宰者的法则"[71]。仅仅指出由我们所产生的粪便是不够的，因为这只能让我们首先感到肮脏而非恶心。而现代犬儒则要让我们在感到肮脏之前更多地感到恶心。如果仅仅是抱怨肮脏，将导致这样的后果：在这种抱怨被听到之时，现代社会加倍努力去维护秩序，去付出加倍的勤勉，从而不可避免地制造出**更多的粪便**。垃圾问题再一次被资本所驯化并收容了。因此在看到塑料充斥的海洋和正在崩溃的生物圈时，这种更厚颜、对"粪便"早已司空见惯的现代犬儒，并不会因为不可抑制地义愤填膺而陷入郁闷沮丧的情绪中。这种现代犬儒不会指出什么、凝视什么、坚持要去做些什么。这种现代犬儒早已熟悉了粪便与权力之间的相互循环，因此他们正确认识到了问题的严重程度。除了"我们自身之所是"的湮灭①之外，他不会为别的东西感到满意——激进主义不会被喜爱或感伤这样的幻象所转移。这种现代犬儒拥有这样的立场：对所处生存秩序中的一切都保持怀疑——这些行动中最好的那些，不过是在分散我们的注意力；而最坏的那些，则是让我们与全球剥削和堕落的现实相妥协的手段。

---

① 即人类的灭亡。

8

第八章 尾声：犬儒主义的不可逃避性

由于近来对"古代犬儒主义现象"的学术兴趣在不断地增长，所谓"古代犬儒哲学的继承者"的名单就越拉越长。在某种意义上可以归类于（前近代意义上的）古代犬儒主义的人，范围极其广泛：喜剧演员、讽刺作家[1]、骗子[2]、街头艺人[3]，以及政治活动分子——例如俄罗斯朋克组合"暴动小猫"[4]。在这个名单上，我们还可以加上彼得·帕夫伦斯基：2012年，他缝上了自己的嘴，以抗议对"暴动小猫"三位成员的监禁；2013年，他全裸并用铁丝网包裹自己，让人把他放到圣彼得堡立法会的正门口；同年晚些时候，他将自己的阴囊钉在莫斯科红场的地上；2014年，他在一家著名精神病院的屋顶上全裸静坐，并割下了自己的耳垂；2017年，获得法国的政治庇护后，他在巴黎的法兰西银行门口放火。帕夫伦斯基的这些行为艺术与古代犬儒的抗议行动之间可能会有一些共通处：帕夫伦斯基的赤身裸体；他在公众面前的不知羞耻；他的公开自残行为所需的高度忍耐力和自控力；他用自己的身体来展现真相（政治压迫的真相）；在比喻的意义上可以说，他渴望"留在雅典"（"每当我进行这样的表演，我绝不会离开这个地方。对我来说，留在那里很重要。当局正困在一个死局中，不知道该怎么做了"[5]）；他致力于"把当局拉入他的艺术之中"[6]，愿意将国家卷入其中：把他拖离现场，把他关起来，于是在他的行为艺术之中，国家可能就成了一个积极（或许并非自愿）的参与者；他对国家权力的诸种工具进行了策略性的利用，让诸如媒体、国家宣传、精神病学等成了他艺术创作的积极参与者，以传播、反映并放大他所传达的信息。但有一点是他所坚持的，那就是基本的事实不能被扭曲（"被砍掉的耳垂依然是被砍掉的耳垂，被钉在广场上的阴囊始终是被钉在广场上的阴囊"[7]）；通过行为艺术，他确认了压迫之存在，而对"压迫"本身则进行了接纳、具身和增强；他宣称要用同样的行为方式来超越这些压迫（一旦他藐视当局并成功地将自己钉在地上,"对痛苦的恐惧、对威权的恐惧,就会消散",这导致他体验到了一种"解放感");他对教育所持有的态度相对低调("我曾在许多地方学习,从艺术院校到一般的大学,但我总是在课业结束之前离开。为什么?因为我只需要它们所提供的信息。我不需要任何的学位或文凭。学位是什么?那只是确认你完全符合他们的标准而已"[8]);他拒绝了一切形式的奴役(他形容艺术院校是一个"旨在使艺术家成为仆人的规训机关"[9]);他决心戳穿"现代俄罗斯社会中的冷漠、政治无感和宿命论"[10](这可以被视为,他站在类似于古代犬儒主义的立场上,反对现代意义上的犬儒主义)。最后,在法兰西银行这个例子里,我们看到流亡的古代犬儒对接纳他的东道主社会的忘恩负义("我们拒绝了法国想要给我们的一切东西"[11])。共通之处是很明显。这些共通之处暗示着,古代犬儒主义在当代社会中或许依然扮演着某种角色,还具有一定的作用。但只要他们并未以"古代犬儒主义"自称,将这类特立独行的政治活动家和行为艺术家纳入"古代犬儒"这一解释框架时,我们应该谨慎行事。

带有明显的古/今犬儒主义特征的各种现代文学人物

和音乐家也得到了详尽的研究,数量甚巨,这里就不再一一列举[12]。然而,问题就在于被归类为"古/今犬儒"的作家和音乐家的范围和数量实在太大了。根据某些估算,几乎所有"特立独行"者都可能被认定为古代犬儒——"无政府主义者、流浪汉、无业游民、垮掉的一代、嬉皮士、朋克、新纪元运动成员、波希米亚分子"——这个列表还在不断增长[13]。尽管个别研究者会相当小心地勾勒出各自的"犬儒主义"概念[14],以避免这种过于广泛的概括,但他们所列举的名单依然过于冗长。因为对于像"古代犬儒主义"如此多样化和多层面的传统而言,(或许可以/或许不可以)被归属于"古/今犬儒主义"的作家、音乐家、街头艺人、行为艺术家、抗议者和社会活动家的总名单很可能是非常长的。这的确可能成为未来研究的沃土。但值得注意的是,在上述研究所列出的名单之中,被提及的绝大多数人并不自认为"古/今犬儒"。本书对"古/今犬儒主义"的分析仅限于古代犬儒派被直接或间接地提及了的情况。我要承认,这种研究进路的确很可能阻碍对于古代犬儒派哲学的遗产以及由此所激发的实践活动一种更为宽泛的理解。而且这种论证路线确实遗留了一个尴尬的问题——在今天,一种公开承认自己身份的犬儒主义看起来会是什么样子的?这一问题乃是在追问:当代犬儒主义在社会中广泛传播,却很大程度上被否认和无视之时,一个更加自觉地从中汲取资源并不断自我壮大且更为"刻意"的当代犬儒可能会做什么?提出这一问题的目的,是推动现代犬儒主义去认识其内在的、尚未被充分开发的否定性,并推动它将这种否定性真正付诸实践。我们已经看到,古代犬儒主义顽强地留存下来。伴随着对古代犬儒主义技术性的选择性模仿和进一步的适应性改造,现代犬儒主义可以吸纳这些变化并利用它们来增强自己的特性。不过需要警惕的是,任何对古老传统中所蕴含着的"越轨行动的逻辑"的渴望与吁求,都绝不能以精准还原古代犬儒主义的具体实践为目标。因此,必须对古代犬儒主义那种率性而为的、依赖情境的本性给予应有的关注。这可以确保向古代犬儒主义学习的尝试不会沦为简单的模仿。举一个显而易见的例子:在现代听众面前拉屎,已经不会再具有古代那种效果了[15]。部分原因在于,观众已经不一样了。观众对于古代犬儒的实践活动是必不可少的:"第欧根尼所需的东西很少,然而他需要一群人。"[16] 但现在,聚集观众的形式已经完全不同了。以无耻著称的古代犬儒式行为,由"吵吵闹闹的人物"来表演,"能够以不文明的方式回击虚假生活"[17]。但现在,试图效仿古代犬儒的人会发现,自己已经不再面对真实聚集在身边的观众,而是(部分地)身处在虚拟的场景中。在这种状况下,观众参与的规则变化了。当代聚集观众的形式是这样的:现在的观众在连续不断的推文(tweets)之间表达自己的愤慨和咬牙切齿。他们在线上远距离地确认自己的身份。观众们用键盘在线下书写,犹如反射弧一般地感知着自己的义愤。放纵而草率的反应留下了线上的痕迹。这些都是此种形式的功能。肆无忌惮的愤怒已经成了当代网络生活的庸常特征。或者用一个最为严厉的批评者的话来说,网络的显著特点就是每天都在提醒彼此,他们都是"糟透了的屎坨坨"[18]。互联网的繁荣建筑在不良情绪之上。只要你在线注册,那么哪怕是对着网络主要服务提供商发泄怒火,也会为脸书、推特和谷歌之类的公司带来进一步的收益。如果古代犬儒可以通过社交媒体引发骚动,并不代表着古代犬儒式的越轨行为,而只是当代社交媒体的日常而已。古代犬儒的现场排泄,让聚集在他面前的观众感到反胃。但这样活生生的观众已经被网络上的虚拟观众所取代了。他们不会再感到作呕，他们只感到愤慨。而愤慨将被转化为利润。

如果要衡量第欧根尼的时代与我们的时代之间的历史距离的话，那么斯劳特戴克的想法依然值得一提：他邀请我们去想象一个**"归来的第欧根尼"**——第欧根尼从他的雅典木桶里爬出，从古代的历史中走出，走入了当代的历史[19]。尽管第欧根尼曾教导说"要准备好领受一切"，但他在今天的世界所发现的东西似乎超出了"古代犬儒式颠覆"所能影响的范围。似乎在我们当今这个极其不同的环境中，"古代犬儒式的不知羞耻"已经不再足以挑战社会规范。所有这些乖张扭曲甚至变态的行为，现在都被纳入了心理学范畴。人们预期心理学能对这些行为加以疗治。甚至还有一种所谓的"第欧根尼综合征"：它指以秩序与清洁的名义将家居环境弄得肮脏污秽的病态行为。冠以这样的名称，其实是在尝试对古代犬儒主义进行收编，将这一名号尽可能地无害化和中性化。但这实在是一种最为荒谬的收编了。古代犬儒式的乖张变态以及那些无耻行为，旨在唤起对社会主流价值的怀疑。因为正是这些主流价值，推动了那些令人震惊的丑闻之发生。但在现代世古代犬儒的现场排泄，让聚集在他面前的观众感到反胃。但这样活生生的观众已经被网络上的虚拟观众所取代了。他们不会再感到作呕，他们只感到愤慨。而愤慨将被转化为利润。

——————————————————

界，精神病学和监狱社会的发展，彼此促进，互相强化。在这一背景下，古代犬儒的那些无耻行为只会使那些矫正机构得到增强。这些机构把"不正常/变态"变为实施矫正行动的充分理由，以此来让人们的举止"正常化"。所以，归来的古代犬儒会被关起来、强迫服药，以及最糟糕的——"被理解"。

古代犬儒的"作案手法"是倡导"过一种不同的生活"。这在当代也必须面对"被资本所利用"这一不可避免的局面。1968年五月风暴的遗产在此可以作为一个有用的提醒，提醒我们一种"再造日常生活"的尝试是如何被以狡诈的方式挫败的[20]。正如其批评者所论，"日常生存"现在已经被资本无情地剥削利用了[21]。工人以及教育的主体被期望追求生活的风格化①，从而使他们永远与市场的奇思妙想相适应。个人生活越来越被这种生活方式所框定，并折回为对自身的塑造，成为一种"相对于（vis-à-vis）培养文化品味（也包括潜在的反文化品味）及身体形象等

---

① 指"打造个人生活风格"这样的思考-生活模式。用各式各样流行的物件、态度、话语、行为模式以及身体形象来装扮自己，以形成一种稳定的、能够在大众之中凸显出来的、起到识别作用的"个人风格"或"个性"。

等而言的自我风格化的生活"[22]。当社会问题被摆在面前之时，那些令人感到不舒服的政治追问都将"以伦理紧迫性的名义"被搁置。例如，自从1985年第一场"拯救生命"（Live Aid）演唱会以来，一种特定形式的"意识形态勒索"在社会之中生根发芽。大众坚持认为"有爱心的个人（们）"可以通过集体掏腰包来直接终结饥荒，而不需要对全球政治秩序进行系统性的重组[23]。

如果今天的"古代犬儒"需要设法避免被病理学化（pathologization），或避免因猥亵行为被捕，那么只能做如下选择——让大众将其具身实践理解为仅仅是对另一种生活风格的选择，或是一种政治声明，要么不过是又一种（在自由主义可接受范围内运作）裸露癖。有人认为，晚期资本主义的霸权模式已不再是传统类型的父权制的。这也就是说，以"俄狄浦斯式父亲"为模型的那种禁止享乐的父权制已经解体。晚期资本主义转而以放荡的"原始"之父和"享乐大师"为模型，将享乐的冲动转化为对压抑的禁令[24]。如果我们接受了这样一种观点，那么我们可以看到，甚至连古代犬儒那种"愉悦的繁盛"也可能被晚期资本主义所收编。享乐的空间被权力所占据，这一权力坚持其治下的诸多主体必须满足自己。当然,绝对满足总是被权力所把持,或被放置在遥不可及之处。每一件售卖给顾客的消费品,每一种兜售给个体的生活经验,都承诺着那种注定得不到的绝对满足。这乃是为了发展出一种对绝对满足的渴求,而不是去满足它。鉴于上述情况,以古代先祖为模板的当代"古代犬儒主义"很明显将举步维艰,其策略已不再起效,被全新的政治环境所击败:当代统治者允许甚至欢迎某些离经叛道的行为,或许在某些情况下会对它们进行惩戒,但很大程度上已经不再被这些行为所震惊。对权力而言,离经叛道已经变得清晰可辨,有迹可循——在社会权力体系中,它已经被赋予了自己的位置。

这样一来,对古代犬儒派哲学的任何复兴都会面临为数众多的挑战。古代犬儒主义已经不再能作为模板来使用,必须做出相当重大的调整。在这里,古代犬儒对"正直的生活"的态度(福柯对此进行过概述),将提供一个很好的例子,用来展示一条不断修正和调整的路径将如何运作。"真正的生活"或"正直的生活"——坚定不移地追求某种明确的"逻各斯"的生活,是支撑古代哲学的主题。对于这一主题,古代犬儒派接受了。但他们的目的是颠覆它，通过收编它来嘲弄它。对于"可敬的哲学"而言，"真正的生活"指向着一种更崇高的秩序。某一派哲学总结出自己版本的"人类－社会－公民法"，并认为它"必须作为'真正的生活'之框架、网格和组织原则"。由此，"真正的生活"被哲学家们所教导和倡导，并通过与某一套"人类－社会－公民法"相关联而获得了正当性[25]。相较之下，对于古代犬儒派而言，"真正的生活"乃是被迫去除对更高事物的依恋，并"指向自然本性"[26]。作为一种越轨行为，这在策略上是有意义的。古代犬儒派追求"真正的生活是别样的，而且是深具丑闻性的那种别样"[27]，以此来质疑"正直"的判定标准。古代犬儒派与所谓的"诸种自然力"结成了战术同盟，并将之与一切社会惯例相对立。然而随着现代性的降临，这种战术同盟已经意义不大了。将某种激进哲学指向自然、指向诸种自然力，这样的企图将很快地陷入"意义的罗网"（net of signification）。这种"意义的罗网"是由所谓的"人文科学"操纵并主导着的。"生命政治"诞生在19世纪。在整个20世纪中，它对社会生活和政治理解的控制不断地收紧。在生命政治的作用下，"自然"概念已经变得不堪重负，而且隐约有背叛的可能[28]。"自然过程"现在已经被权力所招募，变成了权力之运作的一部分，"自然过程"已经成了例行常规之事。我们曾经将自己理解为"受制于自然规律和自然趋势的存在"。这曾是我们的"自我理解"——而现在，至少在某种程度上，统计分析和人口控制已经取代了它。此外，哲学已经不再教授一种"生活之道"，也不再在提供社会的、政治的或文化的咨询意见方面扮演任何重要角色，不论其从业者是否选择相信这一点[29]。在过去时代，神职人员肩负起调节生活的重担。从此中解脱出来之后，一种非常不同的生活风格就会凸显出来：以实用为宗旨的调和、以起作用为旨归的操作、指向自我的调整——这就是现代生活之道。在这种背景下，古代犬儒派哲学主张"正直的生活"这一举动，不再会被当作以主流教学模式为目标的一种讽刺、一种富有教育意义的夸张，而会显得似乎只是某种残存下来的教条主义的产物。在追求"正直的生活"或"真正的生活"之时，古代犬儒或许会显得很"老古板"。放弃了"正直的生活"后，古代犬儒可能反而会接受主流的生活形态——一种由破碎的承诺和脆弱的理想所构成的生活。但古代犬儒会进一步地打破它，去选择更激进的生活形态：酷儿的生活——不可逆转地被"变弯"；同性恋亡命徒的生活——非规范的身体、被抛弃的未来[30]。

尽管它本身所留下的痕迹已经不可避免地被扭曲了，但古代犬儒主义所创造的东西，那些挑衅和冲动，依然在发挥作用。这包括它对教育观念以及各种形式的优雅精进所发起的历史性攻击——这些是与此种的立场结合在一起的：古代犬儒主义对压制性体系提出了质疑，认为如果不存在致力于引发此体系解体的质询过程，且这个过程还必须是持续的、始终严阵以待的，那么声称"逃避是可能的""社会改革是有意义的"，不过是虚伪的谎言，而古代犬儒主义拒绝那些虚伪的论断。古代犬儒派哲学对体制有批判。这些批判根植于古代犬儒主义的内在，也从他们的实践行为中得到了展示。但这些都不过展示了这样一点：古代犬儒依然被其所质疑的体制牢牢束缚着。在这方面，古代犬儒发现，越轨行为的从事者与他们要颠覆的文化之间互相依存。而古代犬儒的实践，既是为了对此进行批判，也是为了将这两者进行分离。这种互相依存关系构成了犬儒主义试图面对并克服的"越轨行为之悖论"——

它揭示了如果古代犬儒在其试图改造的社会中实践，试图摆脱所有可疑的文明层积物，会导致那些安贫乐道的古代犬儒对反而更加依赖他们所批判和嘲笑的"文明"。在一个古代犬儒的眼中，文明开化的生活最为人道、最为令人叹为观止的收获，依然是可疑的。情感因蕴含着受到掩盖的权力运作，受到古代犬儒的全面攻击。古代犬儒式的批判是以其信念为指导的。古代犬儒主义坚信，尽管文明的最高成就已经够糟糕了，但就"文明之滥用"而言，最糟糕的还不是其最高成就本身，而是位于这种最高成就之中的实现这种最高成就的方式。考虑到以上所有这些关于文明的教训，古代犬儒主义不教导任何关于文明的内容，也不教导如何去文明开化地生活。在其活跃着的内核中，古代犬儒主义依然是持逃避态度的。在古代犬儒派的实践中，他们拒绝因为任何特征而被识别出来，不论是木桶、放屁还是"自由言谈"。它以战术灵活性定位自己，最终却迷失于其中。古代犬儒主义是一种关于"反叛"的模式，是那些环顾四周却发现一切都不尽如人意者所处的窘境。用福柯的术语来说，古代犬儒承诺要实现"**一种别样的生活**"，通过对我们所拥有的生活进行坚定不移的批判来完成。在这一批判的过程中，没有人，甚至包括古代犬儒派自己，能逃避来自古代犬儒主义的蔑视。这种蔑视既是令人受辱的，也是能起到变革作用的。任何人都可以说出"另一个世界是可能的"这样的话语，但古代犬儒主义的承诺与此全然无关。古代犬儒所主张的"别样的生活"只能如此这般地被体验到：将生活变成丑闻，成为对一切良好品味与正派得体之标准的冒犯与攻击。由古代犬儒主义所造成的"他异性"（alterity），这种对现实生活进行全然颠覆的可能性与现实性只能经由它所造成的冒犯而被感受到。因为这种他异性是通过身体姿态来展示的，而非通过言语的论辩。古代犬儒并不通过"说理"来提供论证。"说理"需要定义论证的界限，需要进行总结和归纳。而古代犬儒式的论证，其开始与结束一样，都是突如其来、不拘小节的，没有任何的仪式。

古代犬儒主义的批判并没有确切地解释，它到底在社会中发现了什么样的令人厌恶的东西。一桩古代犬儒式的丑闻也没有为理解古代犬儒式行为提供这样的解释框架：这一行为到底试图告知我们什么，它的最终意图到底为何。相反，是观众提供了解释框架，解释了丑闻为何是而古代犬儒式的论证,其开始与结束一样,都是突如其来、不拘小节的,没有任何的仪式。

────────────────────────

如此这般地形成的。在观众对一起古代犬儒式行为的反应中，当观众调动其自身的道德秩序之时，当观众动员起他们的各种能力来表达厌恶之时，他们就在定义古代犬儒主义，决定了其在文明秩序之中的位置，并对他们所感知到的这一越轨行为之本质加以裁决。正如我们所看到的，由观众所提供的这一解释框架注定无法充分地解释古代犬儒派，无法充分地理解为什么一个古代犬儒选择以这样或那样一种方式来行动。尽管如此，至少我们可以说，这就是古代犬儒主义通过种种有意的、奇异的、古怪的越轨行为所试图达成的效果。与一般人的想象相反，古代犬儒派熟知举止得体的标准为何。但他们决定有意与之针锋相对。这正是古代犬儒派的关键手法，以确保他们始终处于"不可理喻"的状态。观众或许可以提供他们自己的判断框架，但是由社会与文明所造就的框架。观众无法理解，为什么有人试图突破这一框架的边界却毫不解释其目的。让我们关注现代犬儒主义。如果采纳我的主张，即现代犬儒主义是一种文化现象，那么我们就可以理解这一点：我们的现代犬儒式困境只是一种"部分不满"的产物，是一种流产的、未完成的虚无主义之症状。我们可能仍想知道，更为完整、更积极拥抱当代犬儒主义的不满的犬儒主义会是什么样子的。把古代犬儒式丑闻的逻辑应用到我们自己的时代时,似乎对拥抱现今的现代犬儒主义并无帮助。这不会提供一个更为综合、更为清晰的理解,不会向我们解释为什么一切都很糟糕、为什么现代犬儒主义是合理的。相反,这种古为今用的做法只能让现代犬儒主义专注于确认自身那种无法定形、一直存在的不满。对现代犬儒主义的肯定,必须在某种程度上保持不连贯——就像古代犬儒的丑闻一样,这是一种奇异的选择。为什么要肯定现代犬儒主义?没有充分的答案。但和古代犬儒主义一样,这种表示肯定的行为显示"一种不同的生活"的可能性。实现这种可能性的前提,是要使目前的尘世生存完全地崩溃——从毁灭那种导致剥削、污染和生态崩溃的全球经济秩序,到彻底调整那些占有我们并存在于我们之中的主观性。公开宣称自己是现代犬儒的那些人并不希望马上激发这种完全的崩溃,不期待它如某种"革命的奇点"(revolutionary singularity)一样出现。但这些人将致力于不断攻击目前的体制,使之变得更为不可理喻,同时也使之不断地具有变革性质。这是被肯定,也对自己持有肯定态度的现代犬儒主义的效力。他们不需要模仿古代犬儒派的挑衅性和对抗性的行为。这并不是说挑衅和对抗已经从现

第八章 尾声:犬儒主义的不可逃避性 247

代犬儒派的武库中被排除了。现代犬儒派也会选择对抗，但那是战术性的对抗。他们甚至会再次成群结队地嚎叫。当他们被问及"为什么要暴动?"[31]，他们可能会这么回答："为什么不呢?"也就是说，现代犬儒派在这种问题前展示出这样的态度：他们对此漠不关心。他们不再耗费精力去与"要受教育""要勤劳""要参与政治"之类的官方话语做无谓的争论。他们以无所谓的态度迎接这些官方话语，仿佛什么都没看到。这一态度对任何吁求都没有反应，也因此让权力感到不知所措，感到挫败。面对着这样的态度，权力将再也无法炮制出一种顺从的现代犬儒主义。

· 词汇表

古代犬儒主义（Ancient Cynicism）

作为一个由靠行乞为生的哲学家所组成的松散团体，古代犬儒主义者很容易通过他们极具个性的服饰（著名的手杖与斗篷）、刻意表现出的贫穷、粗鄙的举止、羞耻心的匮乏、令人困惑不解的作为以及狗吠般的声调等来辨识。这些古代犬儒主义者为了批评他们所处的文化，投身于这样一种有意为之的生活方式，其目的就在于激怒他们的同时代人，由此使大众的偏见显露出来。古代犬儒主义者自认为负有见证之责任——持有一种完全不同的生存态度是完全可能的。在本书作者的用法中，为了与"现代犬儒主义"（cynicism）区别，"古代犬儒主义"（Cynicism）将首字母"C"大写。

理想化的古代犬儒派（Idealized Cynics）

由于古代犬儒派没有留下自己的著作，或是根本上反对著书立说，所以我们只能通过二手资料，而非古代犬儒本人的记述来了解他们。由于后世的评论家赞美和推崇这些古代犬儒，就制造出了一种关于古代犬儒派哲学的"理想化的虚像"：既对古代犬儒派那些最具丑闻性质的方

249

面轻描淡写,也没有吸取他们所遗留的教训。

作为局内人的现代犬儒(Insider cynics)

现代犬儒主义的一个变种(因此有一个小写的首字母"c")。这个类别几乎与古代犬儒主义无关,指当代专业人士和公务员身上所存在的现代犬儒主义:他们相信人最终是受自己的种种自私所驱动。由于持有这种观念,生存在大型组织中的这些人会将"自利"作为与同事打交道的原则,竭尽全力确保个人的升迁生存。

现代的"主人-犬儒"(Master-cynics)

富有且拥有权势的当代犬儒。这些富有的权贵把普通人作为行使权力的对象,却又采纳了被统治者们的价值观与信条,并把这些价值观与信条视为实现自己利益的工具。如此一来,他们就掩盖了自身的现代犬儒主义。

现代犬儒主义(Modern cynicism)

一个一般化的范畴,用来指称所有现代形式的犬儒主义。据称,现代犬儒主义在当代社会的传播相当广泛,已经远远不是一种风土病而已了。权力者所持有的现代犬儒主义是"机会主义的现代犬儒主义"和"操纵他人的现代犬儒主义"。这些人为了确保自己拥有更大的影响力和更多的财富,无所不用其极。受压迫者和被边缘化的人群所持有的现代犬儒主义则是"卑贱的现代犬儒主义"。上述这些都被包含在现代犬儒主义的范围之中。为了与"古代犬儒主义"做出区分,"现代犬儒主义"这一术语的首字母"c"会小写。

虚无主义（Nihilism）

在一般语境下，虚无主义被认为与这样的信念相关：生命是没有意义的，没什么是真实的。然而，"虚无主义"这个术语较少作为贬义词被使用或描述一场合法性危机所造成的诸多复杂影响。这种合法性危机是西方现代性的典型特征，使现代性在各个领域（政治、文化、教育）中的解释框架被动摇，各个领域的目标和目的变得模糊而不确定。合法性危机还造就了一系列脆弱且矛盾的主体性，而我们就被这些主体性所束缚，被迫在其中生活。

家长制现代犬儒主义（Paternalistic cynicism）

现代犬儒主义的一种形式，支撑着政府行为的逻辑——政府操纵民众，又通过体制照料民众。家长制现代犬儒主义之所以特别难以被察觉，乃是因为它有着确定无疑的积极性。对于那些试图通过操纵已经存在的潮流趋势和生活习惯来塑造公共舆论的人而言，他们所秉持的就是家长制现代犬儒主义。这种现代犬儒式态度现在采取了一种更为成熟的形式：家长制现代犬儒常常通过"为民众提供的服务"来为自己谋取利益，通过"为民众提供的服务"，他们得到了理解，证明了自己的合理性。这也就是说，通过"为民众提供的服务"，他们得以继续操纵着民众，继续谋取利益，而民众则看上去"受益"了。

进步主义的现代犬儒主义（Progressive cynicism）

和家长制的现代犬儒主义一样，进步主义的现代犬儒主义也很难被发现，这是因为它具有一种坚持不懈的积极性。在现代晚期的教育工作者们之中，特别盛行这种形式的现代犬儒主义。这些教育工作者假定，教育是以"良善本性"为支撑的，并且可以通过教育让人回归这种"良善本性"。这种模式的现代犬儒主义维系着"教育是救赎"的神话。正因为如此，这将不可避免地引发失望。持有进步主义的现代犬儒主义的教育工作者们，一边在推卸责任，一边又在试图通过教育改革去增强教育的效果。

策略性现代犬儒主义（Strategic cynicism）

这是一种自我蒙骗且自我尊崇的幻梦，尤其流行于大学的学院派知识分子之中。学院派知识分子认为，他们介入现实永远是"策略性的"，认为与政府或其他具有影响力的机构打交道是必要的，但必须审慎，期待这种谨慎的操作手法可以有助于松弛（而非剪断）权力的缰绳。他们的逻辑很奇怪：一方面，他们通过学术训练与机构和体制保持一致；另一方面，他们的专业训练则要求他们对机构与体制保持怀疑。这类持自由派观念的学院派现代犬儒主义很难被觉察。因为知识分子的自我感觉良好，他们的自诩仁善，将之掩盖起来。另外，相当奇怪的是，通过对其他更为明显的现代犬儒主义的拒斥，学院派的现代犬儒主义反而建立起了自己的社会地位。这基于如下假设：现代犬儒主义具备这样的特征——"公然的虚伪"（那些毫无顾忌之人所持有的现代犬儒主义）或"信念的缺乏"（那些过度悲观的人所持有的现代犬儒主义），或者其次，现代犬儒主义是"去权"的产物（对于那些需要通过更多的教育来提升自己在社会上的影响力的人而言，他们所承受的痛苦将会成为更有意义、更积极地参与民主进程的前奏）。与家长制现代犬儒主义和进步主义的现代犬儒主义一样，策略性现代犬儒主义基于一系列的

"割席",远离"现代犬儒主义",并把这个名号安到别的什么人的头上去。

街头古代犬儒派(Street Cynics)

这是一个备受嘲弄的古代犬儒主义宗派。他们由以行乞为生的"布道"者组成,与穷人、被边缘人群结交,在罗马帝国境内四处游荡,侮辱富人和权贵。街头古代犬儒派广受谴责,被认为是"冒牌哲学家"。他们没有留下任何著作,所以我们只能通过(主流)哲学家与政治家的视角去了解他们。(主流)哲学家和政治家理想化了古代犬儒派的遗产,形成了他们所谓"真正的古代犬儒派"的概念。他们正是通过这套概念来试图对抗街头古代犬儒派。

· 注 释

第一章 序曲：伴有离经叛道的问题

1 在德国学者对古代与现代犬儒主义的研究中，尤其是斯洛特戴克（Sloterdijk）著名的《犬儒式理性之批判》(*Kritik der zynischen Vernunft*)和尼许斯－普勒布斯廷的《第欧根尼的（古代）犬儒主义与（现代）犬儒主义的概念》(*Der Kynismus des Diogenes und der Begriff des Zynismus*)中，通过两个明确的术语来完成对古代犬儒主义和现代犬儒主义之间的区分：*Kynismus*（古代犬儒主义）和*Zynismus*（现代犬儒主义）。英语的优势在于，通过首字母大小写来完成的区分可以更为容易地从一个渐变滑动到另一个。

2 Sigmund Freud, *Civilization and Its Discontents*, in *The Standard Edition of the Complete Psychological Works of Sigmund Freud*, vol. 21, ed. James Strachey, trans. J. Strachey (London: Vintage, 2001), 100.——原注。弗洛伊德，《一种幻想的未来 文明及其不满》，严志军、张沫译，上海人民出版社，2007年，第153页脚注。

3 Freud, *Civilization and Its Discontents*, 100.——原注。弗洛伊德，《一种幻想的未来 文明及其不满》，严志军、张沫译，上海人民出版社，2007年，第153页脚注。

4 在《查拉图斯特拉如是说》中有这样的描写："我爱那些大大的蔑视者，因为他们是大大的尊敬者，是向往彼岸的憧憬之箭。" Friedrich Nietzsche, *Thus*

Spoke Zarathustra: A Book for Everyone and Nobody, trans. G. Parkes (Oxford: Oxford University Press, 2008), 13. [中译文采用钱春绮译本。尼采,《查拉图斯特拉如是说》,钱春绮译,生活·读书·新知三联书店,北京,2007年,第10页。——译者注]它在某种程度上类似于尼采的"大轻蔑者"这一类比可能走得有点远了。与之恰好相反,现代犬儒派可以与尼采的"末人"相比较:"这样的时辰到了,最该轻蔑的人不能再轻蔑自己。"Nietzsche, 15.——原注。中译文同上书,第12—13页。

5 对此主题的这种关注在学术研究之中比较罕见,但这确是我自己学术工作的一个主要方面。参见:Ansgar Allen, *The Cynical Educator* (Leicester: Mayfly, 2017)。

6 我想在此感谢我的三名审稿人:戴维·马泽拉(David Mazella)、丹·泰勒(Dan Taylor)以及一位匿名审稿人。他们的不吝赐教对本书的谋篇布局和导向有着重要贡献。还要特别感谢麻省理工学院出版社的编辑们:马克·洛温塔尔(Marc Lowenthal)、安东尼·赞尼诺(Anthony Zannino)和朱迪·费尔德曼(Judy Feldmann)。他们邀请我来撰写本书,之后一直为本书的出版而忙碌。我同样要向大不列颠石油勘探学会(The Petroleum Exploration Society of Great Britain, PESGB)致谢,它所提供的研究员职位为我对古代犬儒主义的初始研究工作提供了支持,而本书是一个迟来的产出。我的雇主对此可能也有功劳:他把我从原先办公室的静谧之中逐出,促使我随后主动从开放工位中逃离,转而成为在自己的学术机构内流浪的流亡学者。在这样的条件下(这只是大学各部门的工作条件不断劣化的一个缩影),去追问那种对教育普遍不满的根源所在。这对我而言依然重要。这种不满往往是对受教育者的价值的高估以及何为教育的迷思的产物。我欠以下诸位的重要感谢:罗伊·戈达德(Roy Goddard)和埃米尔·博耶森(Emile Bojesen),同样还有达伦·韦布(Darren Webb)、马修·克拉克(Matthew Clarke)、林赛·米勒(Lindsay Miller)和迈克尔·米勒(Michael Miller)。尤其是萨拉·斯潘塞(Sarah Spencer),相比我而言,她是一个更好的古代犬儒主义者(尽管她可能会拒绝这一荣誉称号)。我把此书献给我们的孩子迪伦(Dylan)和萨莎(Sasha)。

第二章 拒绝所有门徒：古代犬儒主义与无畏直言

1 Diogenes Laertius, *Lives of Eminent Philosophers*, volume 2, ed. Jeffrey Henderson, trans. R. D. Hicks, Loeb Classical Library (Cambridge, MA: Harvard University Press, 1931).在下文中，我将把第欧根尼·拉尔修简称为"拉尔修"，以免与锡诺普的第欧根尼[即古代犬儒派的第欧根尼。——译者注]发生混淆。——原注。此书目前有两个常见中译本：①第欧根尼·拉尔修，《名哲言行录》，马永翔、赵玉兰、祝和军、张志华译，吉林人民出版社，2003年。②第欧根尼·拉尔修，《名哲言行录》（希汉对照本），徐开来、溥林译，广西师范大学出版社，2010年。在本书翻译中，译者主要参照第一个中译本。由于第二个中译本对标准页码特别重视，核对此中译本的译本非常容易，故请读者自行参照，不再给出此中译本的中文页码。

2 Donald R. Dudley, *A History of Cynicism: From Diogenes to the 6th Century AD* (London: Methuen, 1937), 87-89. 可以说，"古代犬儒派的教育理论"这一短语已经具有误导性，因为古代犬儒学派相比理论性的哲学而言，更是一种实践性的哲学。

3 参见：Laertius, *Lives of Eminent Philosophers*, 6.30-31。——原注。第欧根尼·拉尔修，《名哲言行录》，马永翔、赵玉兰、祝和军、张志华译，吉林人民出版社，2003年，上册，第350页。

4 Dudley, *History of Cynicism*, 24.

5 Dudley, 87.

6 Dudley, 88.

7 Laertius, *Lives of Eminent Philosophers*, 6.31.——原注。第欧根尼·拉尔修，《名哲言行录》，马永翔、赵玉兰、祝和军、张志华译，吉林人民出版社，2003年，上册，第351页。

8 在这种解读中，我还反对以下这样的观点：古代犬儒学派试图将教育"民主化"。这是因为他们的活动乃是基于其"公开招生"政策，将哲学训练的场所从"古典哲学学派那世外桃源式的飞地"搬到了大街上。（Kristen Kennedy, "Cynic Rhetoric: The Ethics and Tactics of Resistance", *Rhetoric Review* 18, no. 1 [1999]: 29.）尽管上述这种说法无疑有一定道理，因为古代犬儒主义的确面向着更为广泛的听众宣讲,但古代犬儒主义这样做的目的是将教育与哲学一同加以公开嘲笑。

9 Peter Sloterdijk, *Critique of Cynical Reason*, trans. M. Eldred (Minneapolis: University of Minnesota Press, 2001); Michel Foucault, *The Courage of Truth: Lectures at the Collège de France 1983-1984*, trans. G. Burchell (Basingstoke: Palgrave Macmillan, 2011). 虽然福柯的演讲对解读古代犬儒主义的影响巨大,但始终没有以完整版的形式面世,直到最近(法文版2009年,英文版2011年)。福柯关于古代犬儒主义的思考在其身后出版,乍看上去是片段性的。福柯一个早期版本可以从1983年年末他在伯克利进行的六次讲演(2001年出版)中找到。(*Fearless Speech* [Los Angeles: Semiotext(e), 2001], 115-133.)多年来,学者们始终被迫依赖弗林(Flynn)对福柯最终讲座的总结。(Thomas Flynn, "Foucault as Parrhesiast: His Last Course at the Collège de France (1984)," in *The Final Foucault*, ed. James Bernauer and David Rasmussen [Cambridge, MA: MIT Press, 1987].)结果是,人们可能依然需要体会福柯对古代犬儒主义的分析的全部影响力。达德利的研究(Dudley, *History of Cynicism*)远比斯劳特戴克和福柯更早的,依旧被用作基本参考书。学术界的兴趣在20世纪70年代得到了满足,一系列研究问世了,其中最为著名的是Heinrich Niehues-Pröbsting, *Der Kynismus des Diogenes und der Begriff des Zynismus* (Munich: Fink, 1979)。为了文本的简短和论述的简化,在本书中,我将把对其他作者的文中引用,以及作为学术写作之特点的那种跨文本辩论,保持在绝对的最低限度上。当然,我的资料来源会在注释充分地予以说明和致谢。

10 参见:R. Bracht Branham, "Defacing the Currency: Diogenes' Rhetoric and the Invention of Cynicism", in *The Cynics: The Cynic Movement in Antiquity and Its Legacy*, ed. R. Bracht Branham and Marie-Odile Goulet-Gazé (Berkeley: University of California Press, 1996)。

11 参见:R. Bracht Branham and Marie-Odile Goulet-Gazé, "Introduction", in *The Cynics*, 8.

12 Laertius, *Lives of Eminent Philosophers*, 6.48.——原注。第欧根尼·拉尔修,

《名哲言行录》,马永翔、赵玉兰、祝和军、张志华译,吉林人民出版社,2003年,上册,第358页。

13 Pierre Hadot, *Philosophy as a Way of Life* (Oxford: Blackwell, 1995); What Is Ancient Philosophy? (Cambridge, MA: Harvard, 2004).

14 参见:David Mazella, *The Making of Modern Cynicism* (Charlottesville: University of Virginia Press, 2007), 36-42。

15 Ian Cutler, *Cynicism from Diogenes to Dilbert* (Jefferson, NC: McFarland, 2005), 25.

16 例如,玛莎·努斯鲍姆(Martha Nussbaum)在对第欧根尼的一个简短讨论中,仓促地给出了一个论断:第欧根尼乃是专注于"美德与思想的内在生活"的苏格拉底传统的一个"有瑕疵"的例子。因此,第欧根尼对于自由人道主义或更为宽泛的哲学缺乏贡献:"完全很难说是否该授予第欧根尼以'哲学家'头衔,因为比起苏格拉底式提问,他明显更偏爱于一种街头剧场方式。"(Martha Nussbaum, *Cultivating Humanity: A Classical Defense of Reform in Liberal Education* [Cambridge, MA: Harvard University Press, 1997], 57-58.)约翰·库珀(John Cooper)则是另一种例子。他认为不值得将古代犬儒主义包括在他对古代哲学的纵览之中,因为古代犬儒主义没有"理性地得出的哲学观点",并且因此就其自身而言,不能被视为一种哲学。库珀主张,应该在"社会史"的主题下研究古代犬儒主义,应将之视为"哲学的通俗分支",而不必打扰那些关注严肃哲学的研究者。(John M. Cooper, *Pursuits of Wisdom: Six Ways of Life in Ancient Philosophy from Socrates to Plotinus* [Princeton, NJ: Princeton University Press, 2012], 61-62.)

17 对这些立场的总结可参见:Bracht Branham and Goulet-Gazé, "The Cynics: Introduction," 21-23。

18 Bracht Branham, "Diogenes' Rhetoric and the Invention of Cynicism," 87.

19 Bracht Branham, 88-89.

20 在这一点上,尤利安或许是正确的。他批判那些只热衷于仿效古代犬儒派着装(特殊的拐杖、斗篷、钱包的样式)而非其哲学的人。关于背教者尤利安对古代犬儒学派的描绘,参见本书的第四章。

21 Laertius, *Lives of Eminent Philosophers*, 6.22-23.——原注。第欧根尼·拉尔修,《名哲言行录》,马永翔、赵玉兰、祝和军、张志华译,吉林人民出版社,2003年,上册,第347页。

22 Seneca, *Letters from a Stoic*, trans. R. Campbell (London: Penguin, 2004), 176-177.

23 Seneca, *Letters from a Stoic*, 162.

24 Peter Brown, *Power and Persuasion in Late Antiquity: Towards a Christian Empire* (Madison: University of Wisconsin Press, 1992), 56. 在这一点上,当代自由民主世界的风俗习惯和优雅礼仪也可以说是起到了类似作用。

25 Brown, *Power and Persuasion*, 52.

26 Bracht Branham, "Diogenes' Rhetoric and the Invention of Cynicism", 89.

27 Mikhail Bakhtin, *The Dialogic Imagination: Four Essays*, trans. Caryl Emerson and Michael Holquist (Texas: University of Texas Press, 1981), 20.

28 Laertius, *Lives of Eminent Philosophers*, 6.38.——原注。第欧根尼·拉尔修,《名哲言行录》,马永翔、赵玉兰、祝和军、张志华译,吉林人民出版社,2003年,上册,第354页。

29 伊拉斯谟(Erasmus)写道:"在这条狗身上,亚历山大大帝一定觉察到了某些神性之物。"(引自:Hugh Roberts, *Dog's Tales: Representations of Ancient Cynicism in French Renaissance Texts* [Amsterdam: Rodopi, 2006], 61.)。

30 Laertius, *Lives of Eminent Philosophers*, 6.32.——原注。第欧根尼·拉尔修,《名哲言行录》,马永翔、赵玉兰、祝和军、张志华译,吉林人民出版社,2003年,上册,第351页。

31 Foucault, *Courage of Truth; Fearless Speech*. See also Kennedy, "Cynic Rhetoric".

32 Bracht Branham, "Diogenes' Rhetoric and the Invention of Cynicism", 97.

33 Foucault, *Fearless Speech*, 127.

34 这正是我所主张的。参见:Allen, *Cynical Educator*, 19-21。

35 Foucault, *Fearless Speech*, 126.
36 特别参见：Michel Foucault, *The Will to Knowledge*, trans. Robert Hurley (London: Penguin, 1998)。
37 Diogenes, *Diogenes the Cynic: Sayings and Anecdotes* (Oxford: Oxford University Press, 2012), 10-11.
38 Foucault, *Courage of Truth*, 258.
39 Foucault, 194.
40 Plato, "Phaedo", in *The Last Days of Socrates*, trans. H. Tredennick and H. Tarrant (London: Penguin, 1993), 66b-c. 值得注意的是，劳埃德（Lloyd）认为，《斐多》所主张的这种二元论——哲学家的灵魂（它倾向于理性）和他的身体（作为物质之干扰的来源），在柏拉图其他著作中的处理有所不同，"对人这一理性存在者有着更为复杂的定位"。非理性的力量"并非处于本身全然理性的灵魂之外，而是作为内在冲突的来源位于灵魂之内"。（Genevieve Lloyd, *The Man of Reason: "Male" and "Female" in Western Philosophy* [London: Routledge, 1993], 7.）然而柏拉图与古代犬儒派关于身体之地位问题上的对立依然存在。
41 Foucault, *Courage of Truth*, 174.以及该书其他各处。
42 Foucault, 173.
43 Foucault, 171.
44 Foucault, 222.
45 Foucault, 221-225.
46 Diogenes, *Sayings and Anecdotes*, 25.

第三章　污损货币：超脱藩篱的古代犬儒主义

1 对西方哲学之父权制特性的批评，参见：Adriana Cavarero, *In Spite of Plato: A Feminist Rewriting of Ancient Philosophy* (Cambridge: Polity, 1995)。同样参见：Lloyd, *Man of Reason*。
2 Foucault, *Courage of Truth*, 272.
3 参见：Ben Knights, *The Idea of the Clerisy in the Nineteenth Century* (Cambridge:

Cambridge University Press, 1978); Ian Hunter, *Rethinking the School: Subjectivity, Bureaucracy, Criticism* (New York: St. Martin's Press, 1994); Ian Hunter, *Culture and Government: The Emergence of Literary Education* (London: Macmillan, 1988)。

4 试图复兴或"更新"这些观念并赋以新动力的尝试，可参见相对晚近的研究：Andrew Delbanco, *College: What It Was, Is, and Should Be* (Princeton: Princeton University Press, 2011); Mark Edmundson, *Why Teach? In Defense of a Real Education* (New York: Bloomsbury, 2013); and William Deresiewicz, *Excellent Sheep: The Miseducation of the American Elite and the Way to a Meaningful Life* (New York: The Free Press, 2014)。饶有兴味的是，玛莎·努斯鲍姆（Martha Nussbaum）为博雅教育辩护，并对第欧根尼进行了简短的讨论并予以驳斥（见本书第二章原注16）。在努斯鲍姆的著作中，第欧根尼只是被简略提及。第欧根尼被公认为"世界主义者"（cosmopolitan，"世界公民"或"宇宙公民"）这一概念的发明者。根据斯多葛派的记载，之后的自由思想家把这一概念作为一个文化理想来赞颂。从博雅教育传统的角度来看，这无疑是一个令人不快的事实。（Nussbaum, *Cultivating Humanity*, 56.）第欧根尼似乎在自称"世界主义者"时候发明了这个词（Laertius, *Lives of Eminent Philosophers*, 6.63.）。但第欧根尼的这一自诩与其另一个观念相匹配，即"唯一真正的共同体"是"与宇宙一样宽广"的。这一观念是荒谬的，因为这是不可实现的。（Laertius, 6.72.）有人认为，因为宇宙（cosmos）没有公民，所以第欧根尼的"世界主义者"一词，可以被理解为"对现实的公民身份（包括世界公民身份）的巧妙拒绝……进而是对古代犬儒派所持有的那种更宏大的、非政治性的忠诚的肯定"。因为古代犬儒派拒绝受公民身份的约束。（Bracht Branham, *"Diogenes' Rhetoric and the Invention of Cynicism"*, 96.）任何人都可能成为宇宙之公民的念头显然是荒谬的。如果更离经叛道地进行解释，那么第欧根尼发明这个词或许可以被理解为一个玩笑。他嘲弄了那些严肃认真地对待自己公民身份的人所不得不付出的高昂代价。这些人将他们的人道主义延展到了这种程度：跨越整个宇宙。第欧根尼的嘲笑对象包括了那些没有理解"世界公民"其实是一个玩笑的人。这些人随后还极其严肃认真地声称,必须坚持"世界公民"这一理想,要努力成为一个世界公民,以及那些没有理解最初的笑话并严肃地声称"要坚持一些世界主义的理想并要成为一个世界公民"的人。

5 Anthony Grafton and Lisa Jardine, *From Humanism to the Humanities: Education and the Liberal Arts in Fifteenth and Sixteenth-Century Europe* (London: Duckworth, 1986), xvi. 对这个观念当代评论的汇总,参见:Sam Ladkin, Robert McKay, and Emile Bojesen, eds., *Against Value in the Arts and Education* (London: Rowman & Littlefield, 2016)。

6 Foucault, *Courage of Truth*, 278.

7 Diogenes, *Sayings and Anecdotes*, 24.

8 Foucault, *Courage of Truth*, 279.

9 Foucault, *Fearless Speech*, 131.

10 狄奥·克里索斯托,根据福柯转引。Foucault, *Fearless Speech*, 130.

11 对此的主题性探讨参见Allen, *Cynical Educator*。这一探讨源自于我的另一本书中的主张。Allen, *Benign Violence: Education in and beyond the Age of Reason* (Basingstoke: Palgrave Macmillan, 2014).

12 Foucault, *Courage of Truth*, 279.

13 Foucault, *Fearless Speech*, 130.

14 Foucault, *Courage of Truth*, 280.

15 Foucault, *Courage of Truth*, 280.

16 Louisa Shea, *The Cynic Enlightenment: Diogenes in the Salon* (Baltimore: Johns Hopkins University Press, 2010), 10.

17 Shea, *Cynic Enlightenment*, 10.

18 Niehues-Pröbsting, *Der Kynismus des Diogenes und der Begriff des Zynismus*.

19 Shea, *Cynic Enlightenment*, 9.

20 Dudley, *History of Cynicism*, 54-55.

21 Bracht Branham and Goulet-Gazé, *The Cynics*. 甚至有人声称,第欧根尼一开始就误解了这个预言,把它理解得过于字面。这一论点在肯尼迪的书中得到了总结(Kennedy, "Cynic Rhetoric," 28.)。

22 参见：Friedrich Nietzsche, *The Anti-Christ, in Twilight of the Idols and The Anti-Christ*, trans. R. J. Hollingdale (London: Penguin, 2003), §62。尼采从古代犬儒主义中获得灵感，的确是有据可查的。然而，他对古代犬儒主义的态度则是复杂的。我们可以发现尼采赞颂古代犬儒主义："在世上绝不会有更骄傲、同时也更精致的书了——它们在有些地方臻至地球的顶峰了，达到了犬儒主义的境界。"(*Ecce Homo: How One Becomes What One Is,* trans. R. J. Hollingdale [London: Penguin, 2004], 43.)[中译文源自：尼采，《尼采著作全集》(第6卷)，孙周兴、李超杰、余明锋译，商务印书馆，2015年，第384页。——译者注]尼采这样描述《看哪这人》："我现在用一种犬儒主义的方式来讲述我自己的故事，这将创造历史"——正如他所说，这一计划预见着他心目中的"价值重估"。(Christopher Middleton, ed., *Selected Letters of Friedrich Nietzsche* [Indianapolis, IN: Hackett, 1996], 326.)但在另一些地方，他谴责了犬儒主义——尽管他在这里很可能指的是另一种犬儒主义，即在现代意义上使用这个语词，"现代犬儒主义"或"玩世不恭"。尼采说："一个时代在历史学方面的过于饱和……一个时代就陷入讥讽自己本身的危险情调中，并由此情调出发陷入更危险的犬儒主义情调。"(Friedrich Nietzsche, *Untimely Meditations*, trans. R. J. Hollingdale [Cambridge: Cambridge University Press, 1997], 83.)(中译文源自：弗里德里希·尼采，《不合时宜的沉思》，李秋零译，华东师范大学出版社，2007年，第174—175页。——译者注)尼采声称，这种犬儒主义是那些"不能在冷嘲中坚持到底"之人的某种舒适的避难所。这一情况其实就是投降。(*Untimely Meditations*, 107.)(中译文源自：《不合时宜的沉思》，第215页。——译者注)某些评注者暗示尼采与现代犬儒主义的诞生有关，至少是加强了现代犬儒主义。这种说法有着进一步的困难，至少对于解释者而言是这样。参见：R. Bracht Branham, "Nietzsche's Cynicism: Uppercase or lowercase?" in *Nietzsche and Antiquity*, ed. Paul Bishop (New York: Camden House, 2004); Niehues-Pröbsting, *Der Kynismus des Diogenes und der Begriff des Zynismus*, 250-278; Sloterdijk, *Critique of Cynical Reason*, xxix。这里不是详细讨论尼采的犬儒主义（首字母大写的古代犬儒主义，或，首字母小写的现代犬儒主义）的合适地方。尽管我在第七章的确是回到了尼采对现代虚无主义的诊断上，去衡量现代虚无主义与现代犬儒主义之间的亲和力。我还讨论了他对"第欧根尼和提灯"这一故事的改编。——原注。作者在这里指的是这一逸事："他在大白天点了一盏灯，边四处游走边说：'我在找人。'"第欧根尼·拉尔修，《名哲言行录》，马永翔、赵玉兰、祝和军、张志华译，吉林人民出版社，2003年，上册，第355页。

23　Foucault, *Courage of Truth*, 227.

24　Foucault, 244.

25　Foucault, 244.

26　Foucault, 245.

27　Foucault, 287.

28　Sloterdijk, *Critique of Cynical Reason*, 165.

29　Bracht Branham, "Diogenes' Rhetoric and the Invention of Cynicism", 96.

30　Sloterdijk, *Critique of Cynical Reason*, 151.

31　来看看诺贝尔文学奖这一选择的理由为何。根据《纽约时报》1969年10月24日的报道（http://www.nytimes.com/books/97/08/03/reviews/beckett-nobel.html）：在一篇关于为何选择贝克特先生的广播评论中，瑞典文学院秘书卡尔·拉格纳·吉罗（Karl Ragnar Gierow）可能意识到了阿尔弗雷德·诺贝尔（Alfred Nobel）遗嘱中关于表彰振奋人心的文学作品的诫命。因此，他似乎在不遗余力地显示持有深切悲观主义的贝克特的积极方面。"在贝克特的写作中，人性的堕落是一个反复出现的主题，"吉罗博士说，"就此而言，他的哲学可以说是一种消极主义，它知晓在事实上并无避风港。这一特质被怪诞和悲剧性闹剧的元素简单地加重了。"但是通过一个摄影上的类比，吉罗博士说，当底片被印出来后，它产生了"一张正片，一种澄清。在此之中，底片上的黑色被证明是白昼之光，而最深的阴影部分，则是反射光源之所在"。这位瑞典文学院的官员继续说："如果人类价值被否定，则不可能有对于人类之堕落的感知。在贝克特的悲观主义中，这是内在净化的源泉，是不顾一切的生命力。"吉罗博士赞颂贝克特先生"对人类的爱，随着它进一步探入憎恶的深处，反而在理解之中成长"。吉罗博士给出了狂想曲式的总结:"从这个憎恶的深处,在毁灭的领域之中,塞缪尔·贝克特的作品像全人类发出的'求主垂怜曲'(miserere)一般出现。它的低沉小调,奏响被压迫者的解放和在危难之中人的慰藉之声。"

32 Dio Chrysostom, "Oration 8" in *The Cynic Philosophers from Diogenes to Julian*, ed. Robert Dobbin, trans. R. Dobbin (London: Penguin, 2012), 109.

33 Bracht Branham, "Diogenes' Rhetoric and the Invention of Cynicism", 103. 关于第欧根尼的修辞学实践,与更为传统的修辞学概念之间的差别,参见:Kennedy, "Cynic Rhetoric"。

34 Sloterdijk, *Critique of Cynical Reason*, 168.

35 Sloterdijk, 168.

36 Sloterdijk, 168.

37 Foucault, *Courage of Truth*, 253.

38 Foucault, 253.

39 Diogenes, *Sayings and Anecdotes*, 17.

40 Sloterdijk, *Critique of Cynical Reason*, 168.强调为原文所有。

41 Sloterdijk, 168.

42 Foucault, *Courage of Truth*, 262.

43 Foucault, 262.

44 Foucault, *Fearless Speech*, 139.

45 Foucault, 139.

46 Bakhtin, *Dialogic Imagination*, 23.——原注。中译文来源:巴赫金,《巴赫金全集》(第3卷),白春仁、晓河译,河北教育出版社,1998年,第526页。中译文中,"笑"都被翻译为"笑谑"。在此处有些"语义过载"了,故译者改动了引用的中译文,径直变更为"笑"。以下类似情况不再说明。

47 Bakhtin, 23.——原注。此处并未遵照《巴赫金全集》(第3卷)的译文。参见:巴赫金,《巴赫金全集》(第3卷),白春仁、晓河译,河北教育出版社,1998年,第526页。

48 Foucault, *Courage of Truth*, 165.

49 Bracht Branham, "Diogenes' Rhetoric and the Invention of Cynicism", 94. 这个三段论的完整表述如下："万物属于诸神。智慧之人是诸神的朋友。朋友有物共享。因此万物属于智慧之人。"（Laertius, *Lives of Eminent Philosophers*, 6.37）——原注。中译文引用：第欧根尼·拉尔修，《名哲言行录》，马永翔、赵玉兰、祝和军、张志华译，吉林人民出版社，2003年，上册，第353页。

50 Bracht Branham, 86.

51 Foucault, *Courage of Truth*, 208.

52 福柯声称，这种再现"哲学的原初核心"的尝试，哪怕对柏拉图主义和亚里士多德主义来说也是必不可少的，在斯多葛主义和伊壁鸠鲁主义中也有所表现。尽管在后两者中，有人也试图再现一种"生存方式"。在古代犬儒主义中，再现一种"生存方式"的重要性是至高无上的，几乎完全取代了其他努力（依据传统的基本教条来定义自身）。（参见：*Courage of Truth*, 209。）

53 Foucault, 209.

54 Foucault, 209.

第四章　对暴民的恐惧：古代的和中世纪的种种理想化

1 Laertius, *Lives of Eminent Philosophers*, 6.21.——原注。第欧根尼·拉尔修，《名哲言行录》，马永翔、赵玉兰、祝和军、张志华译，吉林人民出版社，2003年，上册，第346页。

2 Laertius, 6.94.——原注。中译本第385页。

3 Laertius, 6.84.——原注。中译本第377—379页。

4 正如达德利所论。Dudley, *History of Cynicism*, 37.

5 Laertius, *Lives of Eminent Philosophers*, 6.82-83.——原注。中译本第377—378页。

6 达德利引用米南德（Menander）。Dudley, *History of Cynicism*, 41.

7 达德利引用斯托伯乌斯（Stobaeus）。Dudley, 41.

8 Foucault, *Courage of Truth*, 210.

9　Mazella, *Making of Modern Cynicism*, 45.

10　Marcel Detienne and Jean-Pierre Vernant, *Cunning Intelligence in Greek Culture and Society*, trans. Janet Lloyd (Hassocks: Harvester Press, 1978).

11　James Romm, "Dog Heads and Noble Savages: Cynicism Before the Cynics?" in *The Cynics*. 例如，一位前苏格拉底哲学家，西徐亚的哲学家阿纳卡西斯（the Scythian philosopher Anacharsis），也被认为是古代犬儒主义的先驱，尽管证据并不充分。R. P. 马丁对此有讨论，参见：R. P. Martin, "The Scythian Accent: Anacharsis and the Cynics" in *The Cynics*.

12　Margarethe Billerbeck, "The Ideal Cynic from Epictetus to Julian" in *The Cynics*, 205.

13　Foucault, *Courage of Truth*, 202.

14　值得注意的是，古代犬儒主义并没有被完全归入斯多葛哲学中。芝诺的助手希俄斯的阿里斯通（Aristo of Chios）成功地展示出了潜藏着的古代犬儒派特质，并帮助斯多葛学派重新调整了二者之间的渊源。这种关系源于古代犬儒派传统。参见：J. I. Porter, "The Philosophy of Aristo of Chios" in *The Cynics*。尽管某些斯多葛派会试图将古代犬儒派的影响从他们的传统中抹除，但这种影响依然作为一个令人尴尬的存在而被保留下来。参见：Dudley, *History of Cynicism*, 103。

15　J. M. Rist, *Stoic Philosophy* (Cambridge: Cambrige University Press, 1969), 54.

16　A. A. Long, "The Socratic Tradition: Diogenes, Crates, and Hellenistic Ethics" in *The Cynics*, 41.

17　Dudley, *History of Cynicism*, 118.

18　Bertrand Russell, *A History of Western Philosophy* (London: George Allen and Unwin, 1947), 256.——原注。中译文参见：罗素，《西方哲学史》(上卷)，何兆武、李约瑟译，商务印书馆，1982年，第296页。译文核对原文后有更改。

19　*The Oxford Companion to Philosophy*, 2nd ed., ed. Ted Honderich (Oxford: Oxford University Press, 2005), 185.

20　Shea, *Cynic Enlightenment*, 5.

21 Sloterdijk, *Critique of Cynical Reason*, 170.

22 Sloterdijk, 170.

23 将爱比克泰德对古代犬儒主义的评论，放在其哲学更为广阔的背景下来进行讨论是更好的。但本书没有空间容纳这种讨论了。为此，读者可能希望查阅：A. A. Long, *Epictetus: A Stoic and Socratic Guide to Life* (Oxford: Oxford University Press, 2002)。

24 Epictetus, "On Cynicism (Discourse 3. 22)" in *The Cynic Philosophers from Diogenes to Julian*, ed. Robert Dobbin, trans. R. Dobbin (London: Penguin, 2012), §80.

25 Derek Krueger, "The Bawdy and Society: The Shamelessness of Diogenes in Roman Imperial Culture" in *The Cynics*, 226.

26 爱比克泰德补充，"没有这个，他将被暴露在羞耻面前"。(Epictetus, "On Cynicism" §15)这与我在第三章中给出的论述形成了鲜明的对比。我的观点是，耻感与羞辱是理解古代犬儒派哲学的关键切入点。

27 Long, *Epictetus*, 50.

28 Long, 13.

29 参见：Long, 10-12。

30 Epictetus, "On Cynicism" §10-11.

31 Epictetus, §89.

32 Dudley, *History of Cynicism*, 194.

33 Epictetus, "On Cynicism" §93.

34 达德利引用爱比克泰德，参见：*History of Cynicism*, 51.

35 Ethel M. Kersey, *Women Philosophers: A Biocritical Sourcebook* (New York: Greenwood Press, 1989), 132.

36 John Moles, "'Honestius Quam Ambitiosius'? An Exploration of the Cynic's Attitude to Moral Corruption in His Fellow Men", *Journal of Hellenic Studies* 103 (1983): 111. 肯尼迪做出了类似的宣称，并伴随着"古代犬儒主义致力于'阶级解放'"的暗示。参见：Kennedy, "Cynic Rhetoric", 30; Kennedy, "Hipparchia the Cynic: Feminist Rhetoric and the Ethics of Embodiment",

Hypatia 14, no. 2 (1999).

37 拉尔修用了较短的一节来介绍希帕基亚。但即便如此,那一节也没能持续聚焦在希帕基亚身上,而是以论述她的丈夫克拉特斯的故事为结尾。(Laertius, *Lives of Eminent Philosophers*, 6.96-6.99.)——原注。中译文参见:第欧根尼·拉尔修,《名哲言行录》,马永翔、赵玉兰、祝和军、张志华译,吉林人民出版社,2003年,上册,第387—388页。

38 Laertius, 6.96.——原注。中译本第387页。

39 这是米谢勒·勒德夫(Michèle Le Doeuff)一篇关于女性与哲学的长篇论文中的一个观点。参见:Michèle Le Doeuff, *Hipparchia's Choice* (New York: Columbia University Press, 2007)。

40 Laertius, *Lives of Eminent Philosophers*, 6.12.——原注。中译本第340页。

41 Laertius, 6.3.——原注。中译本第336页。

42 Laertius, 6.72.——原注。中译本第370页。在现有的两个中译本中,此句意思都不明确。此处参照英文本对译文进行了改动。

43 Mazella, *Making of Modern Cynicism*, 232. 在此,马泽拉借用了摩根的一项研究:在某本古代希腊初级语法教程中,正巧谈到了第欧根尼对"埃塞俄比亚式拉屎"(Ethiopian shitting)的实践进行评论,显示第欧根尼本人并不打算进行实践,而只是满足于评论。参见:Teresa Morgan, *Literate Education in the Hellenistic and Roman Worlds* [Cambridge: Cambridge University Press, 1998], 186。

44 Lucian, "The Passing of Peregrinus," in *Lucian*, volume 5, ed. Jeffrey Henderson, trans. A. M. Harmon (Cambridge, MA: Harvard University Press, 1936).——原注。中译文请参见:琉善,《琉善哲学文选》,罗念生、陈洪文、王焕生、冯文华译,商务印书馆,2016年,第231—249页。

45 Lucian, *The Runaways*, in *Lucian*, volume 5, §16.

46 Lucian, *The Runaways*, §21.

47 Lucian, "Demonax" in *Lucian*, volume 1, ed. Jeffrey Henderson, trans. A. M. Harmon (Cambridge, MA: Harvard University Press, 1913). 之所以说是"貌似"(apparent),因为琉善是一个臭名昭著的讽刺家和伪君子,很难说

泽莫纳克斯此人是真实存在的，或只是他想象出来的。参见：Diskin Clay, *Lucian of Samosata: Four Philosophical Lives* (Nigrinus, Demonax, Peregrinus, Alexander Pseudomantis), ed. Wolfgang Haase, vol. II.36.5, [Berlin: Walter de Gruyter, 1992]; Denis M. Searby, "Non-Lucian Sources for Demonax with a new collection of 'fragments,'" *Symbolae Osloenses* 83, no. 1 [2008])。之所以说是"理想化了的"，乃是因为据称泽莫纳克斯过着一种"正直的、健全的、无可指摘的生活"（Lucian, "Demonax", 145）。琉善继续说道："可能他与苏格拉底最具共同点。尽管他看似追随着那个锡诺普人（即第欧根尼）……然而，他并没有为了激发旁人的惊异并吸引他所遇到的人的目光而改变自己生活的细节，而是过着与其他人一样的生活……并在社会与政治之中发挥了自己的作用。"此外，他的谈话充满着"阿提卡的魅力"（Attic charm），来访者们"并未感到他缺乏教养，也并未厌恶他的批评，因此不会蔑视他"，谈话以"伴随着他们的是喜悦，他们变得更好、更幸福、对未来更有希望"收场。他"从来不以喧闹著称"。尽管他会斥责他人的罪恶（总是带着恰到好处的幽默），但他"原谅"了他们，"认为应该效法医生：治病，但对病人则不感到愤怒"。（同上书，第147页）泽莫纳克斯是一个伟大的调和者，安慰者，甚至是安抚者。"有时，他对激动的暴民讲道理，通常是劝导他们要以有节制的态度为他们的国家服务……这就是他的哲学的特点——和善、温雅、鼓舞人心。"（同上书，第149页）

48 Lucian, "On Salaried Posts in Great Houses" in *Lucian*, volume 3, ed. Jeffrey Henderson, trans. A. M. Harmon (Cambridge, MA: Harvard University Press, 1921), 435. 琉善晚年受雇于皇帝，在埃及做官。这是一个非常有利可图的职位。为了反驳那些可能指控他"虚伪"的人，他澄清道，在他之前的文章中，"我并没有说所有挣钱的人都过着一种卑贱而琐碎的生活。不，我怜悯的是这些人：以教育为托词，在一所私人住宅中忍受着奴役的家伙们"。（"Apology for the 'Salaried Posts in Great Houses'" in *Lucian*, volume 6, ed. Jeffrey Henderson, trans. K. Kilburn [Cambridge, MA: Harvard University Press, 1959].）琉善认为，像他这样有教养并热爱哲学的人，不应该为挣

钱谋生或是担任公职而感到羞愧。为皇权服务并没有折损他们。

49　Mazella, *Making of Modern Cynicism*, 43.

50　R. Bracht Branham, *Unruly Eloquence: Lucian and the Comedy of Traditions* (Cambridge, MA: Harvard University Press, 1989), 14.

51　Bracht Branham, *Unruly Eloquence*, 15.

52　Bracht Branham, 19. 布拉纳姆认为，琉善笔下的人物形象"并非意味着不可信"（麦尼普斯也不例外），而仅仅是提供了一个"灵活的伪装"，"用于挑衅、玩笑、思辨、逗乐"（同上书，第20页）琉善并没有试图以他们为榜样，或是复兴这些哲学家们的学说。他们有的人已经逝去了大概五个世纪之久。琉善从时人所共有的"古代人物形象库"中提取可供他支配的角色，也就包括了古代犬儒派。他作品的讽刺形式可以让一种古代传统与另一种相搏斗，常常以牺牲他笔下人物形象为代价。但是，正如布拉纳姆所论，这同样是"为作者和观众而进行的再创作"。这让观众在这一作品所继承的文化传统中认识作品本身。事实上，琉善的幽默能起效，就要依赖于作者与观众对古代希腊文化高水平的共同理解（同上书，第212—214页）。由于哲学已经成了"[公元2世纪]统治阶级之自我意象（self-image）中的一个公认要素"，而且"拥有哲学文化的虚饰有助于获取物质利益"（同上书，第121页），琉善的讽刺作品又提供了如此多的笑话，这就推动人们将"笑"作为文雅之表达。

53　Sloterdijk, *Critique of Cynical Reason*, 172.

54　Foucault, *Courage of Truth*, 195.

55　Sloterdijk, *Critique of Cynical Reason*, 172.

56　Sloterdijk, 174. 正如布拉赫特·布拉纳姆所论，琉善急于证明自己作为修辞学家和知识人的资格。他出身卑微，"完全意识到了自己作为一个外来者的身份"。当他来到雅典，发现自己正置身于"一个古老并极具鉴赏力的文艺文化的中心"。琉善所采取的伎俩看上去与"犬儒主义"这一概念的现代理解关联更深——现代意义上的犬儒乃是一种自利、无原则耍手段的家伙。琉善力图"将自己可疑的出身这一事实转化为修辞学上的优势；因此他一贯将自己与受敬重的外来者——例如传说中的'蛮族'……或古代犬儒派成员等'可敬的异邦人'——联系在一起。……同时，将他的文学价值嵌入到一组备受尊重的传统中去"。这一备受尊重的传统源于如柏拉图、阿里斯托芬这样的古典作家。（Bracht Branham, *Unruly Eloquence*, 32.）

57　Sloterdijk, 172.

58　Julian, "To the Cynic Heracleios" in *The Cynic Philosophers from Diogenes to Julian*, ed. Robert Dobbin, trans. R. Dobbin (London: Penguin, 2012), 199.

59　Foucault, *Courage of Truth*, 202.

60　Julian, "To the Cynic Heracleios" (Penguin ed.), 195.

61　"你们甚至设法削弱了所有哲学的威望。"尤利安皇帝这么说。他显然是被激怒了。(Julian, 200.)

62　Julian, 195.

63　Dudley, *History of Cynicism*, 125-141.

64　参见：Brown, *Power and Persuasion in Late Antiquity*。

65　Julian, "To the Cynic Heracleios" (Penguin ed.), 194.

66　Julian, "To the Uneducated Cynics" in *The Works of the Emperor Julian*, volume 2, ed. Jeffrey Henderson, trans. W. C. Wright (Cambridge, MA: Harvard University Press, 1913), 49.

67　Julian, "To the Cynic Heracleios" (Penguin ed.), 194.

68　Julian, "To the Uneducated Cynics", 49.

69　Julian, "To the Uneducated Cynics". 在其他地方也被翻译为《反对无知的犬儒派》(*Against the Ignorant Cynics*)。

70　Julian, "Against the Ignorant Cynics", 188.

71　Julian, "To the Cynic Heracleios" (Penguin ed.), 194.

72　Julian, "To the Uneducated Cynics", 59.

73　Julian, "To the Uneducated Cynics", 61.

74　Julian, "To the Cynic Heracleios" (Penguin ed.), 194.

75　尤利安对此主题的完整论述请参见："To the Cynic Heracleios" in *The Works of the Emperor Julian*, volume 2, 99-119。

76 医学与哲学之间的区分在此前已给出了。医学专注于身体，哲学专注于灵魂。

77 Julian, "To the Cynic Heracleios" (Loeb ed.), 79-81. 在此，盖伦这位公元2世纪的哲学家与医生的著作值得一看。因为他详细说明"哲学家-教师"应该如何担任道德说教的附庸。参见：Galen, *On the Passions and Errors of the Soul* (Columbus: Ohio State University Press, 1963). 也可以参见我对盖伦论述的概述：Allen, *Cynical Educator*, 43-45。我的概述引自：Michel Foucault, *The Hermeneutics of the Subject: Lectures at the Collège de France 1981-1982*, trans. G. Burchell (Basingstoke: Palgrave Macmillan, 2005), 396-399。

78 转引自：Billerbeck, "Ideal Cynic", 216. 一个稍有不同的翻译请参见：Julian, "To the Cynic Heracleios" (Penguin ed.), 201; "To the Cynic Heracleios" (Loeb ed.), 129。

79 Julian, "Against the Ignorant Cynics", 187.

80 Julian, "To the Cynic Heracleios" (Penguin ed.), 201.

81 这确实是尤利安演讲中的"新柏拉图主义色彩"。(Billerbeck, "Ideal Cynic", 216.)

82 Julian, "To the Cynic Heracleios" (Penguin ed.), 201.

83 Julian, "To the Cynic Heracleios" (Penguin ed.), 194.

84 Foucault, *Courage of Truth*, 181. 达德利有一个类似的论断，参见：Dudley, *History of Cynicism*, 209-213。

85 Foucault, *Courage of Truth*, 182. 对古代犬儒派和方济各会士的直接比较，可以在描写方济各会的文艺复兴时期文献中找到。参见：Sylvain Matton, "Cynicism and Christianity from the Middle Ages to the Renaissance", in *The Cynics*, 254-255. 在方济各会士和多明我会士自己的著作中也有相关论述。参见：同上书，第252—253页。

86 Foucault, *Courage of Truth*, 183.

87 Sloterdijk, *Critique of Cynical Reason*, 158.

88 Leif E. Vaage, "Like Dogs Barking: Cynic Parrēsia and Shameless Asceticism",

  Semeia 57 (1992): 32.

89 Vaage, "Like Dogs Barking", 38.

90 Foucault, *Courage of Truth*, 262.

91 特别参见：F. Gerald Downing, *Cynics, Paul and the Pauline Churches* (London: Routledge, 1998); *Cynics and Christian Origins* (Edinburgh: T&T Clark, 1992); *Christ and the Cynics: Jesus and Other Radical Preachers in First-Century Tradition* (Sheffield: Sheffield Academic Press, 1988); John Dominic Crossan, *The Historical Jesus: The Life of a Mediterranean Jewish Peasant* (New York: Harper Collins, 1992); Burton L. Mack, *The Lost Gospel: The Book of Q and Christian Origins* (New York: Harper Collins, 1993); *A Myth of Innocence: Mark and Christian Origins* (Philadelphia: Fortress Press, 1988); Leif E. Vaage, *Galilean Upstarts: Jesus' First Followers According to Q* (Valley Forge, PA: Trinity Press, 1994)。对这种研究路径的总结性批评，参见：Hans Dieter Betz, "Jesus and the Cynics: Survey and Analysis of a Hypothesis", *Journal of Religion* 74, no. 4 (1994); Paul Rhodes Eddy, "Jesus as Diogenes? Reflections on the Cynic Jesus Thesis", *Journal of Biblical Literature* 115, no. 3 (1996)。被批评者的回应，参见：F. Gerald Downing, "Deeper Reflections on the Jewish Cynic Jesus", *Journal of Biblical Literature* 117, no. 1 (1998); David Seeley, "Jesus and the Cynics Revisited", *Journal of Biblical Literature* 116, no. 4 (1997)。

92 Crossan, *Historical Jesus*.

93 Bernhard Lang, "Jesus among the Philosophers: The Cynic Connection Explored and Affirmed, with a Note on Philo's Jewish-Cynic Philosophy", in *Religio-Philosophical Discourses in the Mediterranean World*, ed. Anders Klostergaard Petersen and Georg van Kooten (Leiden: Brill, 2017).

94 Seeley, "Jesus and the Cynics Revisited", 709-711.

95 Crossan, *Historical Jesus*, 421.

96 Vaage, *Galilean Upstarts*, 106.

97 Krueger, "Shamelessness of Diogenes in Roman Imperial Culture", 229. 在唐宁

的著作中，他对这一批评的回应为一种"较少屎屁屁的古代犬儒主义"提供了辩护。（Downing, *Cynics, Paul and the Pauline Churches*, 41-48.）但他这么做也证实了这样的主张，对"早期基督教的犬儒主义"的研究是从古代犬儒派传统中的略微更为"可敬的"一面中汲取资源的。

98 Downing, "Deeper Reflections on the Jewish Cynic Jesus", 99.

99 参见：Krueger, "Shamelessness of Diogenes in Roman Imperial Culture", 236-237。

100 Gail Paterson Corrington, "The Defense of the Body and the Discourse of Appetite: Continence and Control in the Greco-Roman World", *Semeia* 57 (1992).

101 在后文中，我借鉴了这些资料：Derek Krueger, *Symeon the Holy Fool: Leontius's Life and the Late Antique City* (Berkeley: University of California Press, 1996), 72-89; "Diogenes the Cynic among the Fourth Century Fathers", *Vigiliae Christianae* 47, no. 1 (1993); "Shamelessness of Diogenes in Roman Imperial Culture"。

102 Krueger, *Symeon the Holy Fool*, 81.

103 参见：Krueger, *Symeon the Holy Fool*, 81。列安提乌斯之论著是否受第欧根尼的影响，目前依然存有争议。相反的观点参见：Vincent Déroche, *Études sur Léontios de Néapolis* (Upsalla: Upsalla Universitet, 1995), 195-197; Sergey A. Ivantov, *Holy Fools in Byzantium and Beyond* (Oxford: Oxford University Press, 2006), 108。

104 Krueger, "Shamelessness of Diogenes in Roman Imperial Culture", 239. 文艺复兴时期的文献编译工作，如伊拉斯谟对普鲁塔克（Plutarch）的《嘉言录》（*Apophthegmata*）的翻译（1531年），也发挥了类似的作用，尽管这些编译文献不可避免地被赋予道德教化意味的基督教式寓意。参见：Roberts, *Dog's Tales*, 63-68。

105 参见：Krueger, *Symeon the Holy Fool*, 19-35。

106 然而在10世纪时，教会人士都对西蒙的生平进行了系统性的删节与改写。改写后的"圣人生平"只"关注于为教会提供可以在礼拜仪式上使用的版本"。随着这些不同的改写方案的相互整合，西蒙的生平就被净化和简化了。参见：Krueger, *Symeon the Holy Fool*, 52-55。

107　Krueger, 103.

108　Krueger, 96-99.

109　Krueger, 20.

110　Krueger, 40.

111　Krueger, 41.

112　克鲁格引用列安提乌斯。Krueger, 132-133.

113　Krueger, 49.

114　大体上，这是克鲁格提供的解释。关于"遵循美德而活，而非遵循自然本性而活"这一论点，参见：Krueger, 107。克鲁格观点的整体性概述，参见：Krueger, 126-129。

115　Krueger, 49.

第五章　排干木桶：近代早期的不满分子

1　Matton, "Cynicism and Christianity", 240.

2　文艺复兴时期获取古代犬儒学派文献资源的情况，参见：Roberts, *Dog's Tales*, 33-54。

3　Matton, "Cynicism and Christianity", 243.

4　Augustine, *Concerning the City of God against the Pagans*, trans. Henry Bettenson (London: Penguin, 2003), 581.

5　达德利对古代犬儒派的论述截至公元6世纪。随着基督教的勃兴，古代犬儒派的主张当时已经彻底被基督教禁欲主义所吸收。"犬儒主义（在古代意义上，作为活生生的哲学）已经不再对人类有用了。"(*History of Cynicism*, 208.)

6　Matton, "Cynicism and Christianity", 244.

7　参见：Matton, 246。

8　Matton, 248-249.

9　马东引用加甘。参见：Matton, 249。

10 Matton, 248-249.
11 马东引用马里奥·埃里科拉（Mario Equicola）. 参见：Matton, 250。
12 参见：Matton, 251-252.
13 参见：Matton, 252-254.
14 马东引用让·热尔松（Jean de Gerson），参见：Matton, 257。
15 马东引用加布里埃尔·迪普雷奥（Gabriel Du Préau）. 参见：Matton, 258。
16 Matton, 259-261.
17 Matton, 262-264.
18 参见：Roberts, *Dog's Tales*; Michéle Clément, *Le Cynisme à la Renaissance d'Érasme à Montaigne* (Geneva: Droz, 2005); Niklaus Largier, *Diogenes der Kyniker: Exempel, Erzählung, Geschichte in Mittelalter und früher Neuzeit. Mit einem Essay zur Figur des Diogenes zwischen Kynismus, Narrentum und postmoderner Kritik* (Tübingen: Max Niemeyer Verlag, 1997)。与克莱芒特相反，罗伯茨认为，尽管对古代犬儒主义的引用，特别是对第欧根尼的引用，在文艺复兴时期的文本中随处可见，但在文艺复兴时期的欧洲并不存在所谓"新犬儒派运动"。古代犬儒主义的影响有太多的变式，对第欧根尼生平的个别片段有着极为多元的解释。与中世纪时期相比，高度理想化的基督教式解读并不显著。但"群狗"的吸引力仍然"经常被降温，因为其不知羞耻，让人感到沮丧"。因此，尽管"我们遇到了一系列关于古代犬儒派的非凡文学表达……群狗本身，及其哲学永远被置于视野之外"。（Roberts, *Dog's Tales*, 273-274.）拉伯雷似乎更愿意承受古代犬儒派哲学中更具挑战性的一面，但在其作品中也进行了调和处理，尽管是对古代犬儒派特有方式进行的调和。下文中我们将对此进行考察。
19 François Rabelais, *The Complete Works of Doctor François Rabelais Abstractor of the Quintessence: Being an Account of the Inestimable Life of the Great Gargantua, and of the Herioc Deeds, Sayings and Marvellous Voyages of His Son the Good Pantagruel*, volume 1, trans. Sir Thomas Urquhart and Peter Motteux (London: Bodley Head, 1933), xxxv.
20 Rabelais, *Complete Works*, volume 1, 404.

21　Roberts, *Dog's Tales*, 170.

22　Rabelais, *Complete Works*, volume 1, 427. 第欧根尼在《巨人传》其他章节简短出场的梳理，参见：Roberts, *Dog's Tales*, 189-191。

23　Roberts, *Dog's Tales*, 171-189.

24　Edwin M. Duval, *The Design of Rabelais's Tiers Livre de Pantagruel* (Geneva: Droz, 1997), 15-16.

25　Roberts, *Dog's Tales*, 173.

26　Roberts, 166.

27　Roberts, 166.

28　Lucian, "How to Write History", trans. A. M. Harmon, in *Lucian*, volume 5, ed. Jeffrey Henderson, Loeb Classical Library (Cambridge, MA: Harvard University Press, 1936), 3.

29　Laertius, *Lives of Eminent Philosophers*, 6.48.——原注。第欧根尼·拉尔修，《名哲言行录》，马永翔、赵玉兰、祝和军、张志华译，吉林人民出版社，2003年，上册，第357页。

30　可能有一个简单的解释：为第欧根尼提供书本之类的东西，可能只是喜剧桥段，利用沉思的哲学家第欧根尼与滚桶者第欧根尼制造反差。罗伯茨就是这样主张的。参见：Roberts, *Dog's Tales*, 178。

31　我的解释要比罗伯茨走得更远。罗伯茨不认为关于滚桶行为的讨论带有特别颠覆性的信息：滚桶行为旨在嘲笑城邦中所有公民在面临战争威胁时的各种行为体现出的疯狂与恐惧。罗伯茨提出了更为温和的主张，认为关于滚桶的讨论使得拉伯雷能借此思考"作家在社会中的角色"。因为作为一个寻求积极贡献社会的人，作家除了写作之外鲜少能贡献些什么。拉伯雷通过滚桶的故事和随之而来的沉思，能够"勇敢地宣布自己要追求快乐，即使世事艰难，充满冲突"。（Roberts, 188）巴赫金提出了类似的观点，认为这段情节传递了这样的信息："没有人应该闲着，但笑不是一种无所事事。"——所以，让第欧根尼翻滚他的木桶吧，因为在这一幕中，他"捍卫了笑的权利。即使是在最严肃的历史性斗争中，笑也必须获胜"。巴赫金认为，第欧根尼的滚桶行为"不是反对英雄的科林斯公民们，而是反对那些阴沉的诽谤者，反对自由幽默的敌人"。(Mikhail Bakhtin, *Rabelais and His World*, trans. Helene Iswolsky [Bloomington: Indiana University Press, 1984], 178-179.) 值得注意的是，站在旁观者立场，在文艺复兴时期，滚桶的情节在文学上已经是老生常谈了（Roberts, *Dog's Tales*, 191-199.）。而且对这一情节的使用一般没有很大的讽刺意味，而是带有一种自我贬抑的倾向。（实际上，这相当于在说："虽然我希望对公共福祉有所帮助，但我所取得的成就只是滚了几下桶。"）我要承认，这或许支持了罗伯茨的主张。

32 Rabelais, *Complete Works*, volume 1, 436.
33 Rabelais, 435.
34 参见：Allen, *Cynical Educator*, 178-187.
35 Bakhtin, *Rabelais and His World*. 此书各处都有论及。
36 Bakhtin, 19-20.
37 Bakhtin, 47-49.
38 Bakhtin, *Dialogic Imagination*, 239-240.
39 Roberts, *Dog's Tales*, 280.
40 特里·伊格尔顿也是这么认为的。Terry Eagleton, "The Subject of Literature", *Cultural Critique* 2 (1985).
41 Eagleton, "Subject of Literature", 99.
42 Eagleton, 101.
43 Bakhtin, *Dialogic Imagination*, 239.
44 Rabelais, *Complete Works*, volume 1, 147-150.
45 Rabelais, 380.
46 参见：Roberts, *Dog's Tales*, 187-188。
47 Bakhtin, *Rabelais and His World*, 188.
48 Mazella, *Making of Modern Cynicism*, 50-51.
49 Mazella, 49.
50 参见：Roberts, *Dog's Tales*, 55-158。
51 参见：Mazella, *Making of Modern Cynicism*, 49。

52 David Hershinow, "Cash Is King: Timon, Diogenes, and the Search for Sovereign Freedom", *Modern Philology* 115, no. 1 (2017): 59. 值得注意的是，随着修辞学在17世纪中后期失去了其优势地位，关于"从善如流"的"幻想"随之消失。修辞学在英国内战时期衰弱了。这一时期被描述为"斯文扫地"。直截了当地说，当时的古典教育"被证明无法使查理一世（Charles I）免于身首异处的下场"。但也正是在这一时期，受过教育的精英们重新激发对修辞学的兴趣，去"重新评估［修辞学中的］古典雄辩术的有效性"。因为这种雄辩术"曾是近代早期英国用来投射、捍卫和维持权力的首要话语资源"（Mazella, *Making of Modern Cynicism*, 82）。作为这种重新评估的一部分，古代犬儒式的坦率在宫廷中的角色变得不确定起来。因此，当英国君主制复辟之后，为了保护王权不再受到来自下层的威胁，就需要诸多全新的战略。近代早期对第欧根尼形象的使用相当不同，但又很保守。关于这个的论述，参见：Deann Armstrong, "Hanging the Watch: Erotic Timekeeping and Temporal Cynicism in The Roaring Girl", *Modern Philology* 116, no. 2 (2018)。阿姆斯特朗探讨了第欧根尼如何与"免于情欲的自由"结合在一起（因为第欧根尼独自满足了自己的欲望）。由此，第欧根尼被用来批判戏剧。当时戏剧的诋毁者们认为，戏剧是一种危险的消遣娱乐方式，一种"欺骗的技术，女性化的技术"，甚至是"淫乱的开端"。因为戏剧允许那些无规范的愉悦和念头在不受束缚的情况下传播。这与如下情况相符：在近代早期的英国，第欧根尼的流行形象是"厌女者"。第欧根尼对自然本性的吁求被这样解释：鼓吹明确无疑的男子气概以及相伴随的优越感（再次参见：Armstrong）。

53 Mazella, *Making of Modern Cynicism*, 53-55.

54 Mazella, 55.

55 Mazella, 72.

56 Hershinow, "Cash Is King".

57 参见：Mazella, *Making of Modern Cynicism*, 75。同样参见：Hershinow, "Cash Is King", 以及参见卡尔·马克思所做的一个简短分析：Karl Marx, "Economic and Philosophical Manuscripts (1844)" in *Early Writings*, trans.

Rodney Livingstone and Gregor Benton (London: Penguin, 1975), 376-377。

58 Mazella, *Making of Modern Cynicism*, 74-75.

59 David Hershinow, "Diogenes the Cynic and Shakespeare's Bitter Fool: The Politics and Aesthetics of Free Speech", *Criticism* 56, no. 4 (2014).

60 Hershinow, "Diogenes the Cynic", 821.

61 Hershinow, 826.

62 Hershinow, 827.

63 参见：Mazella, *Making of Modern Cynicism*, 67-70。

64 R.W.英格拉姆引用约瑟夫·霍尔（Joseph Hall）。R. W. Ingram, *John Marston* (Boston: Twayne Publishers, 1978), 25-26.

65 John Marston, *The Scourge of Villainie 1599*, ed. G. B. Harrison (London: Bodley Head, 1925), v.

66 Mazella, *Making of Modern Cynicism*, 69-70. 因此，马泽拉（Mazella）的论点是："马斯顿的著作受到了批评，因为他以卫道士自居，但他的写作风格却是淫秽的，这两者之中似乎有着怪异的不匹配。但其作品的粗鄙风格最好被理解为一种由时代之腐败所导致的病理性症状。……通过有伤风化的写作……马斯顿描绘了这种腐败。"（70）大致相似的反对意见也可以用于更后期的作家，例如弗里德里希·尼采，但也可以按照相似的思路来为他辩护。托马斯·伯恩哈德（Thomas Bernhard）这样的作家也是如此——对他最出名的指责是"有辱门楣"。伯恩哈德作为一个目空一切的叙述者，通过他那恶意满满的独白来对抗当代社会。在我看来，就目空一切与恶毒而言，我觉得没有人能比得上他了。在造就了现代社会的现代性中，受过教育的批评者发现一切都不尽如人意时，似乎注定要采取这种自我贬抑的策略。参见我的关于尼采对受过教育之人的批评：Ansgar Allen, "Awaiting Education: Friedrich Nietzsche on the Future of Our Educational Institutions", *Philosophical Inquiry in Education* 24, no. 2 (2017); "The End of Education: Nietzsche, Foucault, Genealogy", *Philosophical Inquiry in Education* 25, no. 1 (2018)。补充一个相反的视角："马斯顿诗中的讽刺者有时是歇斯底里的，是暴力且不稳定的。将马斯顿等同于这种讽刺者是不妥的，等于否认了他自觉成为批判者的可能性。"不然就无法解释马斯顿描述了社会弊病，却不知何故没有受到影响。参见：Anthony Caputi, *John Marston, Satirist* (Ithaca, New York: Cornell University Press, 1961), 2。

第六章　释放太阳：启蒙了的哲学家和浪荡子

1　Mazella, *Making of Modern Cynicism*, 82.
2　正如马泽拉所论。Mazella, 83.
3　关于古代犬儒主义在哲学史研究中的边缘化，参见：Heinrich Niehues-Pröbsting, "The Modern Reception of Cynicism: Diogenes in the Enlightenment" in *The Cynics*, 330-331。诚然，古代犬儒主义相对于其他哲学流派而言，始终处于哲学史的边缘地位。但正如尼许斯－普勒布斯廷所论述的那样，只要哲学被理解为纪传性质的，或至少是部分地这样理解，那么哲学家的生活作为其哲学的示范，"被认为是对其学说的一种验证"。这样，古代犬儒主义仍然与哲学史传统保持连接。但在现代性中，哲学史的纪传性要素本身就已经被边缘化了。因此，"只有哲学家们的理论性产品，而非其传记，对哲学史来说才具有重要性"（Niehues-Pröbsting, 330）。这就导致了古代犬儒主义被从哲学正典之中剔除，因为它既缺乏理论性内容，又依赖于传记的细节和真实性存疑的诸多逸事。
4　参见：Allen, *Cynical Educator*, 97。
5　Allen, 89-104.
6　Mazella, *Making of Modern Cynicism*, 104-109.
7　"作为局内人的现代犬儒"是艾伦·基南所描述的犬儒主义分类系统的一部分。参见：Alan Keenan, "Twilight of the Political? A Contribution to the Democratic Critique of Cynicism", *Theory & Event* 2, no. 1 (1998).
8　Mazella, *Making of Modern Cynicism*, 9-10. 在此，马泽拉借鉴并发展了由基南的现代犬儒主义分类系统。基南曾区分了"主人－犬儒"（master-cynics）、"被去权的局内人"和"被去权的外来者"。"被去权的外来者"是他对政治性不满情绪分析的焦点。（Keenan, "Twilight of the Political?"）
9　传统的观点将特朗普的上台与"被去权的外来者"（这里使用基南的术语）

的现代犬儒主义联系起来。也就是说，特朗普的成功是因为如下原因：那些在美国政治制度中处于最不利地位的人已经对传统的政治失去了信任，而现在这种信念丧失开始有了进行表达的途径。那些不认为自己是这种类型现代犬儒的人，或者至少不把自己归入"在美国政治制度中处于最不利地位的群体"的那些人，让他们最感到困惑的是，特朗普也从其他地方吸纳了选票。我在特朗普获胜之日的早上去机场登机，排在我前面的人正在打电话，他的说法很好地总结了这种困惑状态："让我无法理解的是，受过教育之人也投了他的票。"

10 利特尔顿。转引自：Mazella, *Making of Modern Cynicism*, 106。

11 利特尔顿。转引自：Mazella, 106。

12 马泽拉认为，作为古代犬儒主义蜕变为"大众犬儒主义"的一种中间形式："古代犬儒派从暴民的反对者变成了暴民最为危险的领导者之一。"（84）

13 Niehues-Pröbsting, "Modern Reception of Cynicism", 332.

14 Mazella, *Making of Modern Cynicism*, 143-162.

15 参见：Niehues-Pröbsting, "Modern Reception of Cynicism"; *Der Kynismus des Diogenes und der Begriff des Zynismus*; Mazella, *Making of Modern Cynicism*; Shea, *Cynic Enlightenment*; and Sharon Stanley, *The French Enlightenment and the Emergence of Modern Cynicism* (Cambridge: Cambridge University Press, 2012)。

16 Shea, *Cynic Enlightenment*, 132.

17 Shea, ix. 在尼许斯－普勒布斯廷研究的基础上，本章的注释3较为详细地讨论了这个问题。(Niehues-Pröbsting, "Modern Reception of Cynicism", 18.)

18 引文出自斯坦利对斯劳特戴克关于现代犬儒主义观点的解释。参见：Sharon Stanley, "Retreat from Politics: The Cynic in Modern Times", *Polity* 39, no. 3 (2007): 385。

19 Shea, *Cynic Enlightenment*, 110.

20 马泽拉引用伏尔泰。Mazella, *Making of Modern Cynicism*, 123.

21 尼许斯－普勒布斯廷引用卢梭。Niehues-Pröbsting, "Modern Reception of

Cynicism", 342.

22 Mazella, *Making of Modern Cynicism*, 126.

23 斯坦利认为，到了最后那个阶段，已经不能把卢梭当作一个古代犬儒了。古代犬儒有着"教育式的或传教式的计划"。而在最后几年中，卢梭已经切断了与这些计划之间的所有连接。他已经对改变他的同胞不抱希望，决定彻底放弃。（Stanley, *French Enlightenment and the Emergence of Modern Cynicism*, 153.）

24 马泽拉探讨了这两种不同的解释，并最终将他自己的解释置于两者之间。他的结论是，在尝试古代犬儒式的"无畏直言"时，卢梭的内心其实是矛盾的，因此他"远远低于第欧根尼的禁欲标准"。（Mazella, *Making of Modern Cynicism*, 138.）在某些方面，卢梭是所谓的"启蒙了的虚假意识"的充分例证。这个术语是斯劳特戴克界定的，他在现代犬儒主义中发现它。（Mazella, 136; Sloterdijk, *Critique of Cynical Reason*, 5.）

25 Mazella, *Making of Modern Cynicism*, 117.

26 Mazella, 117.

27 然而，卢梭的形象有着一个讽刺性的转变。随着卢梭的声名扫地，他成了"一个有力的象征，象征着启蒙理性的历史性失败，且这一象征在论战中被反复使用"（Mazella, 142）。后来，卢梭的形象反转，被认为代表着"理性被扭曲的危险、理性转变为非理性与疯狂的危险、理性因其对自身期望太高而受挫的危险"。（Niehues-Pröbsting, "Modern Reception of Cynicism", 333.）

28 Sloterdijk, *Critique of Cynical Reason*, 54.

29 Mazella, *Making of Modern Cynicism*, 116.

30 Mazella, 116.

31 Jean-Jacques Rousseau, *Émile, or On Education*, trans. A. Bloom (London: Penguin, 1991).

32 Sloterdijk, *Critique of Cynical Reason*, 56.

33 在此，我对斯劳特戴克的一个论点进行了复述，并加以改写。（参见：Sloterdijk, *Critique of Cynical Reason*, 58。）关于教育中的"良性暴力"问题，更为一般的讨论请参见：Allen, *Benign Violence*。对于现代性统治下的教育，教育者拒绝质疑或无力进行质疑。关于这一点，请参见：Allen, "The End of Education"。在教育环境中，"工具理性"与"萎缩了的理想"之间存在着互相强化的运作。关于这一点，请参见：Ansgar Allen and Roy Goddard, *Education and Philosophy: An Introduction* (London: Sage, 2017), 123。

34 Sloterdijk, *Critique of Cynical Reason*, 57.

35 Denis Diderot, "Rameau's Nephew" in *Rameau's Nephew and D'Alembert's Dream*, trans. Leonard Tancock (London: Penguin, 1966). 谢伊和斯坦利在其著作中有所讨论。Shea, *Cynic Enlightenment*. Stanley, *French Enlightenment and the Emergence of Modern Cynicism*; "The Cynic in Modern Times".——原注。中译文请参见：狄德罗，《狄德罗哲学选集》，江天骥、陈修斋、王太庆译，商务印书馆，1959年，第205—320页。

36 Stanley, *French Enlightenment and the Emergence of Modern Cynicism*, 136.

37 Shea, *Cynic Enlightenment*, 59.

38 Stanley, *French Enlightenment and the Emergence of Modern Cynicism*, 76.

39 Stanley, 138.

40 Stanley, 86. 我对要点用加粗表示。

41 Diderot, "Rameau's Nephew," 35.——原注。译文直接引用中译本：狄德罗，《狄德罗哲学选集》，江天骥、陈修斋、王太庆译，商务印书馆，1959年，第207页。

42 Stanley, *French Enlightenment and the Emergence of Modern Cynicism*, 140.

43 Diderot, "Rameau's Nephew," 52.——原注。中译文请参见：狄德罗，《狄德罗哲学选集》，江天骥、陈修斋、王太庆译，商务印书馆，1959年，第226页。中译本的语句与本书作者引用的英译本有细微差别，故未使用中译本，此处译者按英文直译。商务印书馆版中译文为"生活中主要的一点就是：每天晚上要自由、轻松、愉快、丰裕地到厕所里去：呵，宝贵的排泄物！这对于一切身份的人们，都是一生的大结局"。

44 Shea, *Cynic Enlightenment*, 111.

45 Marquis de Sade, Philosophy in the Bedroom, in *The Complete Justine, Philosophy in the Bedroom, and Other Writings*, trans. Richard Seaver and Austryn Wainhouse (New York: Grove Press, 1965).

46 Shea, *Cynic Enlightenment*, 111.

47 Allen, *Cynical Educator*, 137; Allen, "Education, Mastery and the Marquis de Sade," *Other Education: The Journal of Educational Alternatives* 5, no. 2 (2016).

48 Sade, *Philosophy in the Bedroom*, 185.

49 例如,《巨人传》式的《朱丽叶,或喻邪恶的喜乐》一书。参见: *Juliette* (New York: Grove Press, 1968).

50 Shea, *Cynic Enlightenment*, 126.

51 必须指出,"快乐"在萨德那里的作用并不像乍看上去那么简单直接。(因此,萨德在这方面仅仅扭曲了古代犬儒主义,而不是古代犬儒主义的一个拙劣的翻版。)因为对于浪荡子而言,他们希望摆脱一切约束,因此"追求快乐的欲望"本身也必须被消除。不过,萨德的浪荡子们是不同寻常的。他们认为快乐必须通过耗尽快乐来克服,必须通过对一切种类的快乐之过度体验来克服,而不是通过否定快乐来克服。(参见: Allen, *Cynical Educator*, 142.) 在这一方面,萨德似乎再次接近古代犬儒派。他将古代犬儒派寻求改造的东西,通过实践推到极限。萨德式的放荡蕴含着极端个人主义。萨德式的放荡与古代犬儒主义之间的区别,或许可以通过这一特性来更清楚地描绘。就其极限而言,极端个人主义的追求会变得完全冷漠,对所有人类漠不关心,超越怜悯。(Allen, 143.)

52 Cavarero, *In Spite of Plato*, 55.

53 Allen, "Education, Mastery and the Marquis de Sade", 43.

54 作为例证,请参见: Julietta Singh, *Unthinking Mastery: Dehumanism and Decolonial Entanglements* (Durham, NC: Duke University Press, 2018)。

55 参见: Jane Gallop, "The Immoral Teachers", *Yale French Studies* 63 (1982)。

56 Simone de Beauvoir, "Must We Burn Sade?" in *The 120 Days of Sodom and Other Writings—Marquis de Sade*, ed. Austryn Wainhouse and Richard Seaver

(New York: Grove Press, 1966), 21.

57 de Beauvoir, "Must We Burn Sade?", 29.

58 正如福柯所描述的，"萨德制定了一种适合于规训型社会的色情：一个受管制的、符合解剖学的等级制社会，其时间被仔细地分配，其空间被分割，以服从和监控为特征"。(Michel Foucault, "Sade: Sergeant of Sex", in *Essential Works of Foucault 1954-1984*, volume 2, ed. James Faubion, trans. John Johnston [London: Penguin, 2000], 226.)

59 Maurice Blanchot, *Lautréamont and Sade* (Stanford: Stanford University Press, 2004).

60 Allen, *Cynical Educator*, 147-148.

第七章 活在末世：现代犬儒派的多重面相

1 在这里以及接下来的内容中，我借鉴了马泽拉的观点。也请读者参考：Mazella, *Making of Modern Cynicism*, 143-162.

2 现今对现代犬儒主义的批评与控诉不胜枚举。这里选择了一些有代表性的书目：Donald L. Kanter and Philip H. Mirvis, *The Cynical Americans: Living and Working in an Age of Discontent and Disillusion* (San Francisco: Jossey-Bass, 1989); Jeffrey C. Goldfarb, *The Cynical Society: The Culture of Politics and the Politics of Culture in American Life* (Chicago: University of Chicago Press, 1991); Richard Stivers, *The Culture of Cynicism: American Morality in Decline* (Malden, MA: Blackwell, 1994); Michael Lerner, *The Politics of Meaning: Restoring Hope and Possibility in an Age of Cynicism* (New York: Perseus Books, 1997); Joseph N. Cappella and Kathleen Hall Jamieson, *Spiral of Cynicism: The Press and the Public Good* (Oxford: Oxford University Press, 1997); Ronald C. Arnett and Pat Arneson, *Dialogic Civility in a Cynical Age: Community, Hope, and Interpersonal Relationships* (Albany: SUNY Press, 1999); William Chaloupka, *Everybody Knows: Cynicism in America* (Minneapolis: University of Minnesota Press, 1999); Henry A. Giroux, *Public Spaces, Private Lives: Beyond the Culture of Cynicism* (Lanham, MD: Rowman

& Littlefield, 2001); Susan Haack, *Defending Science—within Reason: Between Scientism and Cynicism* (New York: Prometheus Books, 2007); Wilber W. Caldwell, *Cynicism and the Evolution of the American Dream* (Washington: Potomac Books, 2007); Megan Mustain, *Overcoming Cynicism: William James and the Metaphysics of Engagement* (New York: Continuum, 2011); Stella C. Batagiannis, Barry Kanpol, and Anna V. Wilson, eds., *The Hope for Audacity: From Cynicism to Hope in Educational Leadership and Policy* (New York: Peter Lang, 2012); John Hagan, Joshua Kaiser, and Anna Hanson, *Iraq and the Crimes of Aggressive War: The Legal Cynicism of Criminal Militarism*, Cambridge Studies in Law and Society (Cambridge: Cambridge University Press, 2015)。

3 李·麦金太尔在自己的书中讨论并哀叹了这些后果。Lee McIntyre, *Post-Truth* (Cambridge, MA: MIT Press, 2018).

4 Caldwell, *Cynicism and the Evolution of the American Dream*.

5 Arnett and Arneson, *Dialogic Civility in a Cynical Age*.

6 Cappella and Jamieson, *Spiral of Cynicism*.

7 Giroux, *Public Spaces, Private Lives*.

8 Hagan, Kaiser, and Hanson, *Iraq and the Crimes of Aggressive War*.

9 Paolo Virno, *A Grammar of the Multitude* (Los Angeles: Semiotext[e], 2004), 88.

10 J. D. Taylor, *Negative Capitalism: Cynicism in the Neoliberal Era* (Winchester: Zero, 2013), 33.

11 Taylor, *Negative Capitalism*, 32.

12 Theodor Adorno, "Theses Against Occultism" in *The Stars Down to Earth and Other Essays on the Irrational in Culture*, ed. Stephen Crook (London: Routledge, 2002), 174.阿多诺还写道:"犬儒式的清醒更可能是法西斯主义的精神状态,而非心理学意义上的迷醉。"("Anti-Semitism and Fascist Propaganda" in *Stars Down to Earth*, 222.)

13 Taylor, *Negative Capitalism*, 103.

14 Timothy Bewes, *Cynicism and Postmodernity* (London: Verso, 1997), 26.

15 Bewes, *Cynicism and Postmodernity*, 26.

16 Terry Eagleton, *Ideology: An Introduction* (London: Verso, 2007), 38.

17 Jürgen Habermas, *The Philosophical Discourse of Modernity*, trans. Frederick Lawrence (Cambridge: Polity, 1985), 253. 我的主张与此种立场相反。尽管很多"后福柯式"作家可能因为其"犬儒主义"（在这个词的现代的、被贬损了的意义上）而被责难，也就是责难他们的理论不过是为了解释．他们为什么必须放弃激进的集体行动。但正是在这种意义上，福柯的政治主张并没有那么明显的"现代犬儒主义"色彩。参见：Ansgar Allen and Roy Goddard, "The Domestication of Foucault: Government, Critique, War", *History of the Human Sciences* 27, no. 5 (2014)。

18 Bewes, *Cynicism and Postmodernity*, 6-8.

19 Alexei Yurchak, "The Cynical Reason of Late Socialism: Power, Pretense, and the Anekdot", *Public Culture* 9, no. 2 (1997); *Everything Was Forever, Until It Was No More: The Last Soviet Generation* (Princeton: Princeton University Press, 2005); Mark Lipovetsky, *Charms of the Cynical Reason: The Trickster's Transformations in Soviet and Post-Soviet Culture* (Boston: Academic Studies Press, 2011); Hans Steinmüller and Susanne Brandtstädter, eds., *Irony, Cynicism and the Chinese State* (London: Routledge, 2016).

20 Stanley, *French Enlightenment and the Emergence of Modern Cynicism*.

21 Mazella, *Making of Modern Cynicism*; Shea, *Cynic Enlightenment*; Stanley, *French Enlightenment and the Emergence of Modern Cynicism*.

22 一个值得注意的例外是谢伊。参见：Shea, *Cynic Enlightenment*, 146-168。

23 Sloterdijk, *Critique of Cynical Reason*, 5.

24 Hannah Arendt, "Introduction: Walter Benjamin 1892-1940", in *Illuminations* (London: Pimlico, 1999), 14.

25 以下一个罕见的例子，斯劳特戴克对"厚颜无耻"的呼吁得到了认真的对待与支持。参见：Chaloupka, *Everybody Knows*。另外参见谢伊书中的讨论：Shea, *Cynic Enlightenment*。

26 Sloterdijk, *Critique of Cynical Reason*, 5.

27 Sloterdijk, 379.

28 Shea, *Cynic Enlightenment*, 155.

29 Mazella, *Making of Modern Cynicism*, 224.

30 Slavoj Žižek, *The Sublime Object of Ideology* (London: Verso, 2008), 27.

31 正如齐泽克所说,意识形态现在的运作方式要能够"有能力承受揭示其运作的秘密……**而又对它的效率毫无影响。**"(Žižek, *The Indivisible Remainder: On Schelling and Related Matters* [London: Verso, 2007].)

32 由斯劳特戴克的著作改写而来:Sloterdijk, *Critique of Cynical Reason*, 5。

33 马泽拉的观点倾向于此,但最为有力的论证是斯坦利做出的。(Stanley, *French Enlightenment and the Emergence of Modern Cynicism*.)同时参见:Ian Cutler, "The Cynical Manager", *Management Learning* 31, no. 2 (2000); Christopher J. Gilbert, "In Dubiis Libertas: A Diogenic Attitude for a Politics of Distrust", *Rhetoric Society Quarterly* 42, no. 1 (2012); Arthur Rose, Robbie Duschinsky, and Jane Macnaughton, "Cynicism as a Strategic Virtue", *Lancet* 389, no. 10070 (2017)。作为一个罕见的例外,劳拉·斯帕克斯提倡一种更为强力、更具有对抗性的现代犬儒主义。她认为,在现今这种情况下应该"重新打开旧伤口,对那消失得太快的'强化审讯'丑闻展开讨论"。因此,她给出了令人反感的、令人愤慨的提议:既然美军在阿布格莱布监狱所使用的酷刑是政府核准的,因此所有美国公民应该将自己视为某种意义上的同谋犯。参见:Laura Sparks, "Re-seeing Abu Ghraib: Cynical Rhetoric as Civic Engagement", *Present Tense: A Journal of Rhetoric in Society* 5, no. 3 (2016): 6。

34 Stanley, *French Enlightenment and the Emergence of Modern Cynicism*, 21.

35 Stanley, 181.

36 Mazella, *Making of Modern Cynicism*, 171.

37 Nietzsche, *Ecce Homo*, 43.——原注。中译文源自:尼采,《尼采著作全集》(第6卷),孙周兴、李超杰、余明锋译,商务印书馆,2015年,第384页。

38 参见本书第三章注释第22条。

39 Friedrich Nietzsche, *The Birth of Tragedy: Out of the Spirit of Music*, trans. S. Whiteside (London: Penguin, 2003), "Attempt at Self-Criticism", §1.——原注。

中译文参见：尼采，《悲剧的诞生》，孙周兴译，商务印书馆，2012年，第3页。

40　Niehues-Pröbsting, "Modern Reception of Cynicism", 353-363.

41　尼采显然知道这则逸事，因为在其早期著作中，他明确地提到过。"在找到人之前，先得找到灯笼。——是否必须是犬儒主义者的灯笼呢？"（Friedrich Nietzsche, "The Wanderer and His Shadow" in *Human, All Too Human*, trans. R. J. Hollingdale [Cambridge: Cambridge University Press, 1996], §18.）——原注。中译文源自：尼采，《人性的，太人性的：一本献给自由精神的书》，魏育青、李晶浩、高天忻译，华东师范大学出版社，2008年版，第610页。

42　Laertius, *Lives of Eminent Philosophers*, 6.41.——原注。第欧根尼·拉尔修，《名哲言行录》，马永翔、赵玉兰、祝和军、张志华译，吉林人民出版社，2003年，上册，第355页。

43　Friedrich Nietzsche, *The Gay Science: With a Prelude in Rhymes and an Appendix of Songs*, trans. W. Kaufmann (New York: Vintage, 1974), §125. 在这段文字中，尼采笔下的疯子看上去代表着古代犬儒派。如果真是如此，那么这个事实将更为重要——尼采处于与古代世界截然不同的历史情境中，也没能激发周围的人去反思自己的处境。事实上，我们在尼采的文字中读到，那盏唤出古代犬儒式情节的提灯被扔在了地上，摔成了碎片，已经完蛋了。——原注。中译文源自：弗里德里希·尼采，《快乐的科学》，黄明嘉译，华东师范大学出版社，2007年，第208—210页。请注意本书作者并未严格引用尼采原文，因此除直接引语之外，译者并未严格引用中译本的文字。

44　Martin Heidegger, "Nietzsche's Word: 'God Is Dead'" in *Off the Beaten Track*, ed. Julian Young and Kenneth Haynes, trans. J. Young and K. Haynes (Cambridge: Cambridge University Press, 2002), 160.——原注。中译文源自：海德格尔，《林中路》，孙周兴译，上海译文出版社，2008年，第196页。

45　Hunter, *Rethinking the School*, xxi.

46　康德著名的定义全文如下："启蒙就是人从他咎由自取的受监护状态走

出，受监护状态就是没有他人的指导就不能使用自己的理智的状态。如果这种受监护状态的原因不在于缺乏理智，而是缺乏在不受他人指导的情况下使用自己的理智的决心和勇气，则它就是咎由自取的。""咎由自取的受监护状态"又被翻译为"自己所加之于自己的不成熟状态"。参见：Immanuel Kant, "An Answer to the Question: What Is Enlightenment?" in *What Is Enlightenment: Eighteenth-Century Answers and Twentieth-Century Questions*, ed. J. Schmidt (Berkeley: University of California Press, 1996), 58. "自己所加之于自己的不成熟状态"可能是一个更为精准的翻译。但翻译为"受监护状态"的好处在于，它强调指出了这一点："不成熟状态"是如何被用来为"隶属状态"辩护的——在"隶属于教育"这一观念中，教育被理解为一种同时具有监护与指导形式的隶属关系。讽刺的是，康德关于启蒙运动的格言——"*Sapere aude*！（要敢于认识！）要有勇气使用你**自己**的理智！"（同上书，第58页），将有助于证明现代教育体制的巨大扩张是合理的。因为一旦社会走出了"自己加之于自己的不成熟状态"这一阶段，作为一种"摆脱不成熟"的必要机制，教育制度就会急剧扩张。教育已经成为不可剥夺的权利。这样一来，教育就作为一种普遍的监护与指导系统而运作了，其所及的范围和程度远超诸多"不成熟"社会的梦想所及。——原注。此处的中译有两个来源，正好对应了两个不同的英译文。主要的译文，即使用"咎由自取的受监护状态"这一译法的中译本参见：康德，《康德著作全集》（第8卷：1781年之后的论文），李秋零编译，中国人民大学出版社，2010年，第40页以下。另一个中译本，使用"自己所加之于自己的不成熟状态"这一译法的中译本参见：康德，《历史理性批判文集》，何兆武译，商务印书馆，1996年，第22页以下。因为两个中译文之间存在一定的差别，有兴趣的读者可以对照参看。此处给出作者原注中所提及的康德文字所对应的何兆武先生的译文："启蒙运动就是人类脱离自己所加之于自己的不成熟状态。不成熟状态就是不经别人的引导，就对运用自己的理智无能为力。当其原因不在于缺乏理智，而在于不经别人的引导就缺乏勇气与决心去加以运用时，那么这种不成熟状态就是自己所加之于自己的了。*Sapere aude*！要有勇气运用你自己的理智！这就是启蒙运动的口号。"(康德,《历史理性批判文集》,何兆武译,商务印书馆,1996年,第22页。)

47 Mark A. Wrathall, *Heidegger and Unconcealment: Truth, Language and History* (Cambridge: Cambridge University Press, 2011), 198.

48 Friedrich Nietzsche, *The Will to Power*, trans. W. Kaufman and R. J. Hollingdale (New York: Vintage, 1968), §585.——原注。中译文源自:尼采,《尼采著作全集》(第12卷),孙周兴译,商务印书馆,2010年,第415页。

49 Nietzsche, *Gay Science*, §125.——原注。中译文源自:弗里德里希·尼采,《快乐的科学》,黄明嘉译,华东师范大学出版社,2007年,第210页。

50 Sigmund Freud, "Mourning and Melancholia" in *The Standard Edition of the Complete Psychological Works of Sigmund Freud*, volume 14, ed. James Strachey (London: Vintage, 2001).

51 Freud, "Mourning and Melancholia", 245.

52 关于这一点如何体现在"罹患忧郁症的教育家"这一形象中,相关讨论请参见:Allen, *Cynical Educator*, 89-90。

53 这似乎与弗洛伊德有所背离。有着忧郁症状的现代犬儒还没有普遍达到弗洛伊德在其临床讨论中所描述的沮丧和哀恸的程度。斯劳特戴克将今日的现代犬儒描述为"濒临忧郁症的患者"。(Sloterdijk, *Critique of Cynical Reason*, 5.)这也就是说,现代犬儒的绝望还没有达到这种水准——患者在绝望的驱使下,走入弗洛伊德的候诊室。

54 Luis Navia, *Diogenes of Sinope: The Man in the Tub* (Westport, CT: Greenwood Press, 1998), 147.

55 Nietzsche, "Anti-Christ", §23.——原注。中译文源自:尼采,《尼采著作全集》(第6卷),孙周兴、李超杰、余明锋译,商务印书馆,2015年,第236页。

56 Gianni Vattimo, *The End of Modernity: Nihilism and Hermeneutics in Post-modern Culture* (Cambridge: Polity, 2002), 169.

57 尼采转引自尼许斯-普勒布斯廷:Niehues-Pröbsting, "Modern Reception of Cynicism", 359.一个稍有不同的译文请参见:Friedrich Nietzsche, Beyond

Good and Evil: Prelude to a Philosophy of the Future, trans. Marion Faber (Oxford: Oxford University Press, 1998), §26.——原注。此处译文直接引用尼采著作的通行中译本,与作者转引的英译文稍有不同。因为作者此处是转引,故此英译文不应被认为具有任何的权威性。出于严谨起见,此处给出作者所说的"一个稍有不同的译文":"People who recognize the animal, the baseness, the 'rule' in itself, and yet still have that degree of intelligence and gumption that forces them to talk about themselves and people like them in front of witnesses."; "they even wallow in books as in their own dirt." 中译文源自:尼采,《尼采著作全集》(第5卷),赵千帆译,商务印书馆,2015年,第49页。

58 Sloterdijk, *Critique of Cynical Reason*, xxvi.

59 Sloterdijk, xxvi.

60 Sloterdijk, xxix.

61 这么说的理由,我在另一本书中做了概述。Allen, "End of Education".

62 Sloterdijk, *Critique of Cynical Reason*, xxix.

63 参见:Kevin Flint and Nick Peim, *Rethinking the Education Improvement Agenda: A Critical Philosophical Approach* (London: Continuum, 2012).

64 参见:Kenneth Wain, "The Learning Society: Postmodern Politics", *International Journal of Lifelong Education* 19, no. 1 (2000).

65 Sloterdijk, *Critique of Cynical Reason*, xxxii.

66 Sloterdijk, 5.

67 Sloterdijk, 5.

68 Sloterdijk, 154.

69 Sloterdijk, 151.

70 Sloterdijk, 151. 用来表示强调的字体"加粗"格式是我额外附加的。

71 Dominique Laporte, *History of Shit*, trans. Nadia Benabid and Rodolphe el-Khoury (Cambridge, MA: MIT Press, 2002), 63.——原注。从法文本直译的中译文没有完全对应的句子。请参见:多米尼克·拉波特,《屎的历史》,周莽译,商务印书馆,2006年,第64页。

第八章 尾声：犬儒主义的不可逃避性

1. Rebecca Higgie, "Kynical Dogs and Cynical Masters: Contemporary Satire, Politics and Truth-Telling", *Humor* 27, no. 2 (2014).

2. Lipovetsky, *Charms of the Cynical Reason*. 骗子和古代犬儒之间的联系，甚至被用来制造了一个解释框架，以便理解非西方传统中的"伪饰者"。例如"魏克匠克格"形象。在美国原住民的传说中，魏克匠克格打破了"所有可能的禁忌"，并"通过无法控制他的括约肌来制造混乱"。(Klaus-Peter Koepping, "Absurdity and Hidden Truth: Cunning Intelligence and Grotesque Body Images as Manifestations of the Trickster", *History of Religions* 24, no. 3 [1985]: 207.) 另可参见：Paul Radin, *The Trickster: A Study in American Indian Mythology* (New York: Schocken Books, 1972)。

3. Gilbert, "In Dubiis Libertas".

4. Mark Lipovetsky, "Pussy Riot as the Trickstar", *Apparatus. Film, Media and Digital Cultures in Central and Eastern Europe* 1 (2015); Peter Osborne, "Disguised as a Dog", *Radical Philosophy* 174 (July-August 2012); Annika Skoglund and Johannes Stripple, "From Climate Skeptic to Climate Cynic", *Critical Policy Studies* (2018). 有人向我建议，可以把"没问题侠客"（the Yes Men）这个组合加入名单之中。这个组合由两个"文化干扰"（culture-jamming）活动分子组成，在21世纪头十年中获得了某些名声。他们进行了一系列针对乔治·W.布什、世界贸易组织和全球多国力量的恶作剧。或许可以通过"古代犬儒"这一解释框架来理解"没问题侠客"这个组合，特别是他们2003年的同名电影。因为他们过度认同、夸大并由此讥讽了全球资本的逻辑。这的确可以类比于古代犬儒，与他们致力于"过一种'君主般'的生活"相类似。在此过程中，古代犬儒将以上观点推向激进的终点——其他非古代犬儒哲学家正是借由这一观点将自己同古代犬儒区分开来。如此这般关于"君权"的表达，令观点相近却更为温和的那些非古代犬儒的践行者和倡导者们感到憎恶。这种观点将这一努力夸张到荒谬的程度。然而，"没问题侠客"并没有起到这样的效果。他们对全球化的分析并未给左翼的批评家们带来什么惊喜。迈克尔·摩尔出现在他们的首部电影中只是为他们的分析背书。他们也没有让全球化的辩护士与走狗们感到不安。从观众对他们所进行的那种恶搞的反应就可以看出这一点：他们身着金色弹力连体紧身衣，将几个直肠传感器置入自己体内，并配以用来监控工人的屏幕（附在一个巨大的充气阳具上）。观众仅仅被逗乐了，但没有感到惊骇。在其他桥段中，观众的确感到了充分的不安和烦扰。这一点子是这样的：回收"第一世界"的污水供"第三世界"的顾客消费。但即便在此时，观众表达厌恶这一行为是被限制在一个完全可以预测的评价框架内的。这种恶搞套路并未干扰或扰动这一框架本身。

5 Shaun Walker, "Petr Pavlensky: Why I Nailed My Scrotum to Red Square", *Guardian*, February 5, 2014.

6 Marc Bennetts, "Acts of Resistance: Pyotr Pavlensky on Performance Art as Protest", *Calvert Journal*, December 1, 2014.

7 Bennetts, "Acts of Resistance".

8 Bennetts, "Acts of Resistance".

9 Walker, "Petr Pavlensky".

10 Bennetts, "Acts of Resistance".

11 Tatyana Dvornikova, "'We refused Everything France Wanted to Give Us': Oksana Shalygina's First Post-Prison Interview," *open Democracy*, January 25, 2018.

12 参见：Benjamin Schreier, *The Power of Negative Thinking: Cynicism and the History of Modern American Literature* (Charlottesville: University of Virginia Press, 2009); Mark Sussman, "Cynicism and The Damnation of Theron Ware," *Novel: A Forum on Fiction* 47, no. 3 (2014); Kieran Curran, *Cynicism in British Post-War Culture: Ignorance, Dust and Disease* (Basingstoke: Palgrave Macmillan, 2015); Arthur Rose, *Literary Cynics: Borges, Beckett, Coetzee* (London: Bloomsbury, 2017).

13 William Desmond, *Cynics* (Stocksfield: Acumen, 2008), 209.

14 例如，罗斯就总结出他自己关于"犬儒主义"的独特概念。在豪尔赫·路易斯·博尔赫斯（Jorge Luis Borges）、塞缪尔·贝克特和约翰·马克斯维尔·库切（J. M. Coetzee）的晚期风格中，罗斯侦测出一种"文学性的犬儒主义"。罗斯将之定义为犬儒主义的一种特殊类型，其特点是：这些作品以"犬儒式批评"为权威，并使自己的风格屈从于这一权威。(Rose, *Literary Cynic*.)

15 的确有人这样尝试过，但褒贬参半。参见：Mechtild Widrich, "The Informative Public of Performance: A Study of Viennese Actionism, 1965-1970", *Drama Review* 57, no. 1 (2013); Allen, *Cynical Educator,* 192.

16 Mazella, *Making of Modern Cynicism*, 27.

17 Sloterdijk, *Critique of Cynical Reason*, 164.

18 Jarett Kobek, *I Hate the Internet* (Los Angeles: We Heard You Like Books, 2016), 3.

19 Sloterdijk, *Critique of Cynical Reason*, 194.（用来表示强调的字体"加粗"格式是原来就有的。）在下面的内容中，我借鉴了我自己之前的著作（Allen, *Cynical Educator*），并在某些地方进一步展开讨论。

20 Luc Boltanski and Eve Chiapello, *The New Spirit of Capitalism* (London: Verso, 2007); Luc Boltanski, "The Left after May 1968 and the Longing for Total Revolution," *Thesis Eleven* 69 (2002).

21 Carl Cederström and Peter Fleming, *Dead Man Working* (Winchester: Zero Books, 2011).

22 Michael E. Gardiner, "The Grandchildren of Marx and Coca-Cola: Lefebvre, Utopia and the 'Recuperation' of Everyday Life", in *Globalization and Utopia: Critical Essays*, ed. Patrick Hayden and Chamsy El-Ojeili (Basingstoke: Palgrave Macmillan, 2009), 228.

23 Mark Fisher, *Capitalist Realism: Is There No Alternative?* (Ropley: Zero Books, 2009), 15.

24 Slavoj Žižek, *The Metastases of Enjoyment: Six Essays on Women and Causality* (London: Verso, 2005). 关于这种压迫性功能为何可能在教育环境下被塑造并成为模板的，请参见克拉克对基廷这一角色的分析。基廷是电影《死亡诗社》（*Dead Poet's Society*）中的教师角色，兼有越轨和压制的双重特性。Matthew Clarke, "Education beyond Reason and Redemption: A

Detour through the Death Drive", *Pedagogy, Culture & Society* (2019).

25 Foucault, *Courage of Truth*, 263.

26 Foucault, 262.

27 Foucault, 262.

28 参见：Michel Foucault, *The Birth of Biopolitics: Lectures at the Collège de France 1978-1979* (Basingstoke: Palgrave Macmillan, 2008). 作为一个老生常谈的例子，参见我在另一本书中的讨论，关于19世纪统计学与优生学两者之间在出生上的关系，以及它们和20世纪绩优主义的发展之间的关系。（Allen, *Benign Violence*.）

29 正如阿多（Hadot）在他的著作中所讨论的那样。Hadot, *Philosophy as a Way of Life*.

30 Leo Bersani, *Homos* (Cambridge, MA: Harvard University Press, 1995); Robert McRuer, *Crip Theory: Cultural Signs of Queerness and Disability* (New York: NYU Press, 2006); Lee Edelman, *No Future: Queer Theory and the Death Drive* (Durham, NC: Duke University Press, 2004). 尽管与"酷儿"和"同性恋亡命之徒"相关，古代犬儒并没有将他或她自己的注意力放在以下两点上：① 新的观念——无规范的身体带来了挑战，对此的赞赏将动摇关于"人类之可能性"的固化观念，从而促进一种扩展的、并且更少伤害性的关于"人"的概念的形成；② 新的希望——对"越轨式的性存在"的追求，将重组我们关于欲望的解释框架，并开创一种新的与他人的关系，更少操纵、更符合伦理。以上的两种讨论都是值得参与的，但它们并不能**成为**古代犬儒式的越轨行为之**基础**。

31 这个问题被描述为"左翼的斯芬克斯"，因为这是一个绝大多数人都无法解决的谜题。回答"否"或"不应该暴动"的人，或许是因为道德的理由而退却。回答"是"或者"应该暴动"的人或许更糟，他们站在"持同情态度的家长制"的角度来"理解"暴动，将之作为对"全球资本的不正义"的反应，一种无意识的表演性行为。参见：Jasper Bernes and Joshua Clover, "History and the Sphinx: Of Riots and Uprisings", *Los Angeles Review of Books*, September 24, 2012.

参考文献

Adorno, Theodor. "Anti-Semitism and Fascist Propaganda." In *The Stars Down to Earth and Other Essays on the Irrational in Culture*, edited by Stephen Crook. London: Routledge, 2002. Originally published 1946.

Adorno, Theodor. "Theses against Occultism." In *The Stars Down to Earth and Other Essays on the Irrational in Culture,* edited by Stephen Crook. London: Routledge, 2002. Originally published 1947.

Allen, Ansgar. "Awaiting Education: Friedrich Nietzsche on the Future of Our Educational Institutions." *Philosophical Inquiry in Education* 24, no. 2 (2017): 197-210.

Allen, Ansgar. *Benign Violence: Education in and beyond the Age of Reason*. Basingstoke: Palgrave Macmillan, 2014.

Allen, Ansgar. *The Cynical Educator*. Leicester: Mayfly, 2017.

Allen, Ansgar. "Education, Mastery and the Marquis de Sade." *Other Education: The Journal of Educational Alternatives* 5, no. 2 (2016): 39-55.

Allen, Ansgar. "The End of Education: Nietzsche, Foucault, Genealogy." *Philosophical Inquiry in Education* 25, no. 1 (2018): 47-65.

Allen, Ansgar, and Roy Goddard. "The Domestication of Foucault: Government, Critique, War." *History of the Human Sciences* 27, no. 5 (2014): 26-53.

Allen, Ansgar, and Roy Goddard. *Education and Philosophy: An Introduction*. London: Sage, 2017.

Arendt, Hannah. "Introduction: Walter Benjamin 1892-1940." In *Illuminations*. London: Pimlico, 1999. Originally published 1970.

Armstrong, Deann. "Hanging the Watch: Erotic Timekeeping and Temporal Cynicism in *The Roaring Girl*." *Modern Philology* 116, no. 2 (2018): 145-163.

Arnett, Ronald C., and Pat Arneson. *Dialogic Civility in a Cynical Age: Community, Hope, and Interpersonal Relationships*. Albany: SUNY Press, 1999.

Augustine. *Concerning the City of God against the Pagans*. Translated by Henry Bettenson. London: Penguin, 2003.

Bakhtin, Mikhail. *The Dialogic Imagination: Four Essays*. Translated by Caryl Emerson and Michael Holquist. Austin: University of Texas Press, 1981.

Bakhtin, Mikhail. *Rabelais and His World*. Translated by Helene Iswolsky. Bloomington: Indiana University Press, 1984.

Batagiannis, Stella C., Barry Kanpol, and Anna V. Wilson, eds. *The Hope for Audacity: From Cynicism to Hope in Educational Leadership and Policy*. New York: Peter Lang, 2012.

Beauvoir, Simone de. "Must We Burn Sade?" In *The 120 Days of Sodom and Other Writings—Marquis de Sade*, edited by Austryn Wainhouse and Richard Seaver. New York: Grove Press, 1966. Originally published 1951.

Bennetts, Marc. "Acts of Resistance: Pyotr Pavlensky on Performance Art as Protest." *Calvert Journal*, December 1, 2014.

Bernes, Jasper, and Joshua Clover. "History and the Sphinx: Of Riots and Uprisings." *Los Angeles Review of Books*, September 24, 2012.

Bersani, Leo. *Homos*. Cambridge, MA: Harvard University Press, 1995.

Betz, Hans Dieter. "Jesus and the Cynics: Survey and Analysis of a Hypothesis." *Journal of Religion* 74, no. 4 (1994): 453-475.

Bewes, Timothy. *Cynicism and Postmodernity*. London: Verso, 1997.

Billerbeck, Margarethe. "The Ideal Cynic from Epictetus to Julian." In *The Cynics: The Cynic Movement in Antiquity and Its Legacy*, edited by R. Bracht Branham and Marie-Odile Goulet-Gazé. Berkeley: University of California Press, 1996.

Blanchot, Maurice. *Lautréamont and Sade*. Stanford: Stanford University Press, 2004. Originally published 1949.

Boltanski, Luc. "The Left after May 1968 and the Longing for Total Revolution." *Thesis Eleven* 69, no. 1 (2002): 1-20.

Boltanski, Luc, and Eve Chiapello. *The New Spirit of Capitalism*. London: Verso, 2007. Originally published in French in 1999.

Bracht Branham, R. "Defacing the Currency: Diogenes' Rhetoric and the *Invention* of Cynicism." In *The Cynics: The Cynic Movement in Antiquity and Its Legacy*, edited by R. Bracht Branham and Marie-Odile Goulet-Gazé. Berkeley: University of California Press, 1996.

Bracht Branham, R. "Introduction." In *The Cynics: The Cynic Movement in Antiquity and Its Legacy*, edited by R. Bracht Branham and Marie-Odile Goulet-Gazé. Berkeley: University of California Press, 1996.

Bracht Branham, R. "Nietzsche's Cynicism: Uppercase or lowercase?" In *Nietzsche and Antiquity*, edited by Paul Bishop. New York: Camden House, 2004.

Bracht Branham, R. *Unruly Eloquence: Lucian and the Comedy of Traditions*. Cambridge, MA: Harvard University Press, 1989.

Bracht Branham, R., and Marie-Odile Goulet-Gazé, eds. *The Cynics: The Cynic Movement in Antiquity and Its Legacy*. Berkeley: University of California Press, 1996.

Brown, Peter. *Power and Persuasion in Late Antiquity: Towards a Christian Empire*. Madison: University of Wisconsin Press, 1992.

Caldwell, Wilber W. *Cynicism and the Evolution of the American Dream*. Washington, DC: Potomac Books, 2007.

Cappella, Joseph N., and Kathleen Hall Jamieson. *Spiral of Cynicism: The Press and the Public Good*. Oxford: Oxford University Press, 1997.

Caputi, Anthony. John Marston, *Satirist*. Ithaca, NY: Cornell University Press, 1961.

Cavarero, Adriana. *In Spite of Plato: A Feminist Rewriting of Ancient Philosophy*. Cambridge: Polity, 1995.

Cederström, Carl, and Peter Fleming. *Dead Man Working*. Winchester: Zero Books, 2011.

Chaloupka, William. *Everybody Knows: Cynicism in America*. Minneapolis: University of Minnesota Press, 1999.

Clarke, Matthew. "Education beyond Reason and Redemption: A Detour through the Death Drive." *Pedagogy, Culture & Society* 27, no. 2 (2019): 183-197.

Clay, Diskin. *Lucian of Samosata: Four Philosophical Lives (Nigrinus, Demonax, Peregrinus, Alexander Pseudomantis)*. Edited by Wolfgang Haase. Berlin: Walter de Gruyter, 1992.

Clément, Michèle. *Le Cynisme à la Renaissance d'Érasme à Montaigne*. Geneva: Droz, 2005.

Cooper, John M. *Pursuits of Wisdom: Six Ways of Life in Ancient Philosophy from Socrates to Plotinus*. Princeton, NJ: Princeton University Press, 2012.

Corrington, Gail Paterson. "The Defense of the Body and the Discourse of Appetite: Continence and Control in the Greco-Roman World." *Semeia* 57 (1992): 65-74.

Crossan, John Dominic. *The Historical Jesus: The Life of a Mediterranean Jewish Peasant*. New York: Harper Collins, 1992.

Curran, Kieran. *Cynicism in British Post-War Culture: Ignorance, Dust and Disease*. Basingstoke: Palgrave Macmillan, 2015.

Cutler, Ian. "The Cynical Manager." *Management Learning* 31, no. 2 (2000): 295-312.

Cutler, Ian. *Cynicism from Diogenes to Dilbert*. Jefferson, NC: McFarland, 2005.

Delbanco, Andrew. *College: What It Was, Is, and Should Be*. Princeton: Princeton University Press, 2011.

Deresiewicz, William. *Excellent Sheep: The Miseducation of the American Elite and the Way to a Meaningful Life*. New York: The Free Press, 2014.

Déroche, Vincent. *Études sur Léontios de Néapolis*. Upsalla: Upsalla Universitet, 1995.

Desmond, William. *Cynics*. Stocksfield: Acumen, 2008.

Detienne, Marcel, and Jean-Pierre Vernant. *Cunning Intelligence in Greek Culture and Society*. Translated by Janet Lloyd. Hassocks: Harvester Press, 1978.

Diderot, Denis. "Rameau's Nephew." Translated by Leonard Tancock. In *Rameau's Nephew and D'Alembert's Dream*. London: Penguin, 1966.

Diogenes. *Diogenes the Cynic: Sayings and Anecdotes*. Oxford: Oxford University Press, 2012.

Doeuff, Michèle Le. *Hipparchia's Choice: An Essay Concerning Women, Philosophy, Etc*. New York: Columbia University Press, 2007. Originally published in French, 1989.

Downing, F. Gerald. *Christ and the Cynics: Jesus and other Radical Preachers in First-Century Tradition*. Sheffield: Sheffield Academic Press, 1988.

Downing, F. Gerald. *Cynics, Paul and the Pauline Churches*. London: Routledge, 1998.

Downing, F. Gerald. *Cynics and Christian Origins*. Edinburgh: T&T Clark, 1992.

Downing, F. Gerald. "Deeper Reflections on the Jewish Cynic Jesus." *Journal of Biblical Literature* 117, no. 1 (1998): 97-104.

Dudley, Donald R. *A History of Cynicism: From Diogenes to the 6th Century AD*. London: Methuen, 1937.

Duval, Edwin M. *The Design of Rabelais's Tiers Livre de Pantagruel*. Geneva: Droz, 1997.

Dvornikova, Tatyana. "'We Refused Everything France Wanted to Give Us': Oksana Shalygina's First Post-Prison Interview." *openDemocracy*, January 25, 2018.

Eagleton, Terry. *Ideology: An Introduction*. London: Verso, 2007.

Eagleton, Terry. "The Subject of Literature." *Cultural Critique* 2 (1985): 95-104.

Eddy, Paul Rhodes. "Jesus as Diogenes? Reflections on the Cynic Jesus Thesis." *Journal of Biblical Literature* 115, no. 3 (1996): 449-469.

Edelman, Lee. *No Future: Queer Theory and the Death Drive*. Durham, NC: Duke

University Press, 2004.

Edmundson, Mark. *Why Teach? In Defense of a Real Education*. New York: Bloomsbury, 2013.

Epictetus. "On Cynicism (Discourse 3.22)." Translated by R. Dobbin. In *The Cynic Philosophers from Diogenes to Julian*, edited by Robert Dobbin. London: Penguin, 2012.

Fisher, Mark. *Capitalist Realism: Is There No Alternative?* Ropley: Zero Books, 2009.

Flint, Kevin, and Nick Peim. *Rethinking the Education Improvement Agenda: A Critical Philosophical Approach*. London: Continuum, 2012.

Flynn, Thomas. "Foucault as Parrhesiast: His Last Course at the Collège de France (1984)." In *The Final Foucault*, edited by James Bernauer and David Rasmussen. Cambridge, MA: MIT Press, 1987.

Foucault, Michel. *The Birth of Biopolitics: Lectures at the Collège de France 1978-1979*. Basingstoke: Palgrave Macmillan, 2008. Originally published in French, 1979.

Foucault, Michel. *The Courage of Truth: Lectures at the Collège de France 1983-1984*. Translated by G. Burchell. Basingstoke: Palgrave Macmillan, 2011. Originally published in French, 1984.

Foucault, Michel. *Fearless Speech*. Los Angeles: Semiotext(e), 2001.

Foucault, Michel. *The Hermeneutics of the Subject: Lectures at the Collège de France 1981-1982*. Translated by G. Burchell. Basingstoke: Palgrave Macmillan, 2005. Originally published in French, 1982.

Foucault, Michel. "Sade: Sergeant of Sex." Translated by John Johnston. In

Essential Works of Foucault 1954-1984, volume 2, edited by James Faubion. London: Penguin, 2000. Originally published in French, 1975.

Foucault, Michel. *The Will to Knowledge*. Translated by Robert Hurley. London: Penguin, 1998. Originally published in French, 1976.

Freud, Sigmund. "Civilization and Its Discontents." Translated by J. Strachey. In *The Standard Edition of the Complete Psychological Works of Sigmund Freud*, volume 21, edited by James Strachey. London: Vintage, 2001. Originally published 1930.

Freud, Sigmund. "Mourning and Melancholia." In *The Standard Edition of the Complete Psychological Works of Sigmund Freud*, volume 14, edited by James Strachey. London: Vintage, 2001. Originally published 1917.

Galen. *On the Passions and Errors of the Soul*. Columbus: Ohio State University Press, 1963.

Gallop, Jane. "The Immoral Teachers." *Yale French Studies* 63 (1982): 117-128.

Gardiner, Michael E. "The Grandchildren of Marx and Coca-Cola: Lefebvre, Utopia and the 'Recuperation' of Everyday Life." In *Globalization and Utopia: Critical Essays*, edited by Patrick Hayden and Chamsy El-Ojeili. Basingstoke: Palgrave Macmillan, 2009.

Gilbert, Christopher J. "In Dubiis Libertas: A Diogenic Attitude for a Politics of Distrust." *Rhetoric Society Quarterly* 42, no. 1 (2012).

Giroux, Henry A. *Public Spaces, Private Lives: Beyond the Culture of Cynicism*. Lanham, MD: Rowman & Littlefield, 2001.

Goldfarb, Jeffrey C. *The Cynical Society: The Culture of Politics and the Politics of Culture in American Life*. Chicago: University of Chicago Press, 1991.

Grafton, Anthony, and Lisa Jardine. *From Humanism to the Humanities: Education and the Liberal Arts in Fifteenth and Sixteenth-Century Europe.* London: Duckworth, 1986.

Haack, Susan. *Defending Science—within Reason: Between Scientism and Cynicism.* New York: Prometheus Books, 2007.

Habermas, Jürgen. *The Philosophical Discourse of Modernity.* Translated by Frederck Lawrence. Cambridge: Polity Press, 1985 [1987].

Hadot, Pierre. *Philosophy as a Way of Life.* Translated by Michael Chase. Oxford: Blackwell, 1995.

Hadot, Pierre. *What Is Ancient Philosophy?* Translated by Michael Chase. Cambridge, MA: Harvard University Press, 2004.

Hagan, John, Joshua Kaiser, and Anna Hanson. *Iraq and the Crimes of Aggressive War: The Legal Cynicism of Criminal Militarism.* Cambridge Studies in Law and Society. Cambridge: Cambridge University Press, 2015.

Heidegger, Martin. "Nietzsche's Word: 'God Is Dead.'" Translated by J. Young and K. Haynes. In *Off the Beaten Track*, edited by Julian Young and Kenneth Haynes. Cambridge: Cambridge University Press, 2002. Originally published in German, 1943.

Hershinow, David. "Cash Is King: Timon, Diogenes, and the Search for Sovereign Freedom." *Modern Philology* 115, no. 1 (2017): 53-79.

Hershinow, David. "Diogenes the Cynic and Shakespeare's Bitter Fool: The Politics and Aesthetics of Free Speech." *Criticism* 56, no. 4 (2014): 807-835.

Higgie, Rebecca. "Kynical Dogs and Cynical Masters: Contemporary Satire, Politics and Truth-Telling." *Humor* 27, no. 2 (2014): 183-201.

Honderich, Ted, ed. *The Oxford Companion to Philosophy*. 2nd edition. Oxford: Oxford University Press, 2005.

Hunter, Ian. *Culture and Government: The Emergence of Literary Education*. London: Macmillan, 1988.

Hunter, Ian. *Rethinking the School: Subjectivity, Bureaucracy, Criticism*. New York: St. Martin's Press, 1994.

Ingram, R. W. *John Marston*. Boston: Twayne Publishers, 1978.

Ivantov, Sergey A. *Holy Fools in Byzantium and Beyond*. Oxford: Oxford University Press, 2006.

Julian. "Against the Ignorant Cynics." Translated by R. Dobbin. In *The Cynic Philosophers from Diogenes to Julian*, edited by Robert Dobbin. London: Penguin, 2012.

Julian. "To the Cynic Heracleios." Translated by R. Dobbin. In *The Cynic Philosophers from Diogenes to Julian*, edited by Robert Dobbin. London: Penguin, 2012.

Julian. "To the Cynic Heracleios." Translated by W. C. Wright. In *The Works of the Emperor Julian*, volume 2, edited by Jeffrey Henderson. Loeb Classical Library. Cambridge, MA: Harvard University Press, 1913.

Julian. "To the Uneducated Cynics." Translated by W. C. Wright. In *The Works of the Emperor Julian*, volume 2, edited by Jeffrey Henderson. Loeb Classical Library. Cambridge, MA: Harvard University Press, 1913.

Kant, Immanuel. "An Answer to the Question: What Is Enlightenment?" In *What Is Enlightenment: Eighteenth-Century Answers and Twentieth-Century Questions*, edited by J. Schmidt. Berkeley: University of California Press, 1996. Originally published 1784.

Kanter, Donald L., and Philip H. Mirvis. *The Cynical Americans: Living and Working in an Age of Discontent and Disillusion.* San Francisco: Jossey-Bass, 1989.

Keenan, Alan. "Twilight of the Political? A Contribution to the Democratic Critique of Cynicism." *Theory & Event* 2, no. 1 (1998).

Kennedy, Kristen. "Cynic Rhetoric: The Ethics and Tactics of Resistance." *Rhetoric Review* 18, no. 1 (1999): 26-45.

Kennedy, Kristen. "Hipparchia the Cynic: Feminist Rhetoric and the Ethics of Embodiment." *Hypatia* 14, no. 2 (1999): 48-71.

Kersey, Ethel M. *Women Philosophers: A Biocritical Sourcebook.* New York: Greenwood Press, 1989.

Knights, Ben. *The Idea of the Clerisy in the Nineteenth Century.* Cambridge: Cambridge University Press, 1978.

Kobek, Jarett. *I Hate the Internet.* Los Angeles: We Heard You Like Books, 2016.

Koepping, Klaus-Peter. "Absurdity and Hidden Truth: Cunning Intelligence and Grotesque Body Images as Manifestations of the Trickster." *History of Religions* 24, no. 3 (1985): 191-214.

Krueger, Derek. "The Bawdy and Society: The Shamelessness of Diogenes in Roman Imperial Culture." In *The Cynics: The Cynic Movement in Antiquity and Its Legacy*, edited by R. Bracht Branham and Marie-Odile Goulet-Gazé. Berkeley: University of California Press, 1996.

Krueger, Derek. "Diogenes the Cynic among the Fourth Century Fathers." *Vigiliae Christianae* 47, no. 1 (1993): 29-49.

Krueger, Derek. *Symeon the Holy Fool: Leontius's Life and the Late Antique City*. Berkeley: University of California Press, 1996.

Ladkin, Sam, Robert McKay, and Emile Bojesen, eds. *Against Value in the Arts and Education*. London: Rowman & Littlefield, 2016.

Laertius, Diogenes. *Lives of Eminent Philosophers*, volume 2. Translated by R. D. Hicks. Edited by Jeffrey Henderson. Loeb Classical Library. Cambridge, MA: Harvard University Press, 1931.

Lang, Bernhard. "Jesus among the Philosophers: The Cynic Connection Explored and Affirmed, with a Note on Philo's Jewish-Cynic Philosophy." In *Religio-Philosophical Discourses in the Mediterranean World*, edited by Anders Klostergaard Petersen and Georg van Kooten, 187-218. Leiden: Brill, 2017.

Laporte, Dominique. *History of Shit*. Translated by Nadia Benabid and Rodolphe el-Khoury. Cambridge, MA: MIT Press, 2002. Originally published in French, 1978.

Largier, Niklaus. *Diogenes der Kyniker: Exempel, Erzählung, Geschichte in Mittelalter und früher Neuzeit. Mit einem Essay zur Figur des Diogenes zwischen Kynismus, Narrentum und postmoderner Kritik*. Tübingen: Max Niemeyer, 1997.

Lerner, Michael. *The Politics of Meaning: Restoring Hope and Possibility in an Age of Cynicism*. New York: Perseus Books, 1997.

Lipovetsky, Mark. *Charms of the Cynical Reason: The Trickster's Transformations in Soviet and Post-Soviet Culture*. Boston: Academic Studies Press, 2011.

Lipovetsky, Mark. "Pussy Riot as the Trickstar." *Apparatus. Film, Media and Digital Cultures in Central and Eastern Europe* 1 (2015). http://www.apparatusjournal.net/index.php/apparatus/article/view/5.

Lloyd, Genevieve. *The Man of Reason: "Male" and "Female" in Western Philosophy*. London: Routledge, 1993.

Long, A. A. *Epictetus: A Stoic and Socratic Guide to Life*. Oxford: Oxford University Press, 2002.

Long, A. A. "The Socratic Tradition: Diogenes, Crates, and Hellenistic Ethics." In *The Cynics: The Cynic Movement in Antiquity and Its Legacy*, edited by R. Bracht Branham and Marie-Odile Goulet-Cazé. Berkeley: University of California Press, 1996.

Lucian. "Apology for the 'Salaried Posts in Great Houses.'" Translated by K. Kilburn. In *Lucian*, volume 6, edited by Jeffrey Henderson. Loeb Classical Library. Cambridge, MA: Harvard University Press, 1959.

Lucian. "Demonax." Translated by A. M. Harmon. In *Lucian*, volume 1, edited by Jeffrey Henderson. Loeb Classical Library. Cambridge, MA: Harvard University Press, 1913.

Lucian. "How to Write History." Translated by A. M. Harmon. In *Lucian*, volume 5, edited by Jeffrey Henderson. Loeb Classical Library. Cambridge, MA: Harvard University Press, 1936.

Lucian. "On Salaried Posts in Great Houses." Translated by A. M. Harmon. In *Lucian*, volume 3, edited by Jeffrey Henderson. Loeb Classical Library. Cambridge, MA: Harvard University Press, 1921.

Lucian. "The Passing of Peregrinus." Translated by A. M. Harmon. In *Lucian*, volume 5, edited by Jeffrey Henderson. Loeb Classical Library. Cambridge, MA: Harvard University Press, 1936.

Lucian. "The Runaways." Translated by A. M. Harmon. In *Lucian*, volume 5, edited by Jeffrey Henderson. Loeb Classical Library. Cambridge, MA: Harvard University Press, 1936.

Mack, Burton L. *The Lost Gospel: The Book of Q and Christian Origins*. New York: Harper Collins, 1993.

Mack, Burton L. *A Myth of Innocence: Mark and Christian Origins*. Philadelphia: Fortress Press, 1988.

Marston, John. *The Scourge of Villanie 1599*. Edited by G. B. Harrison. London: Bodley Head, 1925.

Martin, R. P. "The Scythian Accent: Anacharsis and the Cynics." In *The Cynics: The Cynic Movement in Antiquity and Its Legacy*, edited by R. Bracht Branham and Marie-Odile Goulet-Gazé. Berkeley: University of California Press, 1996.

Marx, Karl. "Economic and Philosophical Manuscripts [1844]." Translated by Rodney Livingstone and Gregor Benton. In *Early Writings*. London: Penguin, 1975.

Matton, Sylvain. "Cynicism and Christianity from the Middle ages to the Renaissance." In *The Cynics: The Cynic Movement in Antiquity and Its Legacy,* edited by R. Bracht Branham and Marie-Odile Goulet-Gazé. Berkeley: University of California Press, 1996.

Mazella, David. *The Making of Modern Cynicism*. Charlottesville: University of Virginia Press, 2007.

McIntyre, Lee. *Post-Truth*. Cambridge, MA: MIT Press, 2018.

McRuer, Robert. *Crip Theory: Cultural Signs of Queerness and Disability*. New York: NYU Press, 2006.

Middleton, Christopher, ed. *Selected letters of Friedrich Nietzsche*. Indianapolis,

IN: Hackett, 1996.

Moles, John. "'Honestius Quam Ambitiosius'? An Exploration of the Cynic's Attitude to Moral Corruption in His Fellow Men." *Journal of Hellenic Studies* 103 (1983): 103-123.

Morgan, Teresa. *Literate Education in the Hellenistic and Roman Worlds*. Cambridge: Cambridge University Press, 1998.

Mustain, Megan. *Overcoming Cynicism: William James and the Metaphysics of Engagement*. New York: Continuum, 2011.

Navia, Luis. *Diogenes of Sinope: The Man in the Tub*. Westport, CT: Greenwood Press, 1998.

Niehues-Pröbsting, Heinrich. *Der Kynismus des Diogenes und der Begriff des Zynismus*. Munich: Fink, 1979.

Niehues-Pröbsting, Heinrich. "The Modern Reception of Cynicism: Diogenes in the Enlightenment." In *The Cynics: The Cynic Movement in Antiquity and Its Legacy*, edited by R. Bracht Branham and Marie-Odile Goulet-Gazé. Berkeley: University of California Press, 1996.

Nietzsche, Friedrich. "The Anti-Christ." Translated by R. J. Hollingdale. In *Twilight of the Idols and The Anti-Christ*. London: Penguin, 2003. Originally published in German, 1895.

Nietzsche, Friedrich. *Beyond Good and Evil: Prelude to a Philosophy of the Future*. Translated by Marion Faber. Oxford: Oxford University Press, 1998. Originally published in German, 1886.

Nietzsche, Friedrich. *The Birth of Tragedy: Out of the Spirit of Music*. Translated by S. Whiteside. London: Penguin, 2003. Originally published in German, 1872.

Nietzsche, Friedrich. *Ecce Homo: How One Becomes What One Is*. Translated by R. J. Hollingdale. London: Penguin, 2004. Originally published in German, 1908.

Nietzsche, Friedrich. *The Gay Science: With a Prelude in Rhymes and an Appendix of Songs*. Translated by W. Kaufmann. New York: Vintage, 1974. Originally published in German, 1887.

Nietzsche, Friedrich. *Thus Spoke Zarathustra: A Book for Everyone and Nobody*. Translated by G. Parkes. Oxford: Oxford University Press, 2008. Originally published in German, 1883-91.

Nietzsche, Friedrich. *Untimely Meditations*. Translated by R. J. Hollingdale. Cambridge: Cambridge University Press, 1997. Originally published in German, 1873-76.

Nietzsche, Friedrich. "The Wanderer and His Shadow." Translated by R. J. Hollingdale. In *Human, All Too Human*. Cambridge: Cambridge University Press, 1996. Originally published in German, 1880.

Nietzsche, Friedrich. *The Will to Power*. Translated by W. Kaufman and R. J. Hollingdale. New York: Vintage, 1968. Originally published in German, 1906.

Nussbaum, Martha. *Cultivating Humanity: A Classical Defense of Reform in Liberal Education*. Cambridge, MA: Harvard University Press, 1997.

Osborne, Peter. "Disguised as a Dog." *Radical Philosophy* 174 (July-August 2012). https://www.radicalphilosophyarchive.com/article/disguised-as-a-dog.

Plato. "Phaedo." Translated by H. Tredennick and H. Tarrant. In *The Last Days of Socrates*. London: Penguin, 1993.

Porter, J. I. "The Philosophy of Aristo of Chios." In *The Cynics: The Cynic Movement in Antiquity and Its Legacy*, edited by R. Bracht Branham and Marie-

Odile Goulet-Gazé. Berkeley: University of California Press, 1996.

Rabelais, François. *The Complete Works of Doctor François Rabelais Abstractor of the Quintessence: Being an Account of the Inestimable Life of the Great Gargantua, and of the Herioc Deeds, Sayings and Marvellous Voyages of His Son the Good Pantagruel*, volume 1. Translated by Sir Thomas Urquhart and Peter Motteux. London: Bodley Head, 1933.

Radin, Paul. *The Trickster: A Study in American Indian Mythology*. New York: Schocken Books, 1972. Originally published 1956.

Rist, J. M. *Stoic Philosophy.* Cambridge: Cambrige University Press, 1969.

Roberts, Hugh. *Dog's Tales: Representations of Ancient Cynicism in French Renaissance Texts*. Amsterdam: Rodopi, 2006.

Romm, James. "Dog Heads and Noble Savages: Cynicism Before the Cynics?" In *The Cynics: The Cynic Movement in Antiquity and Its Legacy*, edited by R. Bracht Branham and Marie-Odile Goulet-Gazé. Berkeley: University of California Press, 1996.

Rose, Arthur. *Literary Cynics: Borges, Beckett, Coetzee*. London: Bloomsbury, 2017.

Rose, Arthur, Robbie Duschinsky, and Jane Macnaughton. "Cynicism as a Strategic Virtue." *Lancet* 389, no. 10070 (2017): 692-693.

Rousseau, Jean-Jacques. *Émile, or On Education*. Translated by A. Bloom. London: Penguin, 1991. Originally published in French, 1762.

Russell, Bertrand. *A History of Western Philosophy*. London: George Allen and Unwin, 1947.

Sade, Marquis de. *Philosophy in the Bedroom*. Translated by Richard Seaver and

Austryn Wainhouse. In *The Complete Justine, Philosophy in the Bedroom, and Other Writings*. New York: Grove Press, 1965. Originally published in French, 1795.

Sade, Marquis de. *Juliette*. New York: Grove Press, 1968. Originally published in French, 1797.

Schreier, Benjamin. *The Power of Negative Thinking: Cynicism and the History of Modern American Literature*. Charlottesville: University of Virginia Press, 2009.

Searby, Denis M. "Non-Lucian Sources for Demonax with a New Collection of 'Fragments.'" *Symbolae Osloenses* 83, no. 1 (2008): 120-147.

Seeley, David. "Jesus and the Cynics Revisited." *Journal of Biblical Literature* 116, no. 4 (1997): 704-712.

Seneca. *Letters from a Stoic*. Translated by R. Campbell. London: Penguin, 2004.

Shea, Louisa. *The Cynic Enlightenment: Diogenes in the Salon*. Baltimore: Johns Hopkins University Press, 2010.

Singh, Julietta. *Unthinking Mastery: Dehumanism and Decolonial Entanglements*. Durham, NC: Duke University Press, 2018.

Skoglund, Annika, and Johannes Stripple. "From Climate Skeptic to Climate Cynic." *Critical Policy Studies* (January 2018). doi:10.1080/19460171.2018.1429938.

Sloterdijk, Peter. *Critique of Cynical Reason*. Translated by M. Eldred. Minneapolis: University of Minnesota Press, 2001. Originally published in German, 1983.

Sparks, Laura. "Re-seeing Abu Ghraib: Cynical Rhetoric as Civic Engagement." *Present Tense: A Journal of Rhetoric in Society* 5, no. 3 (2016). https://www.presenttensejournal.org/volume-5/re-seeing-abu-ghraib-cynical-rhetoric-as-civic-engagement/.

Stanley, Sharon. *The French Enlightenment and the Emergence of Modern Cynicism*. Cambridge: Cambridge University Press, 2012.

Stanley, Sharon. "Retreat from Politics: The Cynic in Modern Times." *Polity* 39, no. 3 (2007): 384-407.

Steinmüller, Hans, and Susanne Brandtstädter, eds. *Irony, Cynicism and the Chinese State*. London: Routledge, 2016.

Stivers, Richard. *The Culture of Cynicism: American Morality in Decline*. Malden, MA: Blackwell, 1994.

Sussman, Mark. "Cynicism and *The Damnation of Theron Ware*." *Novel: A Forum on Fiction* 47, no. 3 (2014): 403-421.

Taylor, J. D. *Negative Capitalism: Cynicism in the Neoliberal Era*. Winchester: Zero, 2013.

Vaage, Leif E. *Galilean Upstarts: Jesus' First Followers According to Q*. Valley Forge, Pennsylvania: Trinity Press, 1994.

Vaage, Leif E. "Like Dogs Barking: Cynic Parrēsia and Shameless Asceticism." *Semeia* 57 (1992): 25-39.

Vattimo, Gianni. *The End of Modernity: Nihilism and Hermeneutics in Post-modern Culture*. Cambridge: Polity, 2002. Originally published in Italian, 1988.

Virno, Paolo. *A Grammar of the Multitude*. Los Angeles: Semiotext(e), 2004.

Wain, Kenneth. "The Learning Society: Postmodern Politics." *International Journal of Lifelong Education* 19, no. 1 (2000): 36-53.

Walker, Shaun. "Petr Pavlensky: Why I Nailed My Scrotum to Red Square." *Guardian*, February 5, 2014.

Widrich, Mechtild. "The Informative Public of Performance: A Study of Viennese Actionism, 1965-1970." *Drama Review* 57, no. 1 (2013): 137-151.

Wrathall, Mark A. *Heidegger and Unconcealment: Truth, Language and History*. Cambridge: Cambridge University Press, 2011.

Yurchak, Alexei. "The Cynical Reason of Late Socialism: Power, Pretense, and the Anekdot." *Public Culture* 9, no. 2 (1997): 161-188.

Yurchak, Alexei. *Everything Was Forever, Until It Was No More: The Last Soviet Generation*. Princeton: Princeton University Press, 2005.

Žižek, Slavoj. *The Indivisible Remainder: On Schelling and Related Matters*. London: Verso, 2007. Originally published 1996.

Žižek, Slavoj. *The Metastases of Enjoyment: Six Essays on Women and Causality*. London: Verso, 2005.

Žižek, Slavoj. *The Sublime Object of Ideology*. London: Verso, 2008. Originally published 1989.

· 延伸阅读

Bracht Branham, R., and Marie-Odile Goulet-Gazé, eds. *The Cynics: The Cynic Movement in Antiquity and Its Legacy.* Berkeley: University of California Press, 1996.

Foucault, Michel. *The Courage of Truth: Lectures at the Collège de France 1983-1984*. Translated by G. Burchell. Basingstoke: Palgrave Macmillan, 2011.

Mazella, David. *The Making of Modern Cynicism.* Charlottesville: University of Virginia Press, 2007.

Shea, Louisa. *The Cynic Enlightenment: Diogenes in the Salon.* Baltimore: Johns Hopkins University Press, 2010.

Sloterdijk, Peter. *Critique of Cynical Reason.* Translated by M. Eldred. Minneapolis: University of Minnesota Press, 2001.

Stanley, Shanon. *The French Enlightenment and the Emergence of Modern Cynicism.* Cambridge: Cambridge University Press, 2012.

Taylor, J. D. *Negative Capitalism: Cynicism in the Neoliberal Era.* Winchester: Zero, 2013.

Yurchak, Alexai. *Everything Was Forever, Until It Was No More: The Last Soviet Generation.* Princeton: Princeton University Press, 2005.

·索 引*

A

Alexander the Great　亚历山大大帝　29-30

Ancient Cynicism　古代犬儒主义

 aggression of　～的侵犯性①　13, 36, 44-47, 67, 84, 97

 animality　动物性　51, 53, 58

 body of the Cynic　犬儒的身体　36-38, 77, 90, 92-94, 103-104, 112, 114

 on disciples　关于其门徒　60-62, 65-66, 67-68

 dog-like　像狗一般的　9, 40, 44, 75, 104

 humor　幽默　63-65, 83, 117

 fearless speech　无畏直言　27-34, 84 (*see also* Parrhesia [fearless speech] 亦参见：*Parrhesia*，古希腊语"无畏直言"②)

---

* 索引标注页码为原书页码，即本书边码。

① 为补完语义，采用中文辞典常用的"～"指代原词。

② 某些短语无法完全翻译为中文，会造成语义冗余，所以灵活处理了。以下类似的地方，不再说明。

hostility to intellectual culture　对理智文化的敌意　8, 11-12, 27-28, 53-54, 56

humiliation　羞辱，羞辱行为　35, 40, 62-63, 90-91

improvisation of　～的即兴性质　24-25, 28, 56, 68, 71, 107, 138, 175, 191

laughter　笑　60, 63-64, 117, 168-169, 第五章注释31

militancy　好战性　44, 56, 70, 133, 149

on nature　关于自然（本性）　24, 51-53, 112, 138, 143, 145, 196

self-impoverishment　自愿守贫　2, 29, 34-36, 52, 103, 198

self-mastery　自我掌控　23, 43, 76, 102, 121, 149-150

shamelessness　不知羞耻　2, 11, 32, 35, 40, 55, 58-59, 60-63, 86, 90, 92, 94, 103-104, 191-102

as sham philosophy　伪哲学　23, 80

on virtue　关于美德（德行）　23, 25-26, 59, 78

Antisthenes　安提斯泰尼　70, 72, 78, 80

beats Diogenes with staff　用手杖揍第欧根尼　67

Asceticism　禁欲主义，苦行主义　*See* Christian asceticism　参见："基督教的禁欲主义"

B

Bakhtin, Mikhail　米哈伊尔·巴赫金

on Rabelais　论拉伯雷　106, 111-118

on Cynicism　论古代犬儒主义　28

grotesque realism　怪诞现实主义　111-112

on laughter　论"笑"　63-64, 112, 117, 第五章注释31

Baudrillard, Jean　让·鲍德里亚　163

324　犬儒主义

Beckett, Samuel 塞缪尔·贝克特 54, 第三章注释31

Bion of Borysthenes 博里斯塞讷斯的比翁 22

Brown, Peter 彼得·布朗 26-27

Burke, Edmund 埃德蒙·柏克 133, 151-152

C

Christian asceticism 基督教的禁欲主义 63, 89-91, 94-95, 117, 第五章注释5

Crates of Thebes 忒拜的克拉特斯 72, 80, 86, 104

    converts Metrocles with fart 用屁将美特洛克勒转化为信徒 67

    marriage to Hipparchia 与希帕基亚结婚 77-78

Cosmopolitanism 世界主义（世界公民主义，宇宙公民主义） 24, 133 *See also* Diogenes of Sinope 亦参见："锡诺普的第欧根尼"

Cynicism 犬儒主义

    ancient 古代的～ (*see* Ancient Cynicism 参见："古代犬儒主义")

    capitalization of ～的首字母大小写 3, 第四章注释1

    history of ～的历史 12-13, 17-19, 68-70, 第六章注释3

    idealization 理想化 70-89, 101-105, 133-134

    literary 文学性的～ (*see* Literary Cynicism 参见："文学性的古代犬儒主义")

    modern 现代的～ (*see* Modern cynicism 参见："现代犬儒主义")

D

Demetrius Cynicism 古代犬儒德米特里乌斯 35-36

Demonax 泽莫纳克斯 80, 第四章注释47

Diderot, Denis　德尼·狄德罗　79, 141-144

Dio Chrysostom　狄奥·克里索斯托　44

Diogenes of Sinope　锡诺普的第欧根尼

 and Alexander the Great　～与亚历山大大帝　29-30

 barrel-rolling　滚桶　25, 107-111, 第五章注释31

 cosmopolitan　世界公民（宇宙公民）　第三章注释4

 cup anecdote　"杯子"的逸事　34

 and Delphic Oracle　～与德尔斐的预言者　47-51

 lantern anecdote　"提灯"的逸事　173

 life in the barrel　在桶里的生活　24-25, 104

 masturbating　自慰　9, 58, 103

 pissing　撒尿　40

 shitting　拉屎　9, 53, 54-60, 86, 191

 on writing　关于写作　22

Dudley, Donald　唐纳德·达德利　73-74

 on Cynicism and education　关于古代犬儒主义与教育　19-21

E

Eagleton, Terry　特里·伊格尔顿　115

Educated people　受过教育的人们　39-40, 107-108, 124

as antidote to modern cynicism　作为现代犬儒主义之解药　132, 155-156, 158

and liberal humanism　～与自由人道主义　115-116, 第二章注释16, 第三章注释4

Education　教育

 aggression of　～的侵犯行为　36, 45, 67, 148, 第七章注释52

end of ~的终结 182

examination 考试 148

household tutors 家庭教师 19-20, 80-81, 87-88, 第四章注释48, 第四章注释77

humiliation of ~的羞辱 60, 67

liberal education 博雅教育 39, 42-43

mastery (including self-mastery) 掌控（包括自我掌控） 42, 146-150

and nihilism ~与虚无主义 174, 178-180

opposed to cynicism 反对现代犬儒主义 128-129, 132, 160

promise of ~的承诺 38, 80, 129, 170, 179

redemption by 通过~得到拯救 140-141

Rousseau on 卢梭论~ 138-141

Sade on 萨德论~ 144, 146-150

teacher as moral exemplar 教师作为道德典范 42

Epictetus 爱比克泰德 59, 75-79

Epicureanism 伊壁鸠鲁派 23, 73

Erasmus, Desiderius 德西德里乌斯·伊拉斯谟 79, 118

F

Farting 放屁 23, 52, 67, 76, 92, 97, 111, 117, 198

Foucault, Michel 米歇尔·福柯 21, 31, 34, 44, 46, 49-51, 66, 82, 83, 89-90, 163, 195, 198, 第二章注释9

Christian selfhood 基督徒的自我 62-63 (*see also* Christian asceticism 亦参见："基督教的禁欲主义")

conscience 良心 32, 59-60

parrhesia (fearless speech) 无畏直言（古希腊语 *parrhesia*） 30-34

scandal of the truth 真理之丑闻 38

Freud, Sigmund 西格蒙德·弗洛伊德

"dog" as term of abuse "狗"被用作辱骂用词 9-12

melancholia 忧郁症 177, 184, 第七章注释59

H

Heracleios the Cynic 古代犬儒赫拉克勒奥斯 84

Hipparchia of Maroneia 马洛尼亚的希帕基亚 77-79, 104

as first feminist ～作为第一个女性主义者 78

marriage to Crates 与克拉特斯结婚 77

Holy fool 圣愚 95-99

Humanities 人文学科 42-43, 115

J

Jesus 耶稣 91

early followers of ～的早期追随者们 91-92

John the Baptist 施洗者约翰 91

Julian (Emperor) 尤利安（古罗马皇帝） 17, 26, 39, 58, 83-89, 94, 96

L

Laertius, Diogenes 第欧根尼·拉尔修 17, 20-21, 29, 53, 67, 108, 173

Laporte, Dominique 多米尼克·拉波特 186

Leontius of Neapolis　尼亚波利的列安提乌斯　95-99

Liberal education　博雅教育　*See* Education　参见："教育"

Literary Cynicism　文学性的古代犬儒主义　63, 81-83, 117-118, 124-125, 127, 189-190, 第四章注释52, 第四章注释56

Lucian of Samosata　萨莫萨塔的琉善　17, 79-83, 107-108

Lyttelton, George　乔治·利特尔顿　129-132

M

Marston, John　约翰·马斯顿　123-125, 第五章注释66

Mass cynicism　大众犬儒主义　*See* Modern cynicism　参见："现代犬儒主义"

Menippean satire　麦尼普斯式的讽刺　22, 63-64

Menippus of Gadara　加大拉的麦尼普斯　22, 81, 第五章注释52

Modern cynicism　现代犬儒主义

 and capitalism　～与资本主义　160-164

 complicity with power　～与权力的共谋　142-144, 170

 dangers of　～的种种危险　1-7, 153-164, 169

 and enjoyment　～与消遣娱乐　145, 194-195

 fight against　与～做斗争　154-158, 160-164

 hypocrisy of　～的伪善　104, 132, 144

 as incomplete disenchantment　～作为不完全的"幻灭之后的清醒"（祛魅）　182, 184-185

 insider cynics　局内的现代犬儒　130

 intensification of　～的强化　169-172, 186, 190-202

 mass cynicism　大众现代犬儒主义　2, 132, 154, 160-162, 171

索　引　329

paternalistic cynicism　家长制现代犬儒主义　152-153, 158

postmodernism　后现代主义　162-163

progressive cynicism　进步派现代犬儒主义　139-141

selfishness of　～的自利　136-137, 156-158

strategic cynicism　策略性现代犬儒主义　130-132, 142

Monimus of Syracuse　叙拉古的莫尼摩　68

N

Nietzsche, Friedrich　弗里德里希·尼采

cynicism of　～的犬儒主义　172-173, 第三章注释22

on cynicism　～论犬儒主义　181, 第三章注释22

great despisers　大轻蔑者　11, 第一章注释4

on nihilism　～论虚无主义　173-181

revaluation of values　价值重估　49-50

Nihilism　虚无主义　146, 162, 184, 201　*See also* Nietzsche, Friedrich　亦参见："弗里德里希·尼采"

P

Paideia　希腊式教育　26-27, 85

Parrhesia (fearless speech)　古希腊语的"无畏直言"　30-34, 78, 119, 121-122, 136　*See also* Foucault, Michel　亦参见："米歇尔·福柯"

Paul the Apostle　使徒保罗　91

Pavlensky, Pyotr　彼得·帕夫伦斯基　187-189

Peregrinus Proteus　自称"普洛透斯"的佩雷格林　82

self-immolation 自焚 79, 82

Philosopher 哲学家

 body of ～的身体 36, 41, 46, 85, 88, 第二章注释40

 exile, flogging or execution of ～的被流放、鞭笞或处死 84

 as physician of the soul ～作为灵魂的医生 45-46, 87-89

 violence of ～的暴力 45-46, 148

Philosophy 哲学

 death of ～之死 181-182

 self-mastery 自我掌控 41-42, 76, 85-86, 148-150

Plato 柏拉图 24, 36-41, 66, 88

Platonic philosophy 柏拉图派的哲学；柏拉图主义的哲学 46, 51

Post-truth 后真相 6, 157

Progressive education 进步主义教育 139-141

Pussy Riot 暴动小猫（俄罗斯女子朋克乐队组合） 187

R

Rabelais, François 弗朗索瓦·拉伯雷 79, 105-118

Rhetoric 修辞学 95-96, 119-121, 127-128

Rousseau, Jean-Jacques 让－雅克·卢梭 135-141, 151

S

Sade, Marquis de 萨德侯爵 144-150, 第六章注释51, 第六章注释58

Seneca 塞涅卡 25-26, 41

Shakespeare, William 威廉·莎士比亚 121-123

Shitting　拉屎

　　code of　～的规则　185-186

　　of Diogenes　第欧根尼的～　53-60, 86, 191

　　of Pantagruel (Rabelais)　庞大固埃（拉伯雷《巨人传》的主角之一）的～　117

　　of Rameau's Nephew (Diderot)　拉摩的侄儿（狄德罗《拉摩的侄儿》的主角）的～　143

　　of Symeon the Fool　愚者西蒙的～　97

Sisyphus　西西弗斯　111

Sloterdijk, Peter　彼得·斯劳特戴克　21, 52-53, 58-59, 62, 75, 82-83, 90-91, 95, 134, 137-138, 143, 162, 168-169, 181-186, 192

　　Cynic Frechheit　古代犬儒的厚颜无耻　168

　　enlightened false consciousness　启蒙了的虚假意识　170, 第六章注释24

Socrates　苏格拉底　30, 47, 72, 75

　　aggression of　～的侵犯行为　148

　　as ideal educator　～作为理想的教育家　31-32

Stoicism　斯多葛派　23, 41, 46, 59, 72-76, 第四章注释14

Street Cynics　街头古代犬儒派　73-77, 80, 82-86, 91, 128

Symeon the Fool　愚者西蒙　95-99

X

Xeniades of Corinth　科林斯的塞尼亚得　20

Y

Yurchak, Alexei 阿列克谢·尤尔恰克 164-167

Z

Zeno of Citium 基提翁的芝诺 72

图书在版编目（CIP）数据

犬儒主义/（英）安斯加尔·艾伦著；倪剑青译. —北京：商务印书馆，2022（2023.10重印）
（交界译丛）
ISBN 978－7－100－21522－0

Ⅰ.①犬… Ⅱ.①安…②倪… Ⅲ.①犬儒学派—研究 Ⅳ.①B502.25

中国版本图书馆 CIP 数据核字（2022）第145258号

权利保留，侵权必究。

犬 儒 主 义
〔英〕安斯加尔·艾伦 著
倪剑青 译

商 务 印 书 馆 出 版
（北京王府井大街36号 邮政编码 100710）
商 务 印 书 馆 发 行
山西人民印刷有限责任公司印刷
ISBN 978－7－100－21522－0

2023年3月第1版	开本 787×1092 1/32
2023年10月第5次印刷	印张 10¾

定价：75.00元